于安澜学术与艺术研究

贾涛 著

中国文联出版社

图书在版编目（CIP）数据

于安澜学术与艺术研究 / 贾涛著 . -- 北京 : 中国文联出版社, 2025.3. -- ISBN 978-7-5190-5817-3

Ⅰ . K825.46

中国国家版本馆 CIP 数据核字第 2025PJ0093 号

著　　者　贾　涛
责任编辑　赵小慧
责任校对　许　伟
封面设计　李　岩

出版发行　中国文联出版社有限公司
社　　址　北京市朝阳区农展馆南里 10 号　　邮编　100125
电　　话　010-85923025（发行部）　010-85923092（总编室）
经　　销　全国新华书店等
印　　刷　三河市龙大印装有限公司

开　　本　710 毫米 ×1000 毫米　　1/16
印　　张　21.5
字　　数　348 千字
版　　次　2025 年 3 月第 1 版第 1 次印刷
定　　价　69.00 元

版权所有·侵权必究
如有印装质量问题，请与本社发行部联系调换

国家社科基金艺术学项目（2017-17BF105）研究成果

自 序

由于专业研究所需，笔者对安澜先生的关注有20余年。1998年，学院领导指派笔者为美术专业本科生开设中国画论课，欣然领命。授课期间方才接触到于安澜编纂的《画论丛刊》一书。当时看到的这本书版权页霉烂，出版信息不详，旧式锁线装订，繁体竖排，纸质暗黄，封面几乎要掉下来了。阅读时要从左向右翻页，每页从右往左读，说明是一本古旧老书。当时还并不清楚作者于海晏是谁，更不知道他还健在，且咫尺之近。

《画论丛刊》一书编排严谨、简明、经典、实用，笔者读后受益匪浅，为之拍案叫绝。进一步了解才发现，作者于海晏就是于安澜，还是笔者读大学时的老师！然而，由于当时他年事已高，只指导研究生，没有担过我们的课。大学毕业后，笔者留校到美术系工作，后来才了解到他与美术系的老师们过从甚密，甚至还经常到美术系参加活动！遗憾的是，从读大学到毕业，再到阅读他的著作，十几年间我与他竟没有一面之交，甚至连他的存在都不清楚。如果不是讲授

图0-1 于安澜像，1991年（时勇 摄）

中国画论课程，也许仍然不知道于安澜何许人也。可能是自己闻见有限、交往不阔，也许是单位宣传不力、未尽其能，也可能是于安澜为人过于低调、不喜张扬，总之，在读到《画论丛刊》一书之前，笔者与这位学术大师没有任何交集。

然而，一旦走进中国古代画学领域，就不能不被于安澜这位杰出的

学者、专家吸引。或许正是那种失之交臂的缺憾和咫尺天涯的缘故，让我既觉得骄傲、珍视，又有进一步了解他的愿望。翻阅了有关于安澜的文献资料，才发现，他不仅是我国著名的画学家，还是知名的语言学家、音韵学家和训诂学家，著述等身，而且早在20世纪30年代就已崭露头角。同时还了解到，于安澜不仅是著名的学者，还是地道的诗人、书法家、篆刻家，一句话：他是了不起的艺术家，能诗、擅书、喜画，修养全面，是多领域里的"通才"，确实属于国宝级大师。

在与熟悉于安澜的人士交流的过程中，笔者还发现，他淡泊名利，为人坦荡，一生专注于专业研究，心无旁骛，只想给后人做铺路石子，为学术奠基。他不想出名，更不会用名气捞好处，是集高尚的人品、文品、艺品于一身的真派学者，由此，对他的敬仰和钦佩与日俱增。

2002年，笔者在进一步研究《画论丛刊》一书和关于中国画论的诸多问题之后，认识又有所不同，于是开始撰写相关文章。时值河南大学中文系（今文学院）举办"纪念于安澜先生百年诞辰暨学术研讨会"，笔者提交了一篇论文，名为《于安澜〈画论丛刊〉的学术价值探析》，被会议采纳，之后又发表在国家核心期刊《美术观察》上①。那次研讨会令人印象深刻，参会的来宾除中央美术学院的薛永年、薄松年两位教授外，还有时任广州美术学院院长郭绍纲教授，其他近百人全是国内语言文字学界、文学界的专家学者！由此才认识到于安澜的画学成就只是其学术研究的冰山一角。

在研讨会上，笔者有幸结识了于安澜先生的至交郭绍纲先生，他是特意来参加纪念会的，还以书法形式书写了"文艺师友 学者风范"几个大字，以示对于安澜先生的崇敬。在交谈中，郭绍纲先生得知笔者作为中文系的毕业生，之前竟然对于安澜先生一无所知时，感到非常吃惊和遗憾。他在为美术系举办的学术报告会上特别提到此事，用以说明于安澜巨大的学术成就、学术影响，与我们对他的认知多么不成比例。他呼吁青年教师多了解、多研究、多宣传如于安澜一样的学术前辈，把他们作为学术标杆，以开阔视野，把学术研究真正做得深入、扎实。

之后，应教学之需，笔者着手撰写《中国画论论纲》一书，特别涉及

---

① 贾涛：《于安澜〈画论丛刊〉学术价值管窥》，《美术观察》2003年第8期。

于安澜的画学研究问题。该书于2005年出版。次年，上海大学举办"全球化视野中的艺术史论"国际学术研讨会，将笔者所撰关于于安澜及现代中国画学学科建设的文章置于论文集篇首，令人惊异，更坚定了笔者研究于安澜及其学术的信心。随着研究的深入，笔者对于安澜的认识越来越深刻，感觉到他是我们学术研究的重要资源，是中国画学界不可多得的巨擘大家，是现代中国画学学科的奠基人之一，而国内的相关研究寥寥无几。随后，本人申报的以"于安澜画学研究"为题的科研项目不断获准立项，这给相关研究增添了新的动力，也创造了不少有利条件。

笔者尽管对于安澜的学术成就认识不断加深，但是，很长一段时间仍局限于他中国画学编纂一个方面，至于在其他学科领域，以及于安澜本人的家世、身世、为人处世，知之甚少。能够搜索到的几篇纪念性、回忆性文章并不能提供多少帮助。经过数年搜求、论证，随着课题研究的深入，笔者进一步领会到于安澜先生的为学、为人、为艺之道，更加了解到他的高尚、高雅和高深之处，认识到他就像一本厚重的书，用百年人生去撰写、去描绘，蕴涵无穷，不知不觉间甚至将他视为自己的人生楷模和学术榜样。

与此同时，笔者发现原计划中的"于安澜与20世纪上半叶中国画学研究"选题不够宽广，于安澜的画学成就不只上半叶《画论丛刊》的编纂出版，他在下半叶的学术贡献同样可圈可点，尤其是《画论丛刊》姊妹篇《画史丛书》《画品丛书》的出版。其学术思路、学术方法亦有所转变，其学术贡献更上一层楼。另外，于安澜的学术成就又不只画学研究，他在中国诗学、语言文字学、书法篆刻学等领域都有极高造诣，都曾赢得了业内的肯定与好评。因此，笔者感到对于安澜的学术与艺术研究不能局限于20世纪上半叶一段，也不能局限于他的画学领域，应该对他的学术、艺术与人文精神进行全面考察研究，以期揭示其整体学术成就、学术样貌。

由此，本书从四个方面进行研究，包括于安澜其人

图0-2 《画论丛刊》1937年最初版本

其学，主要研究其身世、经历、学术交游等；于安澜画学研究，以《画论丛刊》一书为中心，对其学术思想、观念、方法、影响等进行全面考察；于安澜艺术研究，重点关注其书法、篆刻、绘画、诗词创作及相关艺术审美认识；于安澜人文研究，意在考察其人品、艺品之关系，以及其学术方法、学术传承。每一部分相对独立，只是为了论述的方便，而作为一个学术整体，其人、其学、其艺是一体的，无法分割，因此在行文上有时会显得重复或重叠。

历时多年的研究，曾得到许多热心人的帮助，更受益于于安澜的亲属、生前好友、同事们的强力支持，尤其值得一提的是刘小敏、刘仲敏姐弟。如何研究这位去世已久、资料甚少的学界大师，开始时一度迷茫，感觉无从下手。接触到刘家姐弟后，才豁然开朗。他们从小同外公于安澜一起生活，对外公的熟悉、感恩与深深眷恋非他人所及。听闻笔者有此研究，他们毫无保留地提供资料、图片，还多次谈及于安澜学习、生活、工作、研究的点点滴滴。许多线索、细节，丰富了笔者的认识，使笔者得以将本研究顺利展开。同时，笔者采访、接触了不少于安澜的同事、同行、弟子，他们都如于安澜一样忠厚、坦诚、热心、无私，甚至一样淡泊、坦荡，他们知无不言，还将珍藏的资料拿来给我用。于安澜的研究生王蕴智自不必说，文中将有提及，其他如祝仲铨、马全治、张建林、张生汉、马小泉、赵振乾、朱宝雷、张宗海、王文科、郭奇等，概莫能外，他们不计得失，不讲报酬，态度谦和，令人敬佩。

值得一提的还有王川先生。他是书中多次提及的于安澜的忘年之交、校外书法弟子王海的儿子。王海自1984年起拜于安澜为师，直到1999年于安澜去世，两人在长达10多年的交往中结下了深厚的师生情谊，同时留下了100多封非常珍贵的信札。于安澜给王海的这些信件大多用毛笔书写，不仅展现了于安澜的书法功底，还蕴含着他对学术、对艺术、对人生的所思、所想，是十分难得的宝贵文献。作为国内崭露头角的中年书法篆刻家，王海珍视这些书信，妥善保存，并于2002年病中委托女儿将部分信函整理成文字，结集出版。本人也得益于这一资料，但苦于不得其全，又难见其貌，因此联络从未谋面的王川，冀期一览。王川热情、慷慨，不仅满足了笔者的愿望，还将这些信件一一拍照，发来供研究参考，令人感动。

显然，尽管于安澜离世已20多年，但其学、其艺、其人之影响并没减退，许多人还在惦念着这位老人，许多人愿意为传承他的学术和艺术做些什么。这些都鼓舞着笔者将课题认真进行下去，并感受到能够做这样的研究是一件幸事：不仅是学术上的收获，更有思想认识、精神境界上的提升。尽管由于时间、条件限制有种种不便，特别是研究周期内突如其来的新冠疫情打乱了原有的计划，使这一课题的研究还有不尽如人意的地方，但是仍然有不少收获。无论如何，都希冀这一研究是引玉之砖，能吸引更多的学者关注、研究于安澜，关注这些学术前辈奠基、开创的学术事业。

贾 涛

2024年8月26日

目 录

第一章　于安澜其人其学　　1
一、于安澜的家乡家世　　1
二、于安澜的学术交游　　5
三、政治冲击下的学术岁月　　34
四、夕阳余照与公益壮举　　41

第二章　画学文献编纂与画学体系建构　　63
一、于安澜的画学文献编纂　　64
二、于安澜画学研究的特色　　79
三、《画论丛刊》的学术得与失　　101

第三章　于安澜的书画篆刻艺术　　119
一、于安澜的书法艺术　　120
二、于安澜的书学认知　　136
三、于安澜的篆刻艺术及印学观念　　143
四、于安澜的书画审美取向　　153
五、于安澜的艺德艺道　　171

第四章　于安澜的人文学养　　　181
　一、大师的铸成　　　181
　二、于安澜的学术定位与方法　　　195
　三、于安澜的学术与艺术传承　　　205
　四、名家后学评于安澜　　　220

附　录　　　233
　一、于安澜年谱暨百年中国画学、中国美术、中外历史
　　　大事记对照表　　　233
　二、参考文献　　　318
　三、于安澜画学文献的发行与传播　　　321

跋　　　329

第一章　于安澜其人其学

一、于安澜的家乡家世

1902年，于安澜出生于河南安阳市滑县牛屯镇的鸭固集村。这是一个听起来比较奇怪的村名，当你身临其境时，仍然觉得毫无厘头，村子周边连个像样的水塘都没有，与鸭之类的没有任何关系。它属于豫北，是个非常普通的村庄，四边开放，村口就是农田，与其他村庄隔田相望。而且它特别小，至今也仅仅200来户，六七百口人，站在村子中间，东西南北一眼尽收。在于安澜生活的20世纪初，肯定更小。

稍显独特的是，村子东口立着一座单间起脊的瓦顶小庙，这不是每个村庄都会有的。窄窄的庙门旁边竖立着一通残碑，风吹日晒，风化得厉害，无头无尾，从依稀可辨的文字中能看出它刻于光绪年间，说明这村子有些历史。东西街道中间居然还立着一座更小的庙宇，青砖垒就，一人来高，堪比农村的鸡舍，里边供奉着武财神关公，经常余香缭绕。

据说，鸭固集村几十年前就是这样，是个"三不管"的地方，因为它地处几个区县的交界地带：鸭固集村在滑县的最南边，延津县的最东边，封丘县的最北边，长垣县（今长垣市）的最西边，四县交会，而这四个县又分属安阳、新乡两个地级市。尽管鸭固集归滑县管辖，却离滑县县城最远，离长垣县县城最近，距离封丘县县城也仅有十几公里，特殊而又偏僻。偏僻自有它的好处，联想起日本侵华期间于安澜退居家乡读书、教子、奉亲、避乱，自有其道理。

于安澜的旧宅在小村中间，据说老宅基是四进四出的院落，在旧社会相对富足。于安澜自述其祖上非书香门第，父亲略识文墨，开药铺、做小

图 1-1　滑县牛屯镇鸭固集村于安澜故宅，作者 2020 年冬摄

生意，挣钱买地，特别重视子女教育。于安澜是家中次子，年少时家里就延师教读，先是请旧式私塾先生，读"四书五经"及小学之类，之后又进新式学堂。结婚以后还在读中学。这些都需要经济支撑。

因为家庭相对富足又重视诗书教育，于家的亲朋有一些有笔墨特长。如其姑表兄就是一位画扇的能手，还曾经以画扇为生。于安澜年少时，表兄有时因生意住在他家，他偶尔也会学上几手，耳濡目染，绘画艺术在他心目中就变得有趣而且重要。

鸭固集村向西北方向通往牛屯镇的路上数里，有个村子叫南暴庄，是清末著名廉吏暴方子的老家。于家与暴家是世交，于安澜早年就与暴方子的孙子暴春庭有来往，暴春庭珍藏有一幅记述暴方子事迹的画卷《林屋山民送米图》，于安澜与暴家和此图结下了不解之缘，后文还将详述。

于安澜从小培养的书画兴趣，在中学时代又有所发扬。他不仅爱上写字课、语文课，对绘画更是情有独钟，以至于为其美术老师代笔，为之后的书法创作与画论研究由兴趣到专长的转变打下了认识基础。

一个人的成长、成才最初的影响是家庭，之后才是天赋、勤奋与机缘。于安澜也不例外。于安澜的出身并无特殊之处，从现存的"于氏家谱"手抄本及其后人叙述，可以了解大概。其先祖于万春最早定居滑县鸭

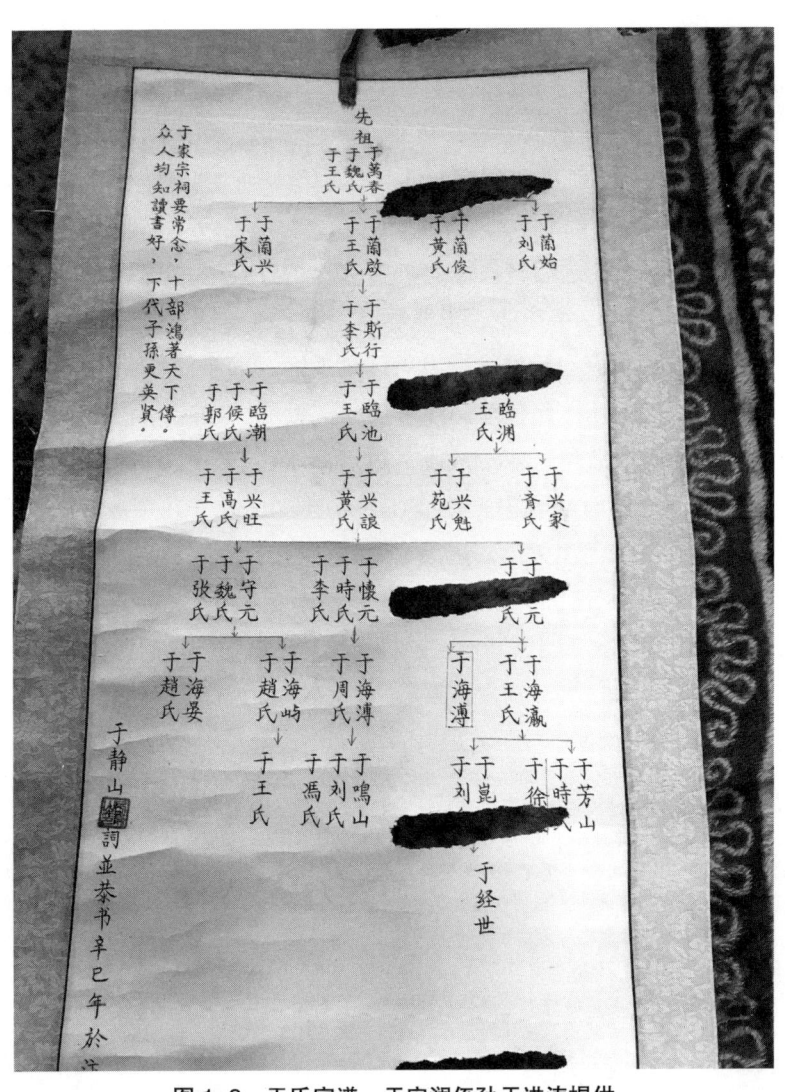

图1-2　于氏家谱，于安澜侄孙于进涛提供

固集村，育有四子，三子于兰启一子单传，至于斯行。于斯行又有三子，其第三子于临潮即于安澜的曾祖。于安澜祖父于兴旺、父亲于守元两代单传，于守元育有二子——长子于海屿，次子于海晏，另有二女。于海晏是于安澜本名，字安澜，后渐以字行。1936年、1937年在其出版的最早两部著作《汉魏六朝韵谱》《画论丛刊》上的署名，均为"滑县于海晏"。

于安澜1920年结婚，夫人赵心清是其乡邻，与之同庚。婚后共育有二女二子：长女于采蘅 1925 年出生，长子于静山 1927 年出生，次子于蕴山 1931 年出生，次女于采芙 1941 年出生。①

1920 年虽然成家了，但于安澜并未停止求学。当年他入省立汲县中学（今卫辉市第一中学前身）学习，四年后中学毕业，入河南中州大学（今河南大学前身）文学部读预科，1926 年读本科，1930 年修满学分毕业，旋赴信阳师范从教，之后转任豫北一中学，1932 年考取燕京大学研究院攻读语言文字学，1935 年毕业。毕业后驻留北平（今北京），整理书稿、张罗出版事宜。七七卢沟桥事变爆发后计划返乡，而平汉铁路中断，无奈继续滞留北平，为生计在北平汇文中学任国文教员。1939 年秋，平汉铁路重新通车，旋即返回故里，躲避战乱，过着奉亲、教子、自修的生活。1944 年进入成立不久的滑县联中（校址在封丘县）任教，几个成年子女随读。1946 年应聘到母校河南大学，之后举家迁往开封糖坊口街 12 号②。

由于人多屋小，1950 年举家迁往开封市花井街 3 号。这是一处标准的四合院，院落宽敞，明三暗五，画栋雕梁③，原为一富商所建，因家道败

---

① 于采蘅就读于河南大学经济系，1947 年毕业后分配到人民银行中南局银行（在武汉），婚后调往河南省人民银行（在郑州），育有一女（刘小敏，1953 年出生）一子（刘仲敏，1956 年出生）。1956 年丈夫被打成右派，下放到开封县（今开封市祥符区）黄龙寺农村劳动改造，后患病，于 1960 年去世。其时于采蘅 35 岁，子女均年幼。由于当时她被下放到偏远的信阳，无力边工作边抚养孩子，无奈离职，返回开封与父母一起生活。适逢于安澜《画论丛刊》一书重校待版，《画史丛书》也正在编纂之中，她便帮着父亲校对书稿。从此于采蘅及女儿儿子与于安澜夫妇一起生活。1979 年元月，母亲赵心清去世，此时父亲于安澜年届八旬，生活起居由于采蘅照顾，直至 1999 年去世。于采蘅于 2008 年逝世。

解放战争爆发后，长子于静山加入国民党海军，1948 年于青岛随邓氏将领起义，加入中国人民解放军，新中国成立后转业，被分配到周口地区太康县汽车修配厂工作。1966 年"文化大革命"初被打成反革命，被关押长达 6 年之久，于静山在狱中一直在申诉以证明清白。1972 年被释放，1978 年平反昭雪，重新落实政策后被安排在商丘地区监狱管理局工作，直至离休。

次子于蕴山 1953 年于武汉大学水利系毕业，后被分配到北京交通部工作，1954 年响应国家号召支援建设大西北，调往新疆水利厅下属单位工作，长年驻守在塔里木河畔。1963 年塔里木河水正在枯竭，无法开展河道航运，于 1974 年随单位集体调往交通部广州航道管理局，任副总工程师，直至退休。

次女于采芙就读于郑州工学院（后合并至郑州大学）工民建专业，毕业后被分配到安徽灵璧县工作，后调往北京门头沟矿务局设计所，1978 年调入北京市古建园林设计院，直至退休。

② 一同迁居于此的还有其嫂和侄子于蔚山。20 世纪 30 年代于安澜就读于燕京大学之际，父亲去世，其兄于海屿喜好结交，挥霍无度，家产不久被败坏，于安澜靠奖学金维持学业、生计，略有盈余还要供胞妹读书。于海屿英年辞世，嫂侄二人由于安澜抚养。其侄于蔚山 1932 年生，后入开封一高读书，毕业后任中学教师，20 世纪 50 年代中期调往郑州十四中任教，直至退休。

③ 这些建筑雕刻"文化大革命"期间被红卫兵当作"四旧"全部砸毁。

落，后将部分房产转卖给于安澜，于安澜一家居此达 30 年，他的大部分学术著作于此地完成。①1980 年，河南大学校南门外教授楼建成，于安澜才由花井街搬出，入住新居，1999 年终老于此。

图 1-3　花井街 3 号于安澜故居，开封市不可移动文物标牌，2012 年

图 1-4　花井街 3 号于安澜故居内景

令人深思的是，于安澜身为一家之主，一生经历了如此多的国难家难，子女又有如此多的坎坷磨难，他的内心肯定是难以平静的。即便如此，他仍然可以安静下来，研究学问，著书立说，足见其内心的坚强，以及对学术、对艺术的执着。是什么使他能够始终处变不惊，以强大的毅力成就自己的学术与艺术？

二、于安澜的学术交游

在中国学术史上，一名学者如果能在一个领域有所建树，已经十分不

---

①　2012 年，开封市将于安澜故居定为不可移动文物。

易,而能够同时在众多领域都有所建树,实属罕见。于安澜当属现当代学术史上罕见的学者之一。他在20世纪30年代就已经成长为语言学家,其语言学著作深得钱玄同①、王力、刘盼遂等名家推许与举荐。他同时成长为年轻的画学文献学家,这与余绍宋、郑午昌的推介有关。他又是著名的书法家、篆刻家,他的小篆体书法沉静稳健,厚重有力,遒劲刚健,独具特色,作品入选全国第一届至第三届书法篆刻展,这与同是生活在开封的知名书法群体有关,其中包括著名书法家靳志、牛光甫、武慕姚、桑凡等;他的篆刻韵味十足,结构稳重,线条洗练,实大于名,又与他和篆刻家方介堪等的密切交游有关。可见,学术交游,会让人插上腾飞的翅膀。

（一）与画学大师相遇

促使于安澜走上中国画学、书学研究道路的第一人,是他的中学美术老师仝伯高。1920年,已经18岁的于安澜进入省立汲县中学学习。这时他已经长大成人并结婚,心智相对成熟,知道学习的重要性,且有自己明确的目标和追求。汲县中学是豫北名校,不仅有一流的校舍,更有一流的教员,其中就包括对于安澜影响至深的仝伯高和范文澜。

仝伯高在当时的画界并无多大名气,但是他是恽派花鸟画的传人,有很深的家学渊源。恽派花鸟画的创始人是恽格②,擅画山水、花卉,水墨淡彩、清润明丽,尤其以没骨花卉见长。作为此派传人之一,仝伯高的绘画颇受当时百姓欢迎。在当时,画扇是广泛流行于豫北的一种民间美术形式,既可以消除夏暑酷热,又文雅风流,因此颇受人们喜爱,求仝伯高画扇的人络绎不绝,有时候让人应接不暇。凑巧的是,于安澜之前曾跟专业画扇的表兄学过一些,在学生中又擅长美术,因此仝伯高画扇时经常让他代笔。这一方面帮了老师的应酬,另一方面又提升了自己的绘画水平,为日后的画论研究埋下了伏笔。于安澜之所以能走上画论研究之路,跟平时对绘画、画论文献的关注、搜集整理有关,也正是基于对恽派花鸟画的较

---

① 钱玄同（1887—1939）,即鲁迅在著名文集《呐喊》自序中所提到的"金心异",我国现代思想家、语言文字学家、新文化运动的倡导者,20世纪二三十年代执教于北京大学,与黄侃同为章太炎的入室弟子,也是我国著名物理学家钱三强的父亲。

② 恽格（1633—1690）,字寿平,一字正叔,号南田,别号东园客、散人、白云外史等。常州武进人,明清之际曾随父抗清,后归家习练书画。其山水画成就很高,是著名的"清六家"之一。

深刻认识，于安澜还特地将恽寿平的《南田画跋》收录到《画论丛刊》一书，并为恽寿平作传。更重要的是于安澜日后常常画笥在身，笔不离手，绘画成了他最割舍不下的兴趣爱好。他有数幅花鸟写生作品传世，富丽雅正，基本沿袭恽派风格；他年近古稀仍登山写生，留下 10 多幅笔墨古雅的山水作品。

图 1-5　于安澜作品，花鸟中堂，1937 年

岳父对于安澜走上绘画及画论研究之路也有影响。于安澜 18 岁结婚，婚后每每到岳父家走亲拜贺，都痴迷于其厅堂里悬挂的那幅署名为姜筠的四联屏山水轴。他喜爱这幅画，但不清楚姜筠是何许人，生活于什么时代，有何背景。岳父见他喜欢，就将这幅画送给了他。他如获至宝，由此开始翻查资料，刨根问底，研究作者、作品、年代、背景，不久就弄了个水落石出。他了解到，姜筠（1847—1919）是清末画家，安徽怀宁人，光绪十七年（1891）举人，官至礼部主事，并非无名之辈。其绘画源于"四

王"，笔墨浓重，苍润古秀，殊乏清疏之气。研究的成果、喜悦与满足，让于安澜初尝学术之乐。这是他走向画论系统化研究的预演。家藏丰富的岳父，无意间成了引导于安澜走上绘画研究之路的"局外人"。

当然，在绘画理论研究方面，于安澜的直接启迪与引导者当属著名美术教育家陶冷月。陶冷月时任上海暨南大学美术系主任，1929年冬，因赴陕西华山写生，途经河南省府开封，受河南中州大学校长之邀举办个人画展，并做短期讲学。因当时河南中州大学没有美术系科专业，为了呼应陶冷月的讲学，学校选拔、组织有绘画才能的学生参与。于安澜时读大三，之前就曾参加了学校的文艺社团，还组建剧社，十分活跃。他又有绘画爱好与功底，于是被选中参与陶冷月的美术讲学，又因为其出色的绘画表现备受陶冷月赏识，二人在绘画技法与绘画理论方面多有交流。在陶冷月的倡导下，于安澜等学员又组织起河南中州大学"中国画学研究会"，于安澜被推举为会长，如此一来，与陶先生的接触更多、更为深入。

前后一个多月的相处[①]，于安澜对绘画与中国画学研究方面的认识有巨大转变，意识到中国画论文献的整理与研究是一条正途，国内缺乏力作，由此格外用心。他虽然在大学和之后的研究生阶段都是从事语言学、音韵学方面的学习研究，但对中国画学的兴趣一点没有减少，在做专业的同时，非常注重阅读、收集中国古代画论方面的文献资料。1935年，在完成音韵学名作《汉魏六朝韵谱》著述之后，旋即将60多万字的《画论丛刊》书稿交付出版社，并于1937年5月正式出版，从而跻身中国画学研究新领域，一发而不可收。新中国成立后于安澜的画学研究之路越走越远，半个世纪内他陆续编纂出版了《画史丛书》（全五册，1963年）、《画品丛书》（第一册，1982年），完成了中国画学研究中画论、画史、画品三大理论支柱文献的编辑整理工作，以数百万字的巨著，成为中国画学研究的学术巨人。

因此，于安澜对陶冷月的启迪之功、提携之恩久久不能忘怀。在与陶冷月别后的第二年（1930），于安澜曾赋诗一首，以表达对先生的怀念与感戴之情。诗云：

[①] 或称陶冷月驻留开封达半年之久。

邓尉陶先生，昔年过大梁。
笔端参造化，尺素自渺茫。
明月有清晖，白云欲翱翔。
宏誉传海宇，从游见物望。
岁暮夷门别，秋林再凋霜。
歇浦何渺渺，怅望一神伤。
世路忧干戈，聚散岂有常。
聊寄南飞雁，千里寄诗章。①

当然，于安澜的画论研究更有另外一些美术大家、学术大师的影响与鼓励，正是这特殊的学术交往、艺术交流，才最终促成了《画论丛刊》一书的出版，促使于安澜的中国画学研究之路越走越宽。其中就包括画家、教育家萧愻。萧愻（1883—1944），字谦中，安徽怀宁人，是20世纪20年代北京画界的著名画家，他提倡国学，弘扬国画，曾任职于国立北平艺专（今中央美术学院前身），任国画系教授、系主任。萧愻堪称前辈，却与于安澜交情莫逆，亦师亦友，在北京常聚常谈，离开后亦有书信往来。他们经常研讨绘画理论与语言学等专业话题。1936年，于安澜的《汉魏六朝韵谱》出版，萧愻非常激动和喜悦，拿到新书之后，迅即创作了一幅国画作品《谱韵图》，并题写道："安澜仁兄研讨韵学，积数年之功，成《汉魏六朝韵谱》一书，精详叹未曾有，为图此以志钦佩。"借以表达对于安澜在音韵学方面所取得的巨大成就的钦敬之情。据说后来他又组织几位画家以之为题创作《校书图》，惜未见到原作。于安澜生前的卧室兼书房十分简朴，长期以来没有其他装饰，挂在床头唯一的画作就是这幅《谱韵图》②。

1937年，于安澜出版的另一部力作《画论丛刊》一函六册有两位名人题签，封面题签者是中国现代著名画家齐白石，另一位就是萧愻，他的题签在书的衬页。齐白石的题签遵循他一贯的风格，挥洒舒展，线条厚重；

---

① 于安澜：《怀陶冷月先生》，载李学斌主编《河南当代诗词选》，河南文艺出版社2012年版，第11页。
② 20世纪80年代，另一位画家刘凌沧与魏紫熙合作，再次创作《谱韵图》，力图重现于安澜当时的学者形象，可见其音韵学研究在画界产生的影响。萧愻所作《谱韵图》今由于安澜孙子于军凯珍藏，此图即为于军凯提供。

图1-6 萧愻《谱韵图》，中国画，1937年

图 1-7　萧愻《谱韵图》(局部)，中国画，1937 年

而萧愻的题签则中锋用笔，沉静稳健，带有几分清雅之气①。齐白石给《画论丛刊》的题签是友人间接促成，萧愻的题签则是本人自告奋勇，从中足见二人的友谊之深，以及萧愻对后学的奖掖与提携。

在《画论丛刊》出版过程中，为之作序、对其大加褒奖的两位序作者值得一提，一位是余绍宋，一位是郑午昌。这两位都是 20 世纪初期中国画学研究的泰斗，有真才实学，声名远播。余绍宋（1882—1949），浙江龙游人，早年接受传统私塾教育与新式学堂教育，眼界开阔，于 1905 年远赴日本留学，先学铁路，后学法律。1910 年于日本东京政法大学毕业后归国，在北洋政府的法务部任职。尽管所学专业为法律，回国后从事法务工作，但余绍宋兼善绘画，在书画上下功夫很多，经常参加北京的书画活动，在他身边有许多著名书画家。得此便利，余绍宋于 1915

图 1-8　《画论丛刊》齐白石题签，1936 年

---

① 见本书第四章图 4-2。

年在自己的寓所"余庐"成立"宣南画社",可谓北京地区第一个家。他于1932年出版《书画书录解题》一书,是现代中国画学研究的力作。他在20世纪二三十年代的中国画界、画论界很有影响力。

于安澜与余绍宋交往并不多,《画论丛刊》一书出版之前,余绍宋已经辞去公职,南归浙江龙游故里,过着退隐家乡、潜心书画创作的生活。但是看到于安澜《画论丛刊》的书稿结构及详情,十分动情,奋笔疾书,予以作序,在序言中对该书予以极高评价。他认为,虽然画论辑录在明代已经开端,之后历朝都有出版,但精简严谨与实用程度不够,即所谓"有心得而造极精深者仍不多见",而于安澜这部著作,"兹编所辑虽广,而抉采矜慎,实为从来丛刊所未有。得此一编,于古今画学理论之源流与其要旨粲备无遗",①强调其精谨与用实特色,提携之意殷切。

郑午昌对于安澜的提携推介更为专业。他亲笔书写序文,字迹工整,堪称文书俱佳之作。郑午昶(1894—1952),名昶,浙江嵊县(今嵊州市)人,自幼喜画,1922年起任上海中华书局编辑、主任,在上海寓居30年,凭借其渊博的学识、高超的绘画技艺以及卓越的组织才能,享誉上海画坛数十年。其画学名著《中国画学全史》1929年由中华书局出版,是20世纪上半叶中国绘画史学研究的力作之一,对于安澜的画论研究颇有影响。正鉴于此,于安澜经友人介绍,驰书郑午昌,请求作序。郑午昌极为重视,通览书稿,感慨颇多,随即命笔,从绘画之源到画学之流,再到近世绘画理论研究,纵横捭阖,娓娓道来;对《画论丛刊》一书的出版大加赞许,称其"举凡画法画理之著作,盖已取精掇英,毕罗于是,吾人欲究绘事,可不必用心择别而有善本",并称其"述前启后,具有功于艺林"。②郑午昌的推介、赞许与鼓励是《画论丛刊》引人注目的重要因素,又是推动于安澜此后继续画学研究、完成画学文献系列著述的动力。

容庚对于安澜画学研究的影响更值得一提。容庚(1894—1983),广东东莞人。于安澜在燕京大学研究院读书期间,他任教于该校中文系,并任《燕京学报》主编,是国内外负有盛名的金文学家和青铜器研究专家,对书画艺术多有涉猎。其1935年所著《金文续编》一书,是业界影响重

---

① 于安澜:《画论丛刊·余序》,人民美术出版社1960年版,第6—7页。
② 于安澜:《画论丛刊·郑序》,人民美术出版社1960年版,第14页。

大的金文大字典。提及《画论丛刊》，容庚在其杂著集中说："我与著者是二十五年前的同学，此书初版时曾费了不少时间来加以校勘。如著者不耻下问，我将尽举所知以对，使此书更臻完善，这是我所希望的。"① 这里的"著者"即于安澜，"此书"指《画论丛刊》一书，说明容庚参与了该书的校勘工作，可见于安澜与容庚亦师亦友亦同窗。于安澜在燕京大学攻读文字学，容庚时任教职并主攻金石学，他们二人专业接近，交往甚密，其间于安澜经常到容庚家里拜访，这些在《容庚北平日记》中有多次记录。如1935年十一月八日（星期五），容庚在日记中写道："早授课。下午三时半往学校，讨论于海晏论文印刷事，议决不付印。"② 另有"于海晏来，留饭"云云。

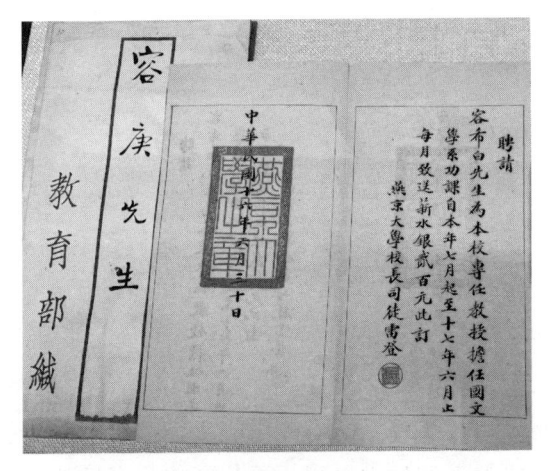

图1-9 燕京大学给容庚的聘书，1927年

新中国成立后，容庚继续其学术研究，享誉国内，后转至广州任职。分开后，时事多艰，音信断绝，二人有40年再未谋面。1975年，于安澜有机会去广州，打听到容庚尚健在，亟欲一见。当时容庚已年逾八旬，得知故友来穗，不顾年迈体虚，执意请饭，并亲自选择一家环境幽雅的小馆，还邀请他们昔日共同的朋友刘节③与座。老友们劫后余生晚景再见，

---

① 容庚著，曾宪通编：《容庚杂著集》，中西书局2014年版，第327—328页。
② 容庚著，夏和顺整理：《容庚北平日记》，中华书局2019年版，第437页。这一细节说明，于安澜关于《汉魏六朝韵谱》的研究论文获得校学术委员会的极大关注，遗憾的是议决不印刷，促使于安澜于次年举债自费在中华印书局出版。
③ 刘节（1901—1977），字子植，浙江永嘉人。1926年毕业于清华国学研究院，后任南开大学讲师，1930年任河南大学教授，1935年任教于燕京大学，与安澜在时空上有多次交集。

可谓时过境迁，感慨唏嘘，竟至泪目。他们又聊起《画论丛刊》一书，容庚作为故知，直言《画论丛刊》出版以来影响日重，十分欣慰。同时指出，在1957年该书再版时，本该纠正初版时所用版本不当问题，遗憾的是没有纠正，另有几处问题也有待再版时克服。于安澜悉心倾听，不时颔首称是，并表示如果还容再版，一定用心匡正。①事实上，其时正值"文化大革命"末期，学术环境略有好转，于安澜先生正着手《画品丛书》的编纂工作，已经无暇修订以前的旧书，因此，这一建议直到于安澜逝世也没有落实。但是，这次会面与长谈让于安澜如沐春风：一是得知时局在慢慢变好，二是觉得自己在中国画学领域仍可有所作为。这也为几年后他最后一部画学文献著作《画品丛书》的出版奠定了基础。于安澜在画学方面的巨大成就，不能不说得益于容庚这位有厚度、有远见的学术挚友。

（二）与语言学大师相识

对于安澜语言学、音韵学研究影响至深的，开始当数著名语言学家范文澜。范文澜（1893—1969），浙江绍兴人，我国著名的史学家和国学大师，1917年毕业于北京大学文科系，曾给蔡元培做过私人秘书，不久辞职，辗转国内多所学校教书。1920年，于安澜入省立汲县中学读书时，范文澜恰恰在该校任语文教员。年轻的范文澜见多识广，还多次参加过进步学生运动，反对军阀统治，致力于中国文化革命。②他比于安澜年长9岁，学术基础扎实，加之严谨的学术思想，深刻影响着之后于安澜的学术研究。在汲县中学，于安澜的成熟、聪慧，对文字学的敏感和优异的成绩引起了范文澜的重视。在全部八个学期中，于安澜七个学期学习成绩全年级第一，另一个学期第二。范文澜认为他是一个十分有潜力的学生，如果从事学术研究将前途无量。于是在课堂与课余，特意对于安澜点拨引导。作为中学语文教师的范文澜对中国文字有特殊的理解，讲解通俗易懂。比如，他在讲到"暴"字时，解释说，这个字的组成意味着在太阳底下把"米"

---

① 参见贾涛《当代视域下〈画论丛刊〉学术得失探析》，《美术观察》2021年第4期。
② 1920年到1925年，范文澜辗转任教于河南省立汲县中学、河南大学、天津南开中学、南开大学。七七事变后，他在河南多地组织抗战活动，1940年到延安后，主要从事教育与文史研究工作，与他人合编有《中国通史简编》等书，是我国现代革命史上著名的红色学人。新中国成立后以中国通史研究闻名于世。

捧出来晒，十分生动。① 范文澜的语文课成了日后于安澜走向文字学研究的铺路石。

中学毕业时，于安澜因成绩优异被保送到刚刚成立的河南中州大学读预科。这是当时河南省乃至中原地区最好的大学，范文澜凭借他在学界的影响力，亲笔写信举荐，竟免除了于安澜大学四年的全部学费。更为巧合的是，于安澜在读书期间，范文澜又来到河南中州大学，执教于该校文科系。师友故交，使二人的学术友谊越来越深厚。

范文澜的学者风范以及对于安澜特殊的青睐、提携，吸引着年轻的于安澜较早地致力于语言学音韵学研究，并将它视为自己的专业与事业（同时，他将画学文献研究与书画创作仅仅当作业余爱好）。大学毕业后的1932年，于安澜考入燕京大学研究院继续攻读语言文字学，正是范文澜初步影响的结果。巧合的是，于安澜入读燕京大学研究院时，范文澜先生恰恰又在北平多所学校任教，其中就包括燕京大学。因此，范文澜之于于安澜的学术研究，不仅仅是知遇知交，还是一生的学术导师和专业引领者。

河南中州大学是于安澜学术起飞的第一站，也是重要的学术基地。1923年，国民政府河南省主席冯玉祥主政时重新组建河南中州大学，次年招收大学预科生，其中就有中学毕业的于安澜。于安澜在读完两年预科后顺利转入大学文科部。当时国内大学寥寥无几，中州大学选聘教师有许多便利条件，来校任教者不乏当时国内文化界的青年才俊，如冯友兰、郭绍虞、张震东、郭须静、牛实甫、董作宾、汪敬熙、李燕亭、冯景兰等，日后都成了了不起的学术巨星。冯友兰在美国攻读博士期间即被选聘为文科部主任，1923年毕业后赴任。已然蜚声国内外学术界的郑振铎、叶圣陶、刘盼遂和段凌辰等亦都曾在此任教，这对于安澜的学术提升有很重大帮助。

当时的中州大学，语言学、文字学师资力量最为雄厚，郭绍虞、董作宾、范文澜、刘盼遂、段凌辰等都是从事文字学的知名学者。②1925年暑假，冯友兰离开中州大学，留学美国的北大教授安石如继任文科部主任，实力不弱。由于中州大学初创并地处战乱最重的中原地区，正常教学时常

---

① 这是晚年于安澜写自己的学习历程时回忆到的，依然记忆犹新。
② 河南大学校史修订组：《河南大学校史》，河南大学出版社2012年版，第17—20页。

被打断打乱。1926年7月,北伐战争开始,吴佩孚组织的联军由湖北北上,与张作霖等的奉系军阀在河南一带展开争夺,之后奉系军阀盘踞开封,学校被迫停课,学生失学。于安澜这批大学生数次中断学业,多次被迫返乡。直至1929年于安澜才修满学分,正式拿到毕业证。

尽管如此,河南中州大学的语言学、文字学教学与研究气氛还是极大地鼓舞了于安澜,从中他学到了许多新的研究方法,在大师们的吸引下更坚定了继续从事语言文字学研究的决心。河南中州大学当时虽然没有艺术系,但是十分重视对学生艺术素养的培养与熏陶,有些教授本身就是书画大师,如教务主任兼校长黄际遇,善草书,多次组织学术社团和艺术研究社团开展相关研究,还时常邀请国内艺术家、学者来校讲学,培养艺术人才。上文提到的陶冷月即是其中之一。这些特殊的经历和学习氛围对日后于安澜的画学文献研究影响极大,基本确立其中国画学研究的学术框架。所以在河南中州大学读书期间的感受与际遇,对于安澜来说确实是难得的磨炼和洗礼。

可以说,读大学期间,有不少导师对于安澜日后的发展影响至深,其中最值得一提的是冯友兰、郭绍虞、段凌辰、嵇文甫[①]等。

冯友兰(1895—1990),河南唐河人,我国著名哲学家和教育家,其治学精神扬名一时。1923年冯友兰获得美国哥伦比亚大学哲学博士学位后,到河南中州大学文科部任教授、系主任,兼哲学系主任。于安澜被保送入学后,真正成了冯友兰的语言学弟子。这一师生基础与学术基础,对于安澜来说十分重要。大学毕业后,于安澜于1932年考入燕京大学研究院,其时恰逢冯友兰转任燕京大学,他们的师生友谊得以续写。在研究院学习期间,于安澜经常到冯友兰家中,就所学知识、所存疑问、所选课题、所做打算等,询问请教。或者就是闲聊。他总能在冯友兰平和的话语中发现理学(今天所谓哲学)的、精神的光芒。1998年,在河南召开的"冯友兰与中国传统文化国际学术研讨会"上,96岁高龄的于安澜还深情地回忆,早期受冯友兰先生学问与风度的种种感染,受益匪浅,终生难忘。他

---

① 嵇文甫(1895—1963),原名嵇明,河南省汲县(今卫辉市)人。著名的教育家、史学家、哲学家,中共早期党员。五四运动时期就投身于革命洪流,追求真理。新中国成立后当选为政协代表、人大代表,历任河南大学校长、河南省副省长、郑州大学校长、中国科学院学部委员等职。著有《先秦诸子政治社会思想述要及附录》《晚明思想史论》等。

说："我……从冯先生那里得到的学术精华并不少。我是搞语言文字的，并且还喜欢文学、美术，但是我每到冯先生那里坐一坐，就深受冯先生的感染。"①他还特别提及冯友兰在哲学方面的卓越贡献和独到见解，认为他的哲学研究既得中国传统理学真髓，又融会西方哲学思想要津，在学术方法和学术思想上十分高蹈，对自己一生的学术实践都有影响。

郭绍虞（1893—1984），江苏苏州人，著名语言学家、文学家和文学批评史家，著有《中国文学批评史》《沧浪诗话校释》《宋诗画考》等。1923年应聘到河南中州大学任教，主要教授语言学与文学史，是于安澜的授业恩师，于安澜最终走上语言学、训诂学、音韵学专业研究道路，与郭绍虞的学术影响分不开。1932年，郭绍虞在清华大学任中国文学系讲师，后又任职于燕京大学。②恰在这一年，于安澜考入燕京大学研究院读书，从事文字学研究。师友、故交重聚于北平，二人格外惊喜。郭绍虞得知于安澜攻读的是语言学专业，更从内心欣赏，认为后继有人。因此，他们时常来往，于安澜课余常常造访郭绍虞，从生活到专业研究，无所不谈。

再一位对于安澜语言学学术研究影响深远的，是中国古典文学研究家、语言学家、古典文献学家刘盼遂。刘盼遂（1896—1966）比于安澜大6岁，河南息县人，1928年从清华国学院九院毕业，任教于河南中州大学，其时已经是于安澜大学学习的最后阶段了。于安澜在未出版的自传中说，这一时期因为中原战乱，学校无法正常开展教学，许多知名教员纷纷离开，能够坚守、开课的只有刘盼遂几位老师。刘盼遂讲授《说文》《尔雅》等课程，教学风趣幽默，深受学生喜爱。刘盼遂一生于经学、小学、史学、文学、钟鼎、甲骨、校勘、目录等领域都有精深造诣，尤其在小学，即音韵学、文字学、训诂学方面成就非凡，这恰恰是于安澜之后所从事的专业。1935年前后，刘盼遂同样转入燕京大学和辅仁大学。此时于安澜在燕京大学研究院已攻读数年，同样是故交重逢、师友再遇。同乡之谊、专业同好等让二人在之后的岁月中成了莫逆之交。早年于安澜报考燕京大学研究院，刘盼遂有点拨与提醒之力。在北平期间，他们二人与容庚等交往

---

① 于安澜：《略忆先师冯友兰先生》，《史学月刊》1998年第4期。
② 蔡仲德：《冯友兰先生年谱初编》，河南人民出版社2001年版，第140页。

的往事，在《容庚北平日记》中有清晰记载①。当时，于安澜的研究生论文已经完稿，在学校决定不予付印之后，中华印书局拟全文出版。刘盼遂迅即为《汉魏六朝韵谱》作序，记述甚详："滑州于安澜海晏，都讲燕京大学研究院，以三年日力，专精勤励，独手成《汉魏六朝韵谱》一书，得二十余万言，参考群籍两（十）百种，人文之入选者无虑千余家。于戏可谓盛业。书成，因余粗涉古代声韵之学，枉过问序。安澜与余交游有年，余亟佩其孟晋之未已也。爰为之序。"②刘盼遂说他与于安澜交游多年，是故交，并极其佩服他的魏晋名士之风范。

段凌辰（1900—1948）是河南汲县（今卫辉市）人，1926年受聘为河南中州大学文科部副教授，是年，于安澜由预科转入大学部。加之于安澜中学在汲县就读，师生情感更进一步。大学期间段凌辰为他们主讲英美文学、中国文学史等课程。他的《文心雕龙》研究课程，尤其获得学子们的一致好评。这一时期，段凌辰给于安澜的印象十分深刻，于安澜一直到晚年还有清晰记忆。

1937年抗日战争全面爆发以后，地处中原的河南大学被迫西迁，先后迁转于洛阳嵩县，南阳淅川、镇平和陕西宝鸡等地办学，段凌辰抛家别子，始终和同事、同学在一起，患难与共。1944年，河南大学临时所在地嵩县潭头镇（今属栾川县）被日军攻破，损失惨重，许多师生被害，学校被迫匆忙南迁，大量图书、文稿遗失，其中包括段凌辰的《〈萧梁文选〉批注》，十分令人痛惜。于安澜对段凌辰遗失文稿一事感同身受，曾写诗为志：

掇英楼主谪仙流，廿年文采动中州。
词艳江郎五色管，气压元龙百尺楼。
博览百家破万卷，就中选学世无俦。
搜罗秘笈实邺架，坐拥书城笑封侯。
……③

---

① 参见容庚著，夏和顺整理《容庚北平日记》，中华书局2019年版，第436页。
② 于安澜：《汉魏六朝韵谱·刘盼遂序》，中华印书局1936年版。
③ 李伟昉、张润泳主编：《雅什清歌蕴无穷：河南大学文学院学人往事》，河南大学出版社2012年版，第232页。

抗战胜利后，河南大学回迁至开封，段凌辰重讲《萧梁文选》，苦于丢了手稿。此事传至一位爱好收集古籍的开封市民耳中，他于多年前在旧书摊上曾收购过这样一部手稿，后经证实确系段凌辰的手稿，竟分文不收将书稿送还给了段凌辰。此事一时间被传为佳话，于安澜更为振奋，邀约了多位同学、同事写诗作文以示表彰，还特别邀请自己新近结交的画家魏紫熙作《还书图》。魏紫熙激情挥毫，一周后完成。三年后，段凌辰病逝，于安澜找到其生前挚友胡朝宗，恳请他即事即席填词纪念。后者闻言动容，当即填词一阕，并用酣畅淋漓的书法誊写。词曰：

　　陌路还书叔季无，更难画伯写成图，群贤题咏画璠玙。　　从此艺林添故事，千秋佳话助茶余，不忘胜举滑州于。

图1-10　魏紫熙《还书图》，中国画，1946年（私人收藏）[①]

"滑州于"即指祖籍滑县的于安澜。词后还有留题："安澜先生属书数字，适有北京之行，倚装口占浣溪纱，草草报命。上注凌辰之亡整三年矣，思之泫然。"[②]这样，集名家书迹于一体，加之于安澜工楷誊录的各家诗文，装裱成册，名为《还书图诗》，至今仍珍藏在段凌辰的后人手中。

[①] 图为段凌辰的孙女段纳女士提供，一直被视为家珍，尚未公之于世。
[②] 李伟昉、张润泳主编：《雅什清歌蕴无穷：河南大学文学院学人往事》，河南大学出版社2012年版，第234页。

从中足见他们之间的师生友情有多么深厚，段凌辰在于安澜心目当中的位置有多么重要。

在于安澜的重要学术交往中，清华大学的王了一教授最值得一提。王了一（1900—1986），后更名为王力，是我国著名的语言学家，他主编的《古代汉语》一书，是20世纪后半叶大学中文专业的必读教材。1936年，于安澜的《汉魏六朝韵谱》一书出版后，王了一亲自撰文，在天津《大公报》上极力褒扬推荐，以使人们包括业界学者认识到这一著作的学术价值。王了一说这本书是语言学研究的力作，"这是呆板的工作，同时也是难能可贵的工作。于先生费三年的时间，独立以成此书，其毅力非常人所能及。固然钱玄同先生所指出的三点……都说得很对。但这些都是不难做到的事"。"首先令人佩服的，是于先生有判断的眼光。由韵文里研究韵部，该下些判断的功夫，不能因一二字偶然相通而把两个韵部的畛域泯灭；否则三百篇的韵部，必不满十部，而不能分为廿二部或廿三部了。于先生在韵部分合表里，认晋宋的删韵与寒桓为一部……皆与拙著《南北朝诗人用韵考》（见《清华学报》十一卷三期）不谋而合。"尽管王了一从专业角度提出了一些疑问，最后仍肯定地说："此书瑕不掩瑜，三期之分，尤见恰当，如能再加董理，将成传世之作。"①正如王力先生所断言的，是书早已成为业界经典，为语言学专业学习研究所必备。

此时，于安澜和王了一并不相识，是纯粹的学术之缘。而在之后长达半个多世纪的时间里，两位学者多次聚首，大多是在全国性学术会议上。有一则趣闻很能说明问题。1984年，在西安举办的全国训诂学学术研讨会上，主席台上都是知名专家，有人发现在主席台正中央王力旁边，坐着一位衣着朴素的老人，面目清癯，大家都不清楚他的身份。王力介绍说，这位就是几十年前撰写《汉魏六朝韵谱》的于安澜先生。这时大家才恍然大悟，才将这部著名的著作和它的作者联系起来，顿时全场掌声雷动。

对于安澜音韵学研究甚有影响的，还有钱玄同和闻宥，二人同为《汉魏六朝韵谱》一书的序文作者，也是当时知名的文字学专家。钱玄同对于安澜在音韵学上的贡献十分看重，他在函件中曾说："春闲承示大著《汉魏

---

① 王了一：《评〈汉魏六朝韵谱〉》，载张生汉编《于安澜先生纪念集》，河南大学出版社2009年版，第98—100页。

六朝韵谱》稿本……匆匆翻阅一过,觉大著不特蒐采丰富,且别择谨严,分配适宜,钦佩无似。"① 像钱玄同这样的国学大家尚且如此称美,《汉魏六朝韵谱》在语言学界的贡献与引起的轰动可以想象。闻宥对于安澜的学术影响更为直接。闻宥(1901—1985),字在宥,号野鹤,江苏娄县(今上海市松江区)人,我国著名的古铜鼓学家、语言学家。其于20世纪30年代任燕京大学文科系副教授,是于安澜读研究生阶段的授业恩师。他在语言方面的论著丰富,其中《论字喃之组织及其与汉字之关涉》(《燕京学报》1933年)、《论爨文丛刻兼论罗文之起源》(《图书季刊》1936年)等,对于安澜的音韵学研究有直接影响,《汉魏六朝韵谱》正是在与闻宥的研讨、在闻宥的指点与授意下开始写作的。该书出版之际,闻宥已寓居青岛。受于安澜之请,他欣然撰文作序,给该书及作者予以专业性评价。他说:"于君安澜为《汉魏六朝韵谱》,余向者旅平时,曾共商讨。今写成授梓,书来索叙。余惟安澜之为此,其思周力,果有为他人所不易逮者。章节之分合,韵部之出入,文字之异同,作者之真赝,研核雠勘,辩论往复,稿草屡易,务当于心而浚已。此其艰苦读者或不尽知之也。"②

可以认为,于安澜一直视文字学研究为正途、专业,正与他的上述学术交往、知名学者的特殊影响不可分割。在他的学术圈子里,有大师,有同行,有知友,其影响或直接或间接,或深或浅。这些交游,既是一种激励,也是一种财富,对敏而好学、钻而研之的学者型人才于安澜来说,无疑恰逢其时。尽管专业不同,有些是美术界的大家,有些是文字学、语言学界的泰斗,也有些是历史学、哲学领域的大师,但是当他们的学术思维、学术方法、学术智慧在不同时期作用于于安澜时,就发生了奇妙的效果,既促成了他在语言文字学领域成名成家,也成就了他在画学文献方面的研究。或者二者根本就是一回事,相互影响,相互补充。

(三)与同行师友相知

1937年夏,正当于安澜学术生涯刚刚起步之时,七七卢沟桥事变爆发,日本全面侵华,社会凋敝,人民困苦不堪,国人奋起抗战,艰苦卓

---

① 于安澜:《汉魏六朝韵谱·钱玄同序》,中华印书局1936年版。
② 于安澜:《汉魏六朝韵谱·闻宥序》,中华印书局1936年版。

绝。于安澜的学术事业被迫中断，《画论丛刊》新著只有部分签售，出版借贷的成本无法收回，一切都淹没在隆隆的枪炮声中了。作为典型的知识分子，于安澜原本打算在北平驻留几年，继续文字学、画学方面的研究，完成专业上的心愿，没想到时局陡变，有家难回，竟困居北平两年之久。其间他以教书为生，用诗作、文稿记录当时的复杂心绪，还利用课余集录《历代文学家传略》，印刷成册，以供教学之需。之后时局更加动荡，他趁便返回河南滑县老家，在偏远的豫北农村耕读教子，积累知识。直到1945年日本投降之后，他才有机会走出来，教书养家，重操旧业。

1945年后，于安澜先后被多所中学、中等师范、大学聘用。1946年正式入职河南大学文学系。1948年河南大学南迁苏州，于安澜随往，1949年又返回开封。可以说于安澜之后的磨难跟这一经历有关，当时时局使然，加之知识分子本身就没有多少政治敏感，此一曲折在所难免。1949年新中国成立后，河南大学几经院系调整，或拆解，或合并，于安澜则随之南北调易、东西奔波，至1955年才安顿下来，供职于河南大学中文系资料室。

尽管20世纪30年代于安澜就已是一名闻名京师的学者，而此时的他鲜有人知，自己又不是炫耀张扬之辈，再加上出身等原因，在"政治挂帅"的局势下，他一直没有登台执教的机会。一向沉潜低调的于安澜随遇而安，无论什么样的艰难情况，他都会想方设法搞学术研究，也许学术研究已融入其血脉，无法更易。如此反而成就了他的《画论丛刊》一书的再版，以及其他多部诗学、文字学、语言学著作的出版。与此同时，凡有机会、空闲，他都会重拾画笔，外出写生、游历创作，体会绘画理论、绘画创作的契合度。如今流传的于安澜画作大多作于这个时期。基于兴趣爱好与学术研究之需，于安澜与国内外画家、学者的交往从来没有中断，从而亦推动着这位花甲学人笔耕不辍，学术生命常青，研究成果持续呈现。

在书画方面与其过从甚密的有两位著名画家，一位是李剑晨，一位是魏紫熙。李剑晨（1900—2002），原名李汝骅，字剑晨，后以字行，出生于河南省内黄县宋村乡北沟村，与于安澜老家同属豫北农村。他是我国著名的水彩画家、美术教育家，曾创立独特的水彩画理论体系，被誉为"中国水彩画之父"，同时中国画和油画兼擅，在现代中国美术史上独树一帜。李剑晨与于安澜都是世纪老人，一个搞美术实践，一个做画论文献研究，有许多共同语言。他们是故交,早在20世纪30年代中期于安澜就读于燕京大学时期,二人就是互相在京城的挚友,时常相聚、相商,研讨绘画问题。50年代后,尽管于安澜在河南开封,李剑晨居住在南京,但二人时有书信来往,而于安澜数次经过南京,都抽时间与李剑晨相见。他们讨论最多的还是美术问题,在美术教育、美术创新方面,二人有共同的看法。80年代两位耄耋老人还在为重新创作《谱韵图》一画而努力。1995年,李剑晨95岁高龄又在南京举办个人画展,还特意给于安澜寄来展简,于安澜既高兴又感慨,立即写诗为贺,将李剑晨比喻为"六朝不老之松"。

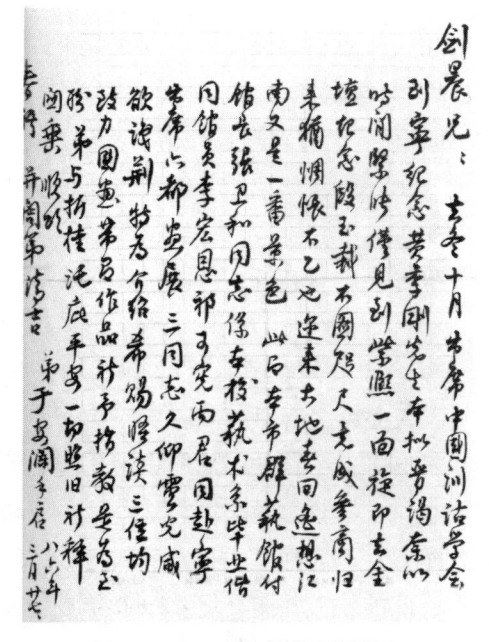

图1-11 于安澜与李剑晨信札

魏紫熙(1915—2002)是我国著名山水画家,河南遂平人,1934年毕业于开封河南艺术师范,1947年任教于河南大学,与于安澜同事数年。他早年专攻"四王",与于安澜颇有共同语言。作为从事绘画实践的画家,魏紫熙对于安澜在画论画学方面的造诣十分敬仰。于是,二人常来常往,切磋技艺,点评画作,讨论专业问题。魏紫熙每当有了创新作品,有了新的想法,往往求教于于安澜。于安澜的小篆书法在河南名噪一时,魏紫熙也常常请于安澜为其新作题写楣额,以增颜色。二人以书画搭台,过从甚密。在开封工作期间，魏紫熙是于安澜家中的常客。前文已经提及，于安澜与老师段凌辰情感交厚，段凌辰的《〈萧梁文选〉批注》手稿30卷在战乱中遗失，又失而复得，许多人感慨，一方面为段师庆贺，一方面感叹赠书者义气薄天，纷纷写诗为贺，一时传为文坛佳话。同时，于安澜恳请魏紫熙以此为立意，创作一幅《还书图》。魏紫熙爽然应允，以青松茅舍为背景，以还书者携书过桥为焦点，创作出一幅清新雅致、亦古亦今的故事性图画，并流传至今。

20世纪50年代以后，魏紫熙调往南京等地任职，二人仍然时常有书画方面的交往或互赠，书信来往更是家常便饭。于安澜每每出差路过南京，一定会做短暂停留，特意去拜访李剑晨、魏紫熙；同样，魏紫熙出差经过开封，也必定到于安澜家中盘桓一两日，交流书画心得。魏紫熙感到总能从这位前辈画学家口中得到真正的指点与启发。在1979年魏紫熙所作的《松月图》一画上，于安澜用小篆体题写画眉，落款为"王右丞诗句，于安澜题于开封师大"，所钤印章仍是"于海晏"，怀旧之心可鉴。这幅画作于南京，而于安澜当时身在开封，两位故交的书画艺术交往并未因路途遥远而隔断。1982年，魏紫熙以高龄加入中国共产党，十分兴奋，特意写信告知老友于安澜；于安澜获悉后更是高兴，诗兴大发，随即命笔，口拈长诗一首，足见二人关系之密切。

于安澜的《画论丛刊》一书影响了新旧中国几代美术人，这话一点都不过分，于安澜同时也结交了许多著名同行好友，并推动着自己继续画论文献新研究。比如，笔者在"自序"中提及的郭绍纲。郭绍纲是广州美院原院长，著名油画家，此前二人并无交集。1960年夏，郭绍纲从俄罗斯留学回国，在北京停留，行将到四川结婚。而此时于安澜的《画论丛刊》刚刚由人民美术出版社重新出版，在北京工作的老同学就买了这套书，作为结婚礼物送给了郭绍纲。翻阅书目，郭绍纲发现这是一部关于中国画学全面而系统的文献成果，顿时爱不释手。郭绍纲正是由于在国外接触到西方的文化艺术，才更加珍视中国传统绘画理论知识，从那时起，这套书就成为他经常翻阅、学习的宝贵资料。他说："四十多年来，还没有哪一本书像《画论丛刊》那样使我爱不释手。"自然对该书作者于安澜十分仰慕。

图 1-12　魏紫熙《松月图》，于安澜题眉，1979 年

事有凑巧，1981 年，郭绍纲应河南大学美术系邀请来举办画展，于安澜应邀出席开幕式，二人结识。其时于安澜已年届耄耋，依然精神矍铄，并非常敬尊重画家、崇尚艺术，虽已高龄，仍热情出席讲座、参观画展，并设家宴款待郭绍纲。于安澜的气质、涵养、处事态度使郭绍纲深受感动。返回广州后，郭绍纲作诗一首以表达敬意：

　　师翁画论编，习久悟翻然。
　　本末易颠倒，形神难备兼。
　　讲学数日客，领教一席间。
　　厚待勉新辈，念深晤蔼颜。①

---

① 郭绍纲：《文艺师友 学者风范——记于安澜先生与我的忘年交》，载张生汉编《于安澜先生纪念集》，河南大学出版社 2009 年版，第 20 页。

自此，两人开始了一段跨越开封、广州两地，年龄相隔30岁的艺术之交。之后，郭绍纲还不顾工作繁忙，利用节日为于安澜创作了一幅肖像画，托人送到开封。于安澜则先后将自己出版的系列新作《画史丛书》《画品丛书》寄给郭绍纲。1995年春，郭绍纲应邀到山东讲学，他专程取道开封，前去探望于安澜。其时，于安澜已90多岁，仍然与郭绍纲谈笑风生，互赠画作。

于安澜与郭绍纲更多的是书信往来。他们在书信中常常论及绘画学习与创作的方法、原则，其中于安澜所倡导的以素描为基础、融会中国传统绘画技法的观点，郭绍纲非常赞同；于安澜对当时绘画创作的直言不讳和精到点评，同样为郭绍纲所赞许。一位画论文献学家和一位当代著名油画家，就这样共同书写了一段艺术传奇。

"自序"提及，2002年，即于安澜去世后的第三年，河南大学举办"纪念于安澜先生百年诞辰暨学术研讨会"，郭绍纲不远万里，专程从美国回国，来到开封，参加这次纪念活动，还写了长篇回忆文章，以《文艺师友 学者风范》为题，记述了他们的交往过程，提笔题词，以示敬仰。在此次研讨会上，笔者结识了郭绍纲先生，并谈论起有关于安澜的许多话

图1-13　郭绍纲的题词，2002年

题。他对于安澜的评价是学问深厚,为人谦逊,不尚虚荣。同时说我们对于先生的贡献认识不足,宣传不够——这是促使笔者之后深入研究于安澜的一个重要契机。

于安澜与当代美术史家王伯敏的交往,堪称学术史上的又一段佳话,也为于安澜的中国画学研究增添了不少色彩与动力。

王伯敏(1924—2013),浙江黄岩人,本姓阮,家境贫寒,后来被送给温岭县城一王姓人家,王伯敏这个名字就是私塾先生给取的。王伯敏从小酷爱绘画等艺术,1946年考入上海美专西洋画系,受美术史论家俞剑华、黄宾虹影响,对中国美术史研究兴趣浓厚。1952年,他到中央美术学院华东分院任教,开始了长达几十年的美术史研究和教学工作,并出版多部重要学术专著,尤以《中国绘画史》著称。1962年,他的这本著作书稿完成,作为全国通用教材,当时教育部十分重视,抽调国内10多位专家进行了为期半个多月的审阅,其中包括俞剑华、于安澜、徐邦达、潘天寿、傅抱石等。该书六易其稿,直至20世纪80年代才正式出版,具有很高的专业水准,曾获得国家社科优秀成果奖。

在书稿审阅期间,专家们和作者进行了深入交流,就许多具体问题探讨切磋,力求客观准确。王伯敏对于安澜的学识和修养极其敬佩,于安澜的许多观点与建议让他受益匪浅,这为之后二人纯粹的学术交往奠定了基础。

王伯敏尊于安澜为前辈。按他自己的说法,他的每一部史学著作,无不借助于于安澜在画学文献上的成果,"否则不知要花去我多少时间与精力来对付这些古文献在版本上所存在的问题"①。王伯敏在认识于安澜之前就已经读过他编纂的《画论丛刊》一书,认识到于安澜博学多才,治学慎严,在中国画论方面贡献巨大,堪称这个领域里面的顶级专家。所以在其《中国绘画史》书稿审定工作中特别邀请了于安澜。② 于安澜衣着朴素、手持拐杖、清秀儒雅,王伯敏对他敬重有加。这是他们第一次相识相交,在

---

① 于安澜:《画论丛刊·总序》,张自然校订,河南大学出版社2009年版,第2页。
② 据张如法教授回忆,邀请于安澜参会还有一段小插曲。1962年,于安澜所在的河南大学中文系主任李嘉言接到教育部转来的一封邀请函,请于安澜前往杭州美院(今中国美术学院)参加由教育部组织的《中国绘画史》专家审定会。拿到邀请函,李嘉言甚是狐疑,以为是发错了,因为同事们只知道于安澜的专业是文字学、音韵学、训诂学,他在中国画学方面的成就从未听说过。

此后的岁月里，在为数不多的中国画学研究场合，两位学者才有了更多交流探讨，成为学术上的莫逆知己。

2009年年初，河南大学出版社为纪念于安澜逝世十周年，决定重新出版标点点校本《画论丛刊》，并派人（其中之一是于安澜的外孙女刘小敏）请王伯敏先生为这套丛书撰写序言。耄耋之年的王伯敏十分感慨，尽管已经封笔多年，还是当即允诺，并亲自执笔撰文，工工整整用钢笔书写了7页近1500言——这也是王伯敏2013年去世前写过的最长的文字。在序文中，王伯敏将于安澜校辑画学文献的辛苦和贡献做了高度的认识和提炼，让人们意识到这项工作的艰辛和重要。他说，校辑古籍一事，于后学极为便利，但于校辑者则十分艰辛。由于中国汉字字形结构的近似性和刻版、抄写的特殊性，经常有错漏混淆之处，有时候点画之差却谬以千里。这样的错漏不能凭空猜测、想象，需要用各版本互校，需要有切实的依据。王伯敏说，有时候校勘一个词句，需要耗费半月、一月，甚至数年。而这样的艰辛也只有经历过才有深切体会。由此可知，王伯敏非常理解于安澜长达半个多世纪的学术耕耘。

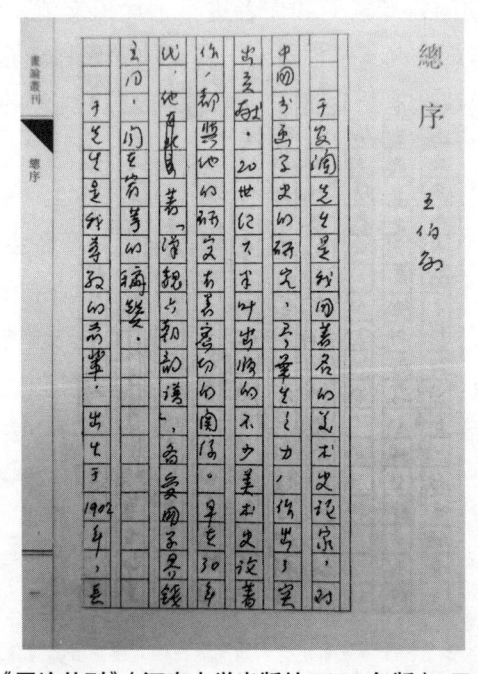

图 1-14 《画论丛刊》（河南大学出版社 2009 年版），王伯敏所作序

正是在王伯敏的著作审定会上，于安澜与画史学家俞剑华第一次相见。俞剑华（1895—1979），原名俞琨，字剑华，在20世纪上半叶就是著名的绘画史论家。恰在1937年，即于安澜《画论丛刊》一书出版之际，俞剑华的《中国绘画史》亦出版，尽管该书在20世纪并非中国古代绘画史研究的开先河之作，但亦足见其介入之早、功力之厚。可以说，俞剑华在当时已是比较活跃的美术史论家。他看到于安澜这本著作，异常兴奋，也备受鼓舞，誓言在此基础上，撰写一部中国画论方面的类书，并着手积累。由于时局动荡，迁延日久，直至1957年，俞剑华所编著的《中国画论类编》一书终于由人民美术出版社出版，他在序言中特别提到了写作的初衷、源起，说："因读余越园先生之《书画书录解题》与于安澜先生之《画论丛刊》，内容渊博，予我以极大之启发。……"① 此后，由于地隔时迁，二人虽然彼此倾慕，却没有交往。直到1962年3月二人同时出席王伯敏《中国绘画史》一书的审定会，才第一次相见。在半个多月的会期中，二人有时间充分交流。几十年神交而未能谋面，俞剑华十分感慨，由于他精通绘画，还抽空为久慕初见的于安澜提笔作画，画了一幅《双清图》②。画面为长条竖幅，以两杆昂扬向上的清瘦晴竹为主，背景中间处恍惚有石柱，一高一低，石基左右出幽兰数丛，画面清新雅致，极具文人意兴，也有隐喻二人交情纯洁之意味。俞剑华还在题款中写道："恨相见之晚，把笔写此以志幸会。安澜先生神交三十年，今始遇于西子湖畔，论文作画。"

于安澜与篆刻家方介堪的艺术交往最为莫逆，堪称艺苑佳话。方介堪（1901—1987），浙江永嘉（今温州市鹿城区）人，原名文榘，字溥如，后改名岩，字介堪，渐以字行。他是我国篆刻、篆书领域屈指可数的艺术大师，20世纪30年代即闻名于上海，新中国成立后历任温州博物馆馆长、南京艺术学院教授，其篆刻作品达三万方之多。方介堪与于安澜几乎同龄，二人在书画篆刻方面彼此倾慕。1937年，由刘节介绍，于安澜在北平琉璃厂张大千寓所与方介堪第一次会面。当时方介堪在北平发展，已是当地篆刻名人。方介堪与著名画家、画论家郑午昌交往尤厚，《画论丛刊》出版前，方介堪向郑午昌引荐，并"代乞叙言"，于是才有了《画论丛刊》

---

① 俞剑华：《中国画论类编·前言》，人民美术出版社1957年版，第1页。
② 见本书第二章图2-3。

的郑午昌序文。[①] 同时，喜爱篆刻的于安澜还将自己手刻的数方印石呈给方介堪审视，方介堪大加赞赏，多有鼓励。

后来战事频仍，他们二人一个蛰居于豫北偏远农村，一个避乱于永嘉乡下，从此音信断绝。直到新中国成立后的1961年，于安澜在一家权威报刊上见到了方介堪的印作发表，十分欣喜，方知故友劫后无恙。当即，于安澜致函文化部，力陈篆刻艺术于文化建设之必要，建议由资深艺术家如方介堪等主持编纂名家印谱，以向社会推广，让青少年有据可依。次年，于安澜赴杭州参会，抽空走访方介堪，可惜未能谋面。后来，开封市文化馆组织部分书画名家赴杭州、上海、苏州等地参观，于安澜在杭州得遇方介堪的弟子林剑丹，得悉方介堪详情及通信地址，从此二人又开始书函往来。

于安澜与方介堪一个在开封，一个在温州，相距遥远，然而在专业艺术交流上过从甚密。见信如面，他们似乎从未生疏过。再次交往的20年

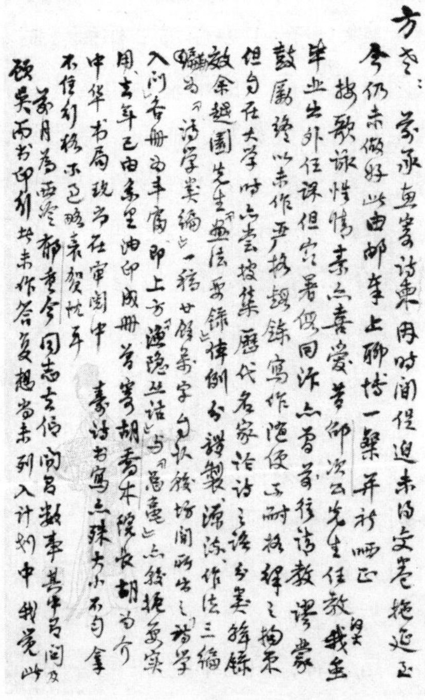
方老：
前承惠寄诗集，因时间促迫，未得安卷拜读，至
今仍未做好。此由邮奉上聊斋一集，并祈哂正。
拙歌咏性情，素亦喜爱。昔仰次公先生任教吴，我虽
毕业出外任课，但寒暑假回汴亦旁听诗教，谬蒙
鼓励。迄以未作严格锻炼，写作随便，不耐推敲探求。
但自在大学时，亦尝搜集历代名家论诗之语，分类排录，
效余越园先生《画法要录》体例，分类制源流、作法三编，
总名为《诗学类编》。一稿廿余万字，自认较坊间所出之诗学
入门各册为丰富。印上方《通隐丛话》与《画毫》亦较抽象实
用。去年已由系里油印成册，并寄胡乔木院长，胡为介
中华书局，现尚在审阅中。寿诗书写亦殊大小不匀，拿
不住针，格不已，略表贺忱耳。
前月为西泠郁重今同志去信，问及数事，其中有询及
吴昌硕印谱，如未作答复，想当未列入计划中，我觉此

图 1-15　于安澜与方介堪的书信

① 于安澜:《画论丛刊》，中华印书局1937年版，第一函。

间，也是方介堪篆刻艺术的成熟期，他每当有得意之作，或拿不准的创作草稿，都会将印稿通过邮局寄给于安澜，交换意见，以便做进一步修改。于安澜早年就尝试篆刻，眼界很高，每次交流都提出很中肯的意见，使方介堪受益匪浅。此时于安澜时常操刀治印，一次为广州容庚、北大王力、北京美院刘凌沧和杭州黄涌泉治印完毕，自觉纤弱乏力，不得要领，便寄函方介堪求教。如此信来信往，艺术学术友谊不断深厚，彼此的技艺也有很大提升。二人相互欣赏，互为品评，相得益彰。方介堪评价于安澜的篆书规范静气，功力深厚；其篆刻则典雅古朴，有汉唐之气。于安澜欣赏方介堪的篆刻艺术路数周正，风格雄强，并经常向自己的学生、弟子及青年书法爱好者介绍推荐方介堪，将他视为业界典范。几十年间，他们的通信多达上百封。

二老在信中无话不谈，而封封更是不离研讨篆刻艺术，显示出专业与敬业。于安澜还特别用心，每有方介堪的印稿寄来，他都妥善保存，并将这些作品用硬纸粘贴起来，最后汇集成册，竟有二百方之多。于安澜还时常让跟随自己学习篆刻的弟子张建林、王海等拿去临摹、学习。于安澜去世后，这本未出版的篆刻稿本由弟子王海的儿子王川保存。两位前辈都去世后，王川曾联系方介堪后人，出示其收藏，以期协商出版该印谱，令人期待。二人交往期间，方介堪曾为于安澜治印数十方，方方经典，多数仍保留在于安澜后人手里。

这种友谊与交往非一日而得，积久成情，愈老弥深。1981年，在方介堪八十寿辰之际，于安澜为之专门写诗庆祝，这在他的一生中为数不多。贺诗题为《方老八秩寿辰写二十韵奉祝》，其中有"治印融浙皖，推陈摅英华。……吴（缶庐）王（福厂）凋谢后，艺林推大家。……清游赏新建，兴至托吟哦。坐把湖山翠，烟霞养太和"等句①，一方面表达了对方介堪

---

① 为方介堪祝寿诗写成后，于安澜又工笔正楷以书法中堂形式抄录，堪称诗书双璧。全诗如下："越东风景美，山水说永嘉。灵秀锺毓地，自古传人多。方老家此郡，嗜古至鬘鐇。熟读许氏书，金石广搜罗。上溯殷书契，匋瓦并摩挲。寻幽攀崖壁，剔藓揭薜萝。篆法本斯冰，不落宋（白）窠。治印融浙皖，推陈摅英华。（元）旁通六法妙，书画一手拿。松石苍且润，枝竹恍婆娑。吴（缶庐）王（福厂）凋谢后，艺林推大家。昔喬春申浦，门多问字车。海舶购白诗，过客瞻绛纱。近任西泠长，方针无偏颇（去年西泠印社提升为出版社，先生被推为副社长）。广印珍贵册，名迹走天涯。艺苑益光大，中外共称嗟。清游赏新建，兴至托吟哦。坐把湖山翠，烟霞养太和。胸怀春常在，不饮颜若酡。齐（白石）黄（宾虹）岂难至？局仙将超过（近全国书法展览沪上苏局仙老人以百岁高龄尚染翰甚工）。"括号内文字为于安澜自注，原件见本书第三章图3-16。

篆刻艺术的肯定,另一方面对方介堪晚年在新时代惬意的艺术生活加以刻画,从中足以看出二人的情谊之深、了解之彻。方介堪也十分珍视他们之间的友谊,将于安澜的手书信札妥善保存,部分信函收录在后人所编《玉篆楼藏信札集》①一书中。

  在于安澜漫长的一生中,其学术交游不止上述种种,在20世纪下半叶,特别是改革开放以后,他与开封、郑州书画界、诗词文学界同人交往尤为密切,其中交情至笃者有开封的靳志、牛光甫、桑凡、李逸野,郑州的陈天然、唐玉润、郑州大学李戏鱼等书画界名家。此外,国内书画名流如张大千、潘天寿、沙孟海、赵朴初、黄苗子、启功、费新我、尉天池、刘海粟、潘主兰、廖静文等,都与于安澜有着这样或那样的联系,或互赠书画,或书信交流,或促膝而谈。

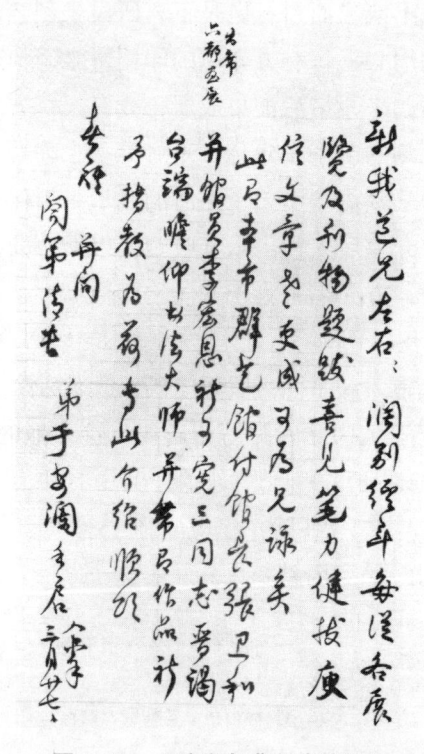

图1-16 于安澜与费新我的信札

---

① 方广强编:《玉篆楼藏信札集》,上海书画出版社2015年版,第164—179页。

于安澜与日本友人、英国学者也时有往来，我们在之后的研究中会陆续提及。于安澜的这些平常而又不平凡的学术、艺术交游，一方面开阔了他的学术视野，一方面促使他不断创作、不断创新，在与他人的相互切磋中逐步提升。于安澜的上述学术交游既是生活的，又是艺术的，二者往往交织在一起，构筑成于安澜生活、治学、为艺的人生整体，从而促成了于安澜从未知走向有知，从学习走向学术。

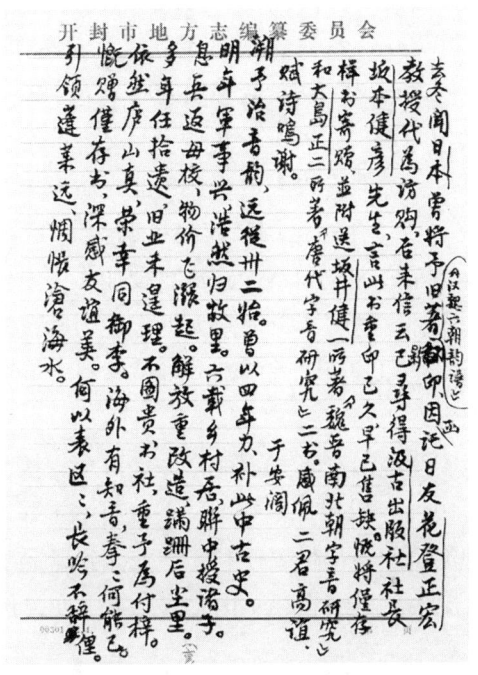

图1-17 于安澜给日本友人的赠诗，1982年

学业事业上得遇前辈、大师、挚友，是运气，也是幸运；是幸运，也是机缘。但它始终只是外在的推动力量，就像一颗种子要生根发芽开花结果，必备的阳光水分不可或缺，但是最重要的还是内在品质：机缘相同，有的人一无所成，有的人则脱颖而出，终获硕果。由上可知，于安澜一生主动结交大师、学者、同行，交流沟通，机缘凑泊，并且他及时地把握住了这些机缘，终有所成。一向默默无闻、淡泊低调的于安澜，谁也不曾想到，在学业、学术上，他善于降低身段、虚心求教，而与之交往的学者专家，竟是那样惊天动地、叱咤风云，这对他的学术成长影响之大可想而

知。正所谓"落霞与孤鹜齐飞,梧桐谐鸾凤和鸣"。

三、政治冲击下的学术岁月

新中国成立前的 1949 年 6 月,新成立的中共河南省委、省人民政府决定扩建新的河南大学,以中原大学、河南行政学院等为基础,并将外迁办学的原河南大学 1200 余名师生迁回开封。于安澜随返。1949 年 8 月,原中原大学行政、财经、文艺、新闻等系 800 余人奉命迁往武汉办学,即之后成立的华中师范学院。①1950 年年初,于安澜被派驻到农村基层做农运工作,半年后返校,遭遇高校人员调整,他先后应聘到武汉教育学院和新乡平原师范学院。1955 年,全国高校院系调整,在合并、拆分过程中,河南大学众多专业院系成为全国不少新建高校如华中财经学院、河南农学院、河南医学院的主体。这一年,河南大学定性为师范院校,更名为河南师范大学,并将新乡平原师范学院的部分师范系科合并其中,于安澜从新乡又返回开封,直到终老。

返回母校,于安澜因出身不好不被允许登讲台、执教鞭,不能从事他热爱的教学事业。1957 年以后,他在中文系资料室工作,这也为他继续从事画论文献的整理编纂工作提供了便利。于安澜经常是批判的对象和被揪斗的对象。这种状况一直持续到"文化大革命"中期。1970 年前后,情况略有好转。

但是,于安澜对专业的坚守和执着是坚定不移的,这始终支撑着他继续在学术的领域里笔耕不辍。从 20 世纪 50 年代中期至"文化大革命"结束的 20 多年中,作为"黑五类分子"的于安澜在政治上受打压,在人格上受屈辱,在精神上受摧残。他与其他老知识分子一样,虽然只是学术上的专家,却成了革命小将的"专政"对象,游街、批斗、戴高帽,还经常被关牛棚、下农场,甚至在单位打扫卫生、清理厕所。对一名安心学术、修养深厚、善良无欺的旧知识分子来说,因为出身不好这种个人无法选择的问题,受此不公,其精神上的折磨是可以想见的,因此而自寻短

---

① 参见魏清源《河南大学中国语言文学学科史》,河南大学出版社 2021 年版,第 67 页。

见者屡见不鲜。可贵的是于安澜心胸坦荡，认为学术不仅无害，而且对家国有益，受屈辱只是暂时的，他乐观以对。因此，他把一切外在纷扰视为插曲，甚至连"文化大革命"中被揪斗、被批判都视为休息，白天游街挨批，晚上挑灯夜战。做学问、搞研究才是他最重要、最真实的生活。

功夫不负有心人。1957年，《画论丛刊》因影响日重，在人民美术出版社的规划与特别邀请下，于安澜重新整理，《画论丛刊》再版，三年后的1960年因供不应求再次出版重印，目前人们收藏较多的即1960年版。1963年，他编纂的《画论丛刊》姊妹篇《画史丛书》两函十册由上海人民美术出版社出版，其画学家的名望、地位进一步提升，但是由于他本人淡泊、低调，不事宣传，并没有在单位引起重视，也没有给他的工作带来多少变化。1970年，日本汲古书院全版影印出版了《画论丛刊》一书，之后，中国香港、台湾地区的书商相继影印出版该书，其影响波及东南亚、欧美及苏联，一时间成为世界名著。

该书影响力日渐扩大，但并没有给于安澜的经济、生活带来什么改变，他依然在中文系资料室工作。"文化大革命"结束后，拨乱反正后的社会风气为之一新，重教育、重学术的认识重回大众视野，于安澜这些老学者有了用武之地，时隔数十年，于安澜被要求重返讲台。因为他在河南大学申报语言学硕士学位点过程中是一位必不可少的关键人物，备受重视，1983年成为硕士生导师，1984年出任河南大学古籍整理研究所所长，称得上是晚霞余晖。

1982年，他的最后一部画学文献巨著《画品丛书》问世，可惜因年事渐高，只出版了第一册，计划中的其他系列至今阙如，也成了他的终身遗憾。1992年，他的最后一部学术著作《诗学辑要》延宕六年之久，终于由四川人民出版社出版，为他的学术生涯画上了圆满的句号。至此，人们才真正认识到，于安澜才是横跨语言学、画学、诗学等领域的真正的大家。

在于安澜生活的一个世纪，中国社会处于动荡、巨变之中，社会政治像一条既显又隐的钢索，时时牵动着每一个人的生活，影响着每一个人的命运。于安澜也不例外。每一位知识分子、学者，对于时代政治都不能置身事外、充耳不闻，所谓"风声雨声读书声声声入耳，家事国事天下事事事关心"，都必然与社会、时代、政治、环境同息共舞。

于安澜一生安于学术、淡泊以对，尽管成名成家后种种荣誉纷至沓来，但他始终保持着自己的人生信条，不参加任何党团组织，不归属任何民主派别，一心关注学术、学问、艺术。于安澜并非没有政治热情、政治觉悟，相反，他时时关注着国家发展动向，无论是青年时期还是年届桑榆，都在用手中之笔为这个国家、为他所处的时代书写，乃至讴歌。

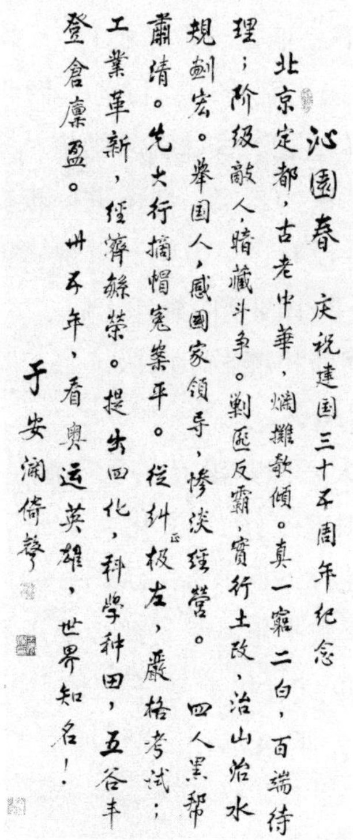

沁园春　庆祝建国三十年周年纪念

北京定都，古老中华，灿烂欢倾。真一穷二白，百端待理；阶级敌人，暗藏斗争。剿匪反霸，实行土改，治山治水规划宏。举国人，感国家领导，惨淡经营。

纵扑极左，严格考试；四人黑帮萧清。先大行摘帽宽案平。工业革新，经济繁荣。提出四化，科学种田，五谷丰登仓廪盈。卅不年，看奥运英雄，世界知名！

于安澜倚声

图1-18　于安澜创作的词，1984年

尤其是到了晚年，他更关心国家文化艺术事业，勉力而为，极力推动省内外多项艺术文化项目建设。他的书法作品也常常将当时的社会理想"四化"撰于笔端，殷殷切切。因此说，如于安澜一样的老一代知识分子，经历沧桑，思索更深，对政治有自己的深刻理解。他们有自己特殊的时代，他们属于自己的时代。于安澜用漫长的、坎坷的一生理解了真正的政治与人生。他知道家国一体的真实意味，感受到了国家由穷到富、由乱而治带来的生活巨变，因此更加珍惜来之不易的和平与安定，更加富有社会使命感、责任感。他晚年所极力推动的种种文化事业项目正说明了这一点。①

时代的风云变幻、苦难多艰，是社会的，也是个人的，无法摆脱。于安澜只能和他的时代同呼吸、共命运。在20世纪早期，他正值青壮年，社会动荡，人生无定，他想远离政治，安心学问，而政治又不离左右。百年历史的每一次巨变和社会转型他都赶上了：辛亥革命、清朝覆亡、民国初建、军阀混战、袁世凯称帝、张勋复辟、抗日战争、解放战争、新中国成立、"三反""五反"运动、反右运动、"大跃进"、四清运动、"文化大革命"、改革开放……因为于安澜的百年人生与中国20世纪的百年历史同步，所以20世纪的每一件大事他都身处其中。无论后人、学者如何诠释这段历史，无论文字描述得多么惊心动魄，都无法与于安澜的切身经历、切肤感受相提并论。因而他可能更敏感于政治风候。试看他的这首古体诗：

> 画角荒城动客哀，百无聊赖强登台。
> 世成蛮触多戎马，运入红羊遍劫灾。
> 悲乱空吟庾信赋，伤时每悔杜陵才。
> 湖山春色明如画，忍见旌旗遍野开。

这是青年于安澜于1930年大学刚刚毕业后的所见所感，诗名《信阳城楼晚眺》，其悲悯之心陡见，时代之感充盈，能说他不关时事、不问政治吗？②

作为一个微茫的个体，于安澜只是沧海一粟，如何因应这个动荡、苦难、巨变的社会大潮，如何在时代风云的夹缝里秀出精彩的人生，不是每个人都可以掌控的。命运虽然属于时代，也属于自己。有人在徒叹中沉潜消逝，有人在艰险中挺拔屹立，有人愈挫愈勇、一往无前，有人无怨无

---

① 在于安澜的推动或参与下，河南省先后建成了许慎墓祠、许慎纪念馆、画圣吴道子纪念馆、张衡纪念馆、张仲景纪念馆、花木兰纪念馆，他还为之无偿留下墨宝，成为当地珍贵的艺术财富。相关内容参见本章"夕阳余晖与公益壮举"一节。

② 1985年，于安澜为南阳邓县（今邓州市）夏馆中学建校篆书题词："要想加速四化建设，必须提高科学技术水平，而要想提高科学技术水平，必须发展中小学教育。夏馆同志们有鉴于此，在以前开高中、开初中女师校舍旧址上建立夏馆初中，以适应四化建设需要，佳音传来，不胜欣喜，此书数语，用申贺忱。"其殷殷之心历见。

悔、见缝插针。于安澜有他独特的存身之道、处世之术。他选择了避开直接的政治洪流而专攻学术。他了解自己的能力与性格，知道自己的长处和劣势，他能做的就是量力而行，执教鞭、做学问、搞学术，为生存，也为祖国的文化事业。出于这种考量与规划，也出于心中真诚的热爱与执着，他投身其中、义无反顾，无论时局如何动荡，命运如何转换，他都坚持不懈，孜孜以求。

而对于自己选定的学问、学术，他能够自我调节，有张有弛，分清主次。他既有主攻专业，又有业余爱好。他没有因为爱好而贻误了专业，也没有因为专业而放弃了爱好。别人把爱好当游戏，他把爱好当事业。总之，他的爱好（如画学、艺术）就是他的专业，他的专业（如语言学、文字学）助推着他的爱好。于是于安澜做起学问十分充实，无论在动荡岁月还是在和平年代，无论是手执教鞭还是劳动改造，他都没有放下学术，很安心、很踏实、很平静地接受一切——一切公与不公。于安澜认为，任何磨难，比之于他热爱的专业与爱好，都在其次。他甚至没有工夫叹息，没有时间琢磨别人，也没有心思虑及其他，因为他有更重要的事情要做。

于安澜自得于文化乐园，用智慧避却乱世，用思想补缀沧桑，用文化填充空虚，用艺术点缀生活。他视自己如平常，欲用绵薄之力做有益之事，不想惊世骇俗、成名成家、攫取利益。他用谦逊、平和、平俗换来的是一生的厚重和闪光的业绩，还有众人永久的怀恋。他从来不想卓越，却用切实的贡献诠释了卓越学者的深刻内涵。

于安澜和他的时代充满了辛酸、痛苦、跌宕起伏、动荡不安，也充满了丰硕、充盈、精彩与无限光华。与时代相比，个体命运不足一提，而时代又是由每个与之相关联的个体书写而成。于安澜无疑是无怨无悔、多难而幸运的。"曾经沧海难为水，除却巫山不是云。"看惯了生与死，经历过荣与辱，一个世纪的风雨飘摇，让于安澜学会了处变不惊，坦然面对。面对这位沧桑老人，他的平静、渊博与侃侃而谈，会让人感受到什么是修养、什么是厚重。他用淡泊文雅在乱世中存身，他以勤勉刻苦在和平年代成才。任何名利都漠然以对，而他牵肠挂肚、一以贯之的，恰恰是学问、学业与文化事业。无论在什么条件下，或战火硝烟，或饿殍遍野，或含冤受屈，或平反昭雪，乐观畅达一直是他不变的品格，甚至是秉性。

有人时常问，什么是最美的人生？什么样的生活才最有意义、最有价值？在于安澜身上，我们似乎能寻找到答案。

总之，于安澜一生最大的特点，是专注于自己的内心而不怨天尤人。对芸芸众生而言，社会、时代都是个体无法改变、只能适应的外部条件，努力做好自己，然后有益于他人和社会，专注于自我，专注于自己的爱好、兴趣和专业，才能做真实的自己、充实的自己。生于乱世而终有所成，是个人的幸事，也是对社会的贡献，此所谓反哺。

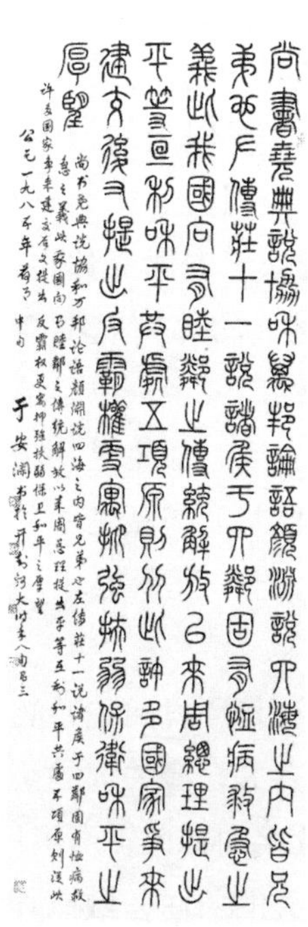

图 1-19　于安澜诗并篆书，1985 年

于安澜在学术领域的成就丰富了他的时代。他的时代苦难深重，滚滚红尘中泥沙俱下、鱼目混珠，战乱硝烟里玉石俱焚、生死无依，而能够坚持、坚守自己的人生信条，靠勤恳、努力、意志等才生存下来，而且活得足够长久，就是发光的人生、无憾的人生。

正源于此，于安澜不参加任何政治社团，是洁身自好，主动选择；也是身不由己，被动适应。但是他并非拒绝交往、闭门造车。于安澜深知交往是汲取知识营养所必需，他从不封闭自己，始终主动而为，从青年到老年都有自己亦师亦友特殊的朋友圈。在学习、积累阶段，于安澜向大师们学习；在有所成就之后，发光放热，诲人不倦，形成良性互动，甚至年逾耄耋，他还筹划着出国访学，与国外学者交流。

于安澜一生中最重要的学术圈子有两个，一个是新中国成立前在北京求学时的学者圈、画家群，一个是新中国成立后在河南大学任教时的学术圈、专家群。前者是他作为知识学问的汲取者为受益而来，后者是他作为学问与艺术的创造者、传播者为奉献而动。第一个圈子让他受益匪浅、迅速成长，第二个圈子让他老有所为、散发余晖。每个人都有自己生活、学习的小圈子，它是时代社会大背景下的一部分，人们受小圈子影响往往大于其他。于安澜的学术眼光与治学之略得益于他的学术圈、画家群、师友团，无论在河南中州大学，还是在燕京大学，这些圈子里学者云集、名家辈出，从而带动于安澜必然在学术上走高端、立潮头，如中学时代的范文澜，大学时代的郭绍虞、陶冷月，研究生时代的闻宥、刘凌沧、容庚等，是他学术的启蒙者，也是他立定学术方向的指路人；而北平时期画界的执牛耳者萧谦中、郑午昌、余绍宋、张大千、黄宾虹、方介堪等，则是他画学成就的奠基人与激发者。他无意与大师比肩，最大的愿望不过是"攀缘大师的墙垣"，没承想却自成大师，成为画学界、语言学界独立的山头。

近朱者赤，近墨者黑。这是环境问题，其实也是个人选择。一个人靠近什么、远离什么，与环境有关，最关键的是自我选择。于安澜一生远离政治圈、亲近学术圈，无声无名时如此，声望日隆时更是如此。但是，他并没有因此而忽略了对社会局势的关注，做掩耳盗铃式的自我欺骗。于安澜虽然不搞政治，但也时刻处在社会政治的大旋涡当中，对政治之利、之弊有自己切实的认识。他由衷地歌颂新中国，因为他真切地感受到了旧时代政治的黑暗；他真诚地颂扬共产党，因为共产党给人民带来了实实在在的利益；他发自肺腑地赞美毛泽东，时常用书法录写毛泽东诗词，因为他亲身体会到了这位领袖的英明伟大；他讴歌新时代，因为新时代的社会政治更加清明，尤其是拨乱反正以后，人民更加幸福，他本人不仅能够安居乐业，而且还能发挥余热，力所能及地为社会做贡献。据同事回忆，1980年，时年78岁的于安澜自觉身体允许，还要求为本科生、研究生上课，要发挥余热，多做奉献。有诗为证：

> 岁月如流白发新，老来殷盼接班人。
> 工农各线多战果，学术岂肯落后尘。①

其老骥伏枥之心可鉴。

于安澜八旬过后，应邀参加了中国训诂学会、中国音韵学会、中国美术家协会、中国书法家协会，又兼任河南省语言学会、河南省美术家协会、河南省书法家协会的顾问或评委。1983年起他开始招收硕士研究生，1984年出任河南大学古籍整理研究所所长。这些都与学术相关，而与社会政治不无关联。他本人对夕阳余晖，自有深切感触，1986年作《醉花阴·贺中国书画函授大学成立》一首以鸣心志，词曰：

> 为给青年开宝库，忘却岁迟暮。艺苑展宏图，老马自任，犹记来时路。　古今万法无不具，指点优异处。莫叹寻师难，提要钩玄，已把金针度。②

"金针度人"也许是于安澜最大，也是最后的理想，他以自己的丰富著述和亲力亲为，很好地践行之。事在人为，非由时代。于安澜的人生，充分诠释了这一点。我们无意于夸大他的成就，也不能埋没了他所创造的学术与艺术奇迹。

四、夕阳余照与公益壮举

于安澜1986年正式退休，时已84岁。退休前数年，除指导研究生外，单位已经不再给他安排其他工作。而在80岁以后，他根据自己的身体状况与爱好兴趣，选择逐渐退出文案式的学术研究活动，从前喜爱的国画创作基本封笔不做，转而从事书法、篆刻、诗歌等艺术创作活动，并将发起、倡议、推动、组织省内外一批重大社会艺术文化公益活动当成要

---

① 周启云：《读书、治学、做人的楷模——沉痛悼念于安澜教授》，《河南大学学报（社会科学版）》1999年第6期。

② 于安澜编著，孟云飞校订：《书学名著选》，河南大学出版社2015年版，第626—627页。

务，主动作为，积极投入，给人们留下了深刻印象。

"文化大革命"结束以后，文化事业百废待兴，过去被否定的优秀传统文化重回人们的视野，艺术经典再度受到重视。20世纪80年代初，在国家的大力倡导、扶持下，各地掀起纪念历史文化名人的热潮，或集会或建园，或立碑或出书，热闹非凡。随着年事渐高，名望日隆，于安澜认识到自己有一定的学术影响力，全国不少专业学会、期刊、重点文化建设项目等，都争相邀他撰文、题字、指导、出席，奉为上宾。他想，与其如此被动地"展示"、助阵，虚度时日，不如"主动出击"，为家乡、为中原、为国内优秀传统艺术文化或学术名人树碑立传，传继薪火。于是，从他还没有退休时起，就结合河南省文化厅、相关学会，有重点地规划、倡议发起了数项艺术文化建设项目，主要包括：在东汉文字学家许慎故里河南郾城县（后撤销，设立漯河市郾城区、召陵区）修建许慎纪念馆、许慎文化园，同时在洛阳——东汉故都旧太学（今洛阳市图书馆）门外竖立许慎像、纪念碑；在唐代画圣吴道子故里河南禹县（今禹州市）修建吴道子纪念馆、举办国际学术研讨会等系列纪念项目；在清代著名廉吏暴方子的家乡河南滑县修建暴方子纪念园；在河南南阳修建张衡纪念馆、张仲景纪念馆；倡议在河南虞城县花木兰故里开办木兰文化节、修建木兰祠等。另

图1-20　于安澜书许慎像碑记，1985年，洛阳图书馆（旧址）

外，他还和中国训诂界同人共同发起，在清代文字学家段玉裁的故乡江苏常州金坛县（今金坛区）修建段玉裁纪念园。至于在河南开封、郑州、安阳，湖北沙市等地参加的各种文化艺术活动、纪念笔会，更是不计其数，每次活动，他都会无偿奉献上精心创作的书法作品。

上述重要公益活动大多由于安澜倡议、规划、发起、推动乃至落实，历时十几年，每一项活动都涉及行政、管理、资金、土地征用、拆迁安置等多个部门，横跨国家、省、市、县、乡（镇）、村各级管理组织，工作难度之大、棘手问题之多不难想象。其时于安澜已经是真正的"80后"——80岁开外，可他仗着身体康健，不畏年迈，只争朝夕，强力推动，终于圆满完成了这些具有历史价值的艺术文化创举。如今这些项目已然成为当地的著名文化景点、旅游景区，或者百姓的文娱活动场所，惠及当地，影响日重。从下述几处重点项目、重要活动，即可看出于安澜晚年用心之苦、公心之重。

（一）修建郾城许慎纪念馆

许慎（约58—约147），字叔重，汝南召陵万岁里（原属郾城县，今为漯河市召陵区许庄）人，官至南阁祭酒，又称"许南阁"。许慎是汉代著名文字学家、经学家，他历时30年编撰而成世界上首部字书《说文解字》，不仅规范了汉字的形、音、义，还穷根溯源，为后世文字与文字学的发展奠定了基础。《说文解字》一书是中国文字文化发展史上的里程碑，是中国古代文字学的开源之作，其意义、价值不言而喻，许慎因之被誉为"字圣""字学宗师"，他的学说又被尊为"许学"，是中国学术史上里程碑式的人物。

作为语言文字学家的于安澜深知许慎在中国文化史上的地位，因此认为应该在许慎故里重建纪念馆，让历史名人继续影响后世。许慎的故里在河南省漯河市郾城县召陵乡，现郾城县划归为漯河市的郾城区、召陵区。在郾城内建造许慎纪念馆有一定的历史基础与群众基础。郾城县历史悠久，是许州（许昌）之南的重要县邑。虽然现在行政上归属漯河市，而漯河是一个新建城市，它1986年才升级为地级市，此地之前的历史遗存主要在郾城。许慎《说文解字》一书就是隐居家乡郾城县召陵乡万岁里著成的，书成之时，郾城许慎已经名扬海内了。许慎在郾城家乡颇受敬重，

图1-21　许慎像，1985年，洛阳图书馆（旧址）

不仅其墓园保护完整，而且自清光绪年间当地人便在郾城县东北部修建有"许南阁祠"。初建祠堂由当时的县令发起，规模不大，占地仅数亩，前有过庭，后有享堂，中立木主，受学子官员年节时拜祭。辛亥革命后，祠堂辟为学校，尽管当地士人多次置木主于其中，也仅仅存留一个过厅而已。

　　有鉴于此，从1982年起，于安澜即倡议在郾城修建许慎纪念馆，并于次年在苏州举办的全国训诂学学术会议上提出动议，得到与会专家、学者的赞许，还写入学会活动计划，计划许慎纪念馆落成时，在河南大学（时称河南师范大学，1984年恢复今校名）举办许慎专题研讨会、全国训诂学学会，并在洛阳竖立许慎雕像，在郾城县举办国际书法展，征集作品，为建园刻碑做准备。此后，于安澜与郑州大学教授李戏鱼等奔走呼吁，撰写计划报告，利用个人学术影响力，上与国家文化部、河南省文化厅有关领导接洽联络，商讨建馆经费、相关文件的签批等事宜；下与当地县乡村政府及各主管部门协商，拟定建馆地点、土地征用等具体问题。经过多方交涉，项目一步步推进。负责具体落实工作的是郾城县文化局，他们多次派员来开封与于安澜协商筹备事宜。这次活动的一个重要内容是举办全国书法名家作品邀请展，参展著名书家大多由于安澜圈定并亲自写信邀请，由于他在画界、书界、学界的影响力，许多国内名家如赵朴初、吕叔湘、萧劳、萧娴、沈鹏、陈天然等纷纷响应，一些政界名人也参与其中，共收到书法佳作上百幅。于安澜亲力亲为，代表中国训诂学会用篆书记述展览盛事。

这些名家书法作品即为勒石刻碑的基础，为建造纪念园书法碑廊做好了铺垫。作为文字学家、书法家兼发起人的于安澜，自然会承担更多的书写任务。除上述训诂代表学会的碑刻、为许南阁祠书额外，许慎碑文这一重头戏也是由他来题写，但是他高风亮节，推能让贤，碑文最终由当时一位中年书家撰写。① 为使书法展览圆满举办，于安澜还鼓励弟子王蕴智、王海等参展，选择书写内容，指导篇章布局。

在于安澜的倡议、推动下，经过多方努力，尤其是在省文化厅的大力支持下，1984年，当地政府在旧址基础上重建许南阁祠。该祠于1985年建成，于安澜用小篆体亲书"许南阁祠"四字匾额，以示对这位一千多年前的文字学家的敬仰。② 同时，他又约请我国现代语言学奠基人、著名文字学家王力楷书"许慎纪念馆"匾额。是年秋，全国训诂学会——纪念许慎国际学术研讨会在郾城如期举行，参加会议的国内外学者近百人，提交相关论文80余篇。会议历时一周有余，内容丰富，在郑州、开封、洛阳、郾城四地次序展开。于安澜作为发起人和重要推手，80多岁高龄仍殚精竭虑。书画名家作品征集是一件大事、难事，没有一定的学术影响力，一些名家不会回应。于安澜不仅亲自出面邀约，对有些名家学者还数次催请，以保证质量。具体事项由郾城文化馆负责，而稿件进展情况只能靠于安澜联系。

---

① 《于安澜与王海岑札》："许慎碑虽规定我书丹，我不如李乾山写的，因推李写。前已约定，李定自欣然。但由李获中原一等奖也有条件。"（见王冰编《于安澜先生致海岑札》，香港天马图书有限公司2002年版，第57页）现存许慎碑，确为李乾山所书。

② 由于重建后的许南阁祠面积仍然较小，不适合竖立碑林，当地政府决定在原召陵许慎墓附近扩建，命名为"许慎文化园"。该园历时多年，于2010年前后建成，又新征集名家书法上千幅，建成后的书法碑廊长达700多米，刻碑1000余块，规模空前，其时于安澜已作古多年。

图 1-22　于安澜为许慎国际学术研讨会题词，1991 年

图 1-23　重建后的许南阁祠大门

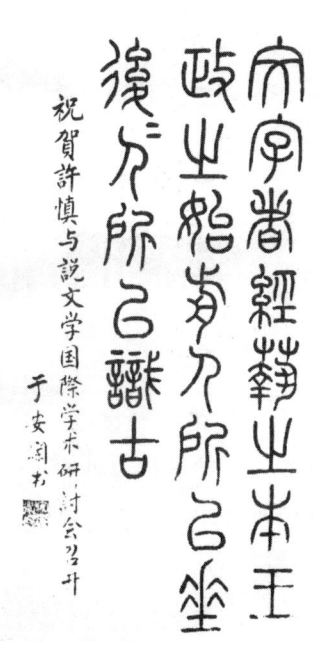

图 1-24　于安澜为许慎国际学术研讨会论文集题词，1991 年

这项公益学术活动不仅彰显了东汉文字学家许慎的学术功绩，传承了古文字学、训诂学，还有效提升了当地的影响力，为之后的郾城"许慎文化园"建设奠定了坚实基础。如今，建成后的许慎文化园占地数百亩，集历史文化教育、休闲娱乐于一体，与郾城许南阁祠一起成为当地的文化名片和为数不多的著名人文景区，这是于安澜晚年最成功的公益文化活动成果之一，也是他最希望的结果。纪念活动结束后，于安澜吟诗一首，足见此次学术会议的盛况：

汴洛举行许会开，八方学者一时来。
何朝如此重经术，全国拜祠第一回。[①]

（二）修建禹州吴道子纪念馆

许慎纪念馆的落成及相关学术活动的成功举办，提振了于安澜推动

---

① 发表于《郑州晚报》1986 年 2 月 25 日。

建设河南籍历史文化名人纪念场馆的信心。吴道子纪念场馆修建活动的源起是：作为美术史家、画学家的于安澜，对吴道子这位唐代著名"画圣"、了不起的中原历史名人长期研究，谙熟于心，十分景仰。20世纪80年代初，当他了解到在吴道子的故乡禹县（今禹州市）还没相关纪念场所，甚至没有确切的吴道子故里时，作为资深美术史家，他觉得十分不可思议，有必要研调、落实，给后人一个交代。于是，他一方面着手文献资料研究，一方面实地考察吴道子在禹县的历史遗迹及民间认知，力图给出一个可靠、可信、权威的答案。

史料记载，吴道子是东京阳翟（20世纪80年代称禹县，1988年改设禹州市）人，唐代著名画家，生活在唐开元时期。唐末美术史家朱景玄在《唐朝名画录》中将其列为画界最高等——神品上，无人与之并驾齐驱；唐末另一美术史家张彦远在《历代名画记》中对吴道子的绘画艺术进行了专门研究，评价极高；宋代文学家苏轼曾高度评价吴道子的绘画艺术，将他与诗人杜甫、文学家韩愈、书法家颜真卿相提并论，认为"诗至于杜子美、文至于韩退之、书至于颜鲁公、画至于吴道子，而古今之变，天下之能事毕矣"，并说："道子画人物，如以灯取影，逆来顺往，旁见侧出，横斜平直，各相乘除，得自然之数，不差毫末，出新意于法度之中，寄妙理于豪放之外，所谓游刃余地，运斤成风，盖古今一人而已。"[①] 因此，千百年来吴道子被誉为"画圣"，是古今第一位大画家，在美术研究领域与民间影响广泛。这一点作为著名美术史家的于安澜熟谙于心。

于安澜认为，吴道子是历史上家喻户晓的一个文化艺术符号，是中国古典绘画的标志性人物。吴道子的绘画成就是世人公认的，"吴带当风"的洒脱风格至今仍保留在甘肃敦煌莫高窟壁画中，民间谓之"吴装"或"吴家样"。加之盛唐是中国古代历史上最辉煌的一个时期，因此，吴道子的意义就在于他是站在绘画艺术史巅峰上的"画圣"，是中国古代知名度最高的画界名人。

吴道子无疑是河南的骄傲，是中原艺术文化繁荣时期的见证。可惜的是，画圣吴道子还仅仅停留在史料的简单记载当中，在禹县，无法确定吴道子的确切故里，这种状况对历史没有交代，对河南的文化艺术事业不

---

① 苏轼：《书吴道子画后》，载《苏轼全集》，上海古籍出版社2000年版，第2190页。

利。于安澜认为吴道子的历史、出身、归宿应该弄清楚，因此，一定要在禹县当地寻查到真正的吴道子故里，为之树碑立传，还历史以本来面目。

于是，许慎纪念活动一结束，他便提出动议与规划，多次与省、市、县有关部门联络、协商，或写信或面谈，力图推动此事，力主确定画圣故里、修建画圣纪念馆、吴道子墓等。通过一些信札、手记可知，他与学术至交、郑州大学李戏鱼教授多次协商，联手筹办此事。① 经过努力，1986年，河南省文化厅根据文化部意见，决定在禹县修建吴道子文化纪念馆，同时举办全国性纪念吴道子的学术活动，并获得部分资金资助。是年，当活动建议初有眉目之际，于安澜专门为此欣然赋诗："神话流传遍九州，道玄美育冠千秋。更乘四化东风便，建立中原画圣楼。"② 其中洋溢着无尽的自信与喜悦。

所有活动的基础是落实吴道子故里所在地。尽管史料准确无误地记载吴道子生于禹县③，但具体在禹县哪个地方并不清楚；史书还记载吴道子少孤贫，传说他曾三次入蜀，最后客死四川，葬于资阳。④ 那么，吴道子有没有后人？有没有再回禹县？他的墓在何处，是不是传说中的李家沟后山？要修建吴道子纪念馆、吴道子墓穴，这种种疑问都不能不解答。

---

① 据《于安澜与王海岑札》，1986年4月16日，于安澜在信中说："我后天去洛阳参加省老年书画会，为洛阳花会展出一百幅牡丹画以配合花会，并约讨论纪念吴道子事。我是建议人，当出席参加，约三四天可回校。"（见王冰编《于安澜先生致海岑札》，香港天马图书有限公司2002年版，第116页）

② 发表于《郑州晚报》1986年2月25日。

③ 〔唐〕朱景玄《唐朝名画录》记载："吴道玄，字道子，东京阳翟人也。少孤贫。天授之性，年未弱冠，穷丹青之妙。浪迹东洛。时明皇知其名，召入内供奉。"［见《画品丛书》（一），河南大学出版社2009年版，第101页］又〔唐〕张彦远《历代名画记》记载："吴道玄，阳翟人。好酒使气，每欲挥毫，必须酣饮。学书于张长史旭、贺监知章。学书不成，因工画。……"［见《画史丛书》（一），河南大学出版社2009年版，第148页］另据宋《宣和画谱》记载："吴道玄，字道子，阳翟人也，旧名道子。少孤贫，客游洛阳，学书于张颠、贺知章，不成，因工画，未冠，深造妙处，若悟之于性，非积习所能致。"［见《画史丛书》（三），河南大学出版社2009年版，第487页］上述记载，都十分简略。之后画史记载都大同小异，唯明代夏文彦《图绘宝鉴》略有不同："吴道玄，字道子，阳翟人，旧名道子。少贫，游洛阳，学书于张颠、贺知章，不成。因工画，深造妙处，若悟之于性，非积习所能致。初为兖州瑕丘尉，明皇闻之，召入供奉，更今名，以道子为字，由此名震天下。其笔法超妙，为百代画圣。"［见《画史丛书》（五），河南大学出版社2009年版，第853页］吴道子"画圣"之称，始于此。而古代阳翟就是现在的禹县，后更名为禹州，相传是大禹会诸侯的地方，又为夏代都城之一。

④ 山西师范大学袁有根教授曾实地考察探访四川资阳李家沟后山吴道子墓。参见袁有根《吴道子研究》，人民美术出版社2014年版，第70页。

问题在于，吴道子的具体出生地在禹县，民间颇有争议，一些吴姓村庄的村民坚称自己是吴道子真正的后人，名人之争在当时就很热闹，何况是祖上之争。因此，在禹县建立吴道子纪念馆，首要的是学术考证，要让人心服口服，得出权威结论。这件事，非德高望重的于安澜莫属，而他真像解谜先生一样，通过辛勤研究，许多问题最终——得到解答，为吴道子纪念活动的开展扫清了障碍。

禹县历史悠久，相传曾是大禹盟会所在，曾为禹都。禹县地处河南中部，东距许昌40公里，北距郑州70多公里，向西偏北距洛阳80公里，向南距平顶山60公里，自古以来以出产钧瓷著称，古称钧州。由于历史更替，禹县一带区域、治所、归属变化频繁，溯源无绪。确定吴道子故里的最大风险是，如果不当，可能引起乡民矛盾，造成不良社会影响。为此，于安澜在考察考证中十分谨慎周密，翻阅了大量文献资料，综合历史记载、地方志略，还不辞辛苦，不顾自己已80多岁高龄，多次到禹县各相关乡村实地勘察走访。通过研究，他最后认定，禹县鸿畅乡（今禹州市鸿畅镇）山底吴村乃真正的吴道子故里。

山底吴村位于禹县西部偏南20公里处，靠近郏县一带，方圆10公里内有著名的三苏坟、瓷乡神垕。该村人口不足百户，吴姓占绝大多数，有吴道子50代以上传人。村子位于南北两道山梁之间，前山低后山高。村子临南山北坡低平处而建，东村口在山梁东侧尽头，村东、村南是开阔的平原，几乎与南山梁齐平，进村下坡路边有一池塘，传说为吴道子当年洗笔所在，池边有一块平坦的巨石，可以站人，俗称洗笔石。过池塘向北不远有一条东西向街道，是为主街。整个村庄像是处在两道山梁的底部，故名山底吴。村子西头是农田，向北有一条小路，穿过两山梁间最低处的兰河，直通后山南麓，新建的吴道子衣冠冢就在后山坡上。山底吴村中部靠南山北坡原有一座祠堂，建筑已毁，仅存一通古碑，字迹几不可辨认，当地人称此处即为旧画圣祠。另外，村西南山梁高处有一玄石洞，传说是吴道子向黄石公学画之处。通过探访，于安澜了解到，该村吴姓人家有家谱，记载为吴道子后裔，从唐至今已传续53代之多。种种证据表明，山底吴村就是吴道子的出生地。

确定山底吴村为吴道子故里以后，于安澜才与当地政府各级负责人协商，决定在该村村口竖立吴道子故里碑，在原画圣祠遗址上修建吴道子纪念馆，并在村北山梁南坡修建大型吴道子墓（衣冠冢），墓前立碑、塑像，以示纪念。这项浩大的纪念工程在于安澜的主导下就此拉开序幕。

当地政府、村干部、村民对此项公益活动极为重视，多次请于安澜到访，多次到开封于安澜家中磋商。按照于安澜的策划，整个活动包括三大部分：其一，开建吴道子纪念馆；其二，同时修造吴道子墓，派人到四川资阳"请灵还禹"；其三，也是纪念活动的主体部分，由他发起倡议，向国内外学术界、书画界名家征集书法作品，在新建纪念馆内建造当代书画碑林，并于纪念馆揭幕时召开吴道子国际学术研讨会加以展示。研讨会主会场设在郑州，分会场设在吴道子故里。

图1-25 山底吴村"画圣"吴道子纪念馆

一切均按原计划有序进行。由于筹备工作涉及文化部、省厅、市、县、乡、村多级政治组织等十多个部门[①]，其中的麻烦、问题可想而知。从1983年动议到1988年筹备工作就绪，到吴道子纪念馆正式落成、吴道子墓园竣工，再到纪念吴道子诞辰1300周年国际学术研讨会的成功举办，历时五六年，于安澜以一个主导者的身份参与，书碑、索画、广邀同行，

---

① 在于安澜、李戏鱼等人的共同努力下，吴道子故里纪念项目成为由国家文化部、旅游部两部委批文兴建的国家重要文化工程。

又以一个旁观者的身份置身事外，两袖清风，由此赢得了当地人的由衷赞誉，称他为一个真正的学者。

如今，建成多年后的吴道子故里处处留有于安澜当年的笔迹踪迹：一处是出村小路与官道交汇处的"吴道子故里"牌坊上方的楷书题字；一处是在村口竖立的"画圣吴道子故里"碑篆书题字及碑阴吴道子生平简介；一处是村中"吴道子纪念馆"馆名楷书题字；一处是馆内书法碑林楷书书写的两首自作诗①及吴道子纪念馆碑记；再一处就是后山南麓吴道子墓园前的篆书碑题"唐画圣吴道子之墓"。于安澜策划的另一项活动最有意义，可惜后人不易看到，更难知情，那就是组织编写《唐代画圣吴道子轶事汇编》一书。这项活动对于安澜这位文献学家、画史专家来说是拿手好戏，

图 1-26 "画圣吴道子故里"碑文，于安澜书，1987 年

图 1-27 于安澜篆书"唐画圣吴道子之墓"

---

① 于安澜：《纪念画圣吴道子一千三百年诞辰》（二首）其一："画圣凤参化育工，绘来地狱慑顽凶。千幢彩壁留名刹，百里山河出殿中。学继顾张臻妙境，名同韩杜跻高峰。欣逢昭代昌文运，为表丰功振艺风。"其二："谈到地灵自感优，画医圣并出中州。品如嵩岳千年秀，声共大河万古流。笔力奔腾绍裴帅，龙鳞飞动接僧繇。今朝普海同参拜，国际新闻遍五洲。"

该书由于安澜作序,他还邀请老画家魏紫熙题签,可惜的是出于种种原因,该书书稿虽然编成了,而出版遥遥无期,最终只留下一个未正式发行的油印本。①

可以这样说,禹州市吴道子故里纪念活动的每一项目,于安澜都倾注了大量心血,随后它自然地成为禹州市的又一新文化标志,同时也是学者于安澜自身的文化标志之一。他无偿出谋划策,无偿书写文稿、捐赠书作,无偿邀约名家书画,尽显一位老学者的思想境界和文化风度。

吴道子纪念馆的建成以及由此产生的巨大的社会文化效益,也带来一些矛盾和问题。比如,当得知吴道子故里在山底吴村之后,不断有其他村的村民找到政府有关部门,或到开封于安澜家中反映,认为吴道子故里认定不准确,应该是某某村某某地方。有的还多次找到于安澜力争,有人则极端地要求召开更大规模的吴道子纪念活动,要求重新考察、认定。其实这不过是利益之争,于安澜胸中有数。他的客观、公正是人所共知的,其学术影响力更是不言而喻。借此,于安澜又做起耐心解释与调解善后工作,以避免矛盾激化、变好事为坏事。于安澜对他们说:吴道子是禹州人的骄傲和文化遗产,也是河南人、中国人的骄傲,没有必要争来争去。他的后人传续几十代,本身都应该亲如一家,齐心协力。无论将他的故里认定在哪里,都是一种象征,是一个纪念,几十代后人不可能都居住在一个地方,有不少后裔已经移居他乡。移居不忘其祖是优良传统,认为自己是吴道子的后裔或故里完全可以理解。但是故里只有一个,它就是一个文化符号。争执是正常的,但是,能够认识到它的象征意义,今后大家一起做纪念活动,共同开发利用这一文化艺术资源才是最重要的。大家都很信服于安澜的解释,最后各方相互理解,争端妥善解决。于安澜的学术影响力

图1-28 郭水林编《唐代画圣吴道子轶事汇编》(油印本)封面

---

① 该资料已作为内部资料印发,未出版。

可见一斑。

（三）修建廉吏暴方子纪念园

暴方子，名式昭，以字行，清代光绪年间的著名廉吏。他的故里滑县牛屯镇南暴庄村离于安澜故里鸭固集村仅数里之遥，是从鸭固集到牛屯、滑县的必经之路。20世纪初，于、暴两家为当时名门，彼此熟络，互有往来。于安澜成年以后，与暴方子之孙暴春庭交厚，暴春庭珍藏着记述暴方子故事的《林屋山民送米图》，在20世纪40年代几度赴北平，遍请当时文化名流、书画名家作诗为文、书画题咏，他当然也请毕业于燕京大学的家乡名人于安澜为该图题诗作书，因此于安澜对暴方子的事迹很熟悉，也很关注。于安澜晚年发起建造暴方子纪念园活动，自在情理之中。

据记载，清光绪年间，暴方子任江苏震泽县平望司巡检，公署在今苏州吴中区太湖之中的西山一带，是九品小官吏。他为官清正，修桥铺路，惩治刁蛮，建立乡规民约，西山一带民风为之一变，深得民众爱戴。光绪十七年（1891），因为得罪上司被革职。暴方子为官清廉，为官多年家无余资，罢官后不久已无柴米可用。适值隆冬大雪，全家只好靠挖野菜充饥。附近百姓得知真相，十分忐忑，于是自发地冒雪送米救济。西山其他村村民得知消息，争相划船载米救济，"一倡百和，群起四应，每村家家公集，遂蔓延至八十余村，为户约七八千家。其未到者仅辽远数村而已"。暴方子收十七石米觉得够用之后，"一概坚辞……敦知竟难终止，处处筹集，村村馈赠，肩挑船载，踊跃争先。即极小村落若张家湾、中瑶里等处，亦复载柴一船致米数斗。亦有老妇于公送之外，复投度岁诸物，亦有老翁持肉，童子担酒，庵尼负菜，禅僧携茶，相饷者计年内外月余，馈送赠米队伍络绎不绝，成为当时当地一大奇观"。此事惊动了苏州府尹，府尹为此下发公函，称："敝府访闻太湖西山地方有棍徒[①]蔡剑门手持竹梆遍山敲击，向各户敛费，称欲保留□□□头司巡检暴式昭，以致人心煽惑，并向各户索米，为该巡检暴式昭用度。"[②]廉吏的正直与百姓的民意反被诬陷，将"送米"变为"索米"，还要追究责任。暴方子十分坦荡，随

---

① 棍徒：无赖。
② 资料来源于现苏州吴中区西山暴式昭纪念馆所存苏州公署原件。

即回复说:"查上年十一月十八日交卸,债累满身,一钱不存,时届年终,无钱搬家,权住西山,独身回省。"并称蔡剑门敲梆约众是为了到省中请求暴方子回任,而山民送米在一月以后,二者并无关联,更非索要,"山民馈送柴米系出于万众心情所愿,绝无一人乞求讨索,亦无一人劝谕嘱托"。言辞铮铮,一时传为佳话,暴方子的廉吏声名亦不胫而走。

时住太湖西山的诗人秦散之听闻此事遂写诗称颂,有"门前积雪空模糊,芒鞋日满廉吏庐"句,并作长卷画图《林屋山民送米图》一幅送予暴方子。当地名士同为暴方子事迹所激励,纷纷在该图之上留诗题咏,诗文图画集于一卷,遂成暴家珍藏。后人在今苏州吴中区西山月亮湾村建有暴式昭纪念馆,廉吏暴式昭事迹、送米图创作题咏详情,皆陈列其中。甲午战争中暴方子应召入军,带领军兵英勇抗敌,后不幸壮烈牺牲。《林屋山民送米图》由其子孙妥善保存。半个世纪后,其孙暴春庭广邀名家题咏,并集为一册用珂罗版刻印。其时

图1-29　江苏苏州太湖西山月亮湾暴式昭纪念馆

图1-30　秦散之《林屋山民送米图》,中国画,1891年

许多现代名家如朱光潜、冯友兰、游国恩、俞平伯、张东荪、朱自清、沈从文、张大千、徐悲鸿等人都曾看过该图，皆不吝笔墨，纷纷题咏。这幅《林屋山民送米图》因此知名，暴方子的廉吏事迹不胫而走，史书亦有记载。

图 1-31　秦散之《林屋山民送米图》(局部)，中国画，1891 年

于安澜研读古史，又结合现实，认为暴方子这一廉吏形象是人间楷模，是家乡骄傲，更是当代极好的廉政教育典型案例，应该树碑立传。早在 1986 年，他就在报纸上发表了一首诗，建议重印《林屋山民送米图》，诗曰："解组乏资作启程，邑民送米助公行。姑苏名士齐歌颂，激励时风是典型。"[①]1988 年，吴道子故里纪念活动才结束，他便提出倡议，上下奔走，建议不仅是印制该图画，而且计划筹资在暴方子故乡建造纪念园，当然要将此图勒石保存。这一提议立即得到当地村民和县、镇政府的赞许和支持，于是，筹措资金、规划方案、征用土地，在暴方子故里南暴庄村西口建造纪念园的活动很快展开了。

---

① 诗名为：《建议重印〈洞庭山民送米图〉》。发表于《郑州晚报》1986 年 2 月 25 日。

建成后的廉吏暴方子纪念园规模不大，在南暴庄村西，离村一里许的乡间小道上，横跨着一座高大的石牌坊，上书"廉吏暴方子故里"一行大字，石柱前后左右刻满了楹联，标示着此地与众不同。村口路北临河一个类似农家院落的大园子即是暴方子纪念园，也是暴氏宗祠。纪念园的门楼高大醒目，园名为于安澜所题。入园迎面是一座有三层底座的六面石亭，亭盖飞檐，正面书"暴方子纪念亭"，四周镶嵌的碑石上刻满了暴方子的生平事迹，以及部分时任国家领导人的书法题词，那幅著名的《林屋山民送米图》也摹刻在古亭的中心四周，异常醒目。

图 1-32　暴方子纪念碑亭

园内有书法碑林、碑墙，是在于安澜倡议下征集全国 100 多位名家书作勒石而成，主题明确，内容有针对性。投书的许多书画家是于安澜的书法同好、学界旧友。于安澜特别撰写了一幅小篆条屏作品，上书"激扬清廉　广为流传"八个大字，镶嵌在园子东侧的纪念墙上。此作字义明确，字体敦厚，落落大方。年近百岁，字迹尚且如此清正秀雅、稳健厚重，确然令人服膺。之后，园内题刻及暴方子事迹汇集成册，于安澜此幅题篆印在该书扉页上。

图 1-33　于安澜篆书"激扬清廉　广为流传"，1997 年

廉吏暴方子纪念园是他发起的最后一项公益文化活动。纪念园虽然规模不大，但是影响非凡。如今，该园已被安阳市委和滑县县委指定为廉政文化建设教育基地，于安澜的文化前瞻性令人钦佩。

（四）创建虞城木兰祠与金坛段玉裁纪念园

花木兰是历史上家喻户晓的名人，其故里向来有争议。20 世纪 80 年代，于安澜通过学术研究和实地探访，明确了历史上著名女英雄花木兰故里的确切所在即河南省商丘市虞城县营廓乡（今木兰镇），其地现存有包括元代花木兰祠碑记在内的多通古代碑铭，有古代木兰祠遗址、木兰家族墓地，确实可信，将历史上一直模糊不清的花木兰具体化了。之后，他开始推动在河南虞城县创办规模宏大的木兰文化节，在虞城县营廓乡花木兰故里重修木兰祠，雕塑木兰跨马汉白玉雕像，征集全国名家书法作品修建书法碑墙，协助出版学术研究成果《木兰文献集》并无偿题词，将木兰文化在当时演绎得有声有色，成为当时的盛事。如今的虞城木兰祠已然成为当地的知名文化景观，许多游人慕名而至。

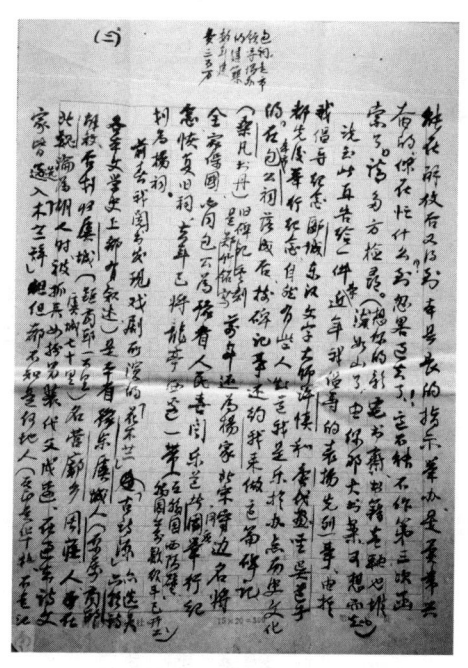

图 1-34　于安澜信札，关于木兰文化项目，1990 年 [①]

　　于安澜晚年提议、推动、组织的公益文化艺术活动不止一省一地，除上述项目外，他还参与、发起了省外其他文化艺术建设项目，应约为这些项目、活动撰写文章、捐献书法作品是当然的，于安澜以他特有的奉献精神为国内的文化事业做出了特殊贡献。其中以修建江苏常州金坛县（今金坛区）段玉裁纪念园最为典型。

　　江苏常州金坛县是清代著名文字音韵学家段玉裁（1735—1815）的故乡。段玉裁在《说文解字》研究方面有突出贡献，其代表作《说文解字注》在学术界影响广泛。20 世纪 80 年代初在苏州召开的全国训诂学学术会议上，于安澜等学者提议在金坛修建段玉裁纪念馆。提议与修建方案得到当地政府的积极响应，金坛方面负责人经常与于安澜联络，商讨有关事宜，并确定于 1985 年召开纪念段玉裁诞辰 250 周年全国学术研讨会之际建成，对外开放。在于安澜等的倡议、号召下，国内数十位著名学者、书画名家为此活动捐赠书法作品，其中包括苏局仙、朱东润、王个簃、林散

[①] 在这封手书信札中，于安澜大概介绍了自己通过研究，发现并确定了花木兰故里的确切所在，之后便推动商丘地区开展花木兰相关文化项目建设。

图1-35　江苏常州金坛区段玉裁纪念馆

图1-36　于安澜篆书条幅，为段玉裁纪念馆而作，1985年

之、楚图南、沙孟海、钱君匋、赵朴初等。于安澜为此特赋诗一首，以小篆书写。① 于安澜的这一书法作品诗书并茂，端严静雅，艺术气息浓厚，与文字学家段玉裁的身份地位正相匹配。段玉裁纪念馆最终如期建成并投入使用，如今已成为金坛区著名的文化地标。

  于安澜作为发起者、组织者与积极推动者参与的文化艺术项目还不止这些，如上所述，他的默默奉献都记录在国内一处处文化遗迹上。比如，他在江苏常州看到苏轼的《橘颂帖》后，爱恋不已，想起开封正在兴建翰园碑林，遍摹名碑名帖，于是打算钩摹一幅上石，供大家欣赏学习。他不顾年高，竟用多张复写纸在碑石上一点一画地钩摹，回来后再集在一张大纸上，再交与翰园碑林负责人上石。这种奉献精神之高、艺术情怀之深，确实不是他人可以达到的。他八九十岁高龄，仍然南北奔波，上下呼吁，不辞辛劳，亲力亲为，无偿奉献，确实让人敬佩。这种文化自觉是一位享誉国内外的著名学者重视文化、重视艺术、重视家乡建设的深深情怀，也是一个垂暮老人余晖闪耀的真实展现，它既符合当时的国情民意，也符合国家目前的文化发展战略。于安澜以自己所能造福一方，其远见卓识、高蹈品格，令人肃然起敬。

图1-37 于安澜从江苏常州钩摹的苏轼书迹《橘颂贴》（张建林提供），今已勒石于开封翰园碑林

---

① 王冰编：《于安澜先生致海岑札》，香港天马图书有限公司2002年版，第57页。

几十年后的今天，如果不是专门探访，于安澜亲自策划、推动的许多文化艺术名人纪念项目，如漯河许慎文化园、金坛段玉裁纪念馆、虞城县木兰祠等，除了一些碑刻题书，基本找不到他的影子。即使问起当地的工作人员，他们亦不知于安澜是何许人也。但是于安澜晚年的文化功绩是不可磨灭的，与他早年的学术巨著一样惠及后人。他与这些已建成的文化遗迹同在。

第二章 画学文献编纂与画学体系建构

于安澜所学专业为文字音韵学，早在1936年以一部《汉魏六朝韵谱》惊闻学术界，与此同时，他还涉足中国画学文献，于1937年出版的《画论丛刊》一书，以极高的文献价值奠定了其学术地位。

当然，于安澜同许多20世纪的知识分子一样，被历史的洪流裹挟前行，学术上不得不面对这一特殊时代的新旧之辩、中西之争，生活上不得不因应由战乱、运动而来的劳顿惊悚。于安澜的学术亮点恰恰在于无论处在何种恶劣环境中，他都能乱中取静，专心学术，坚持不懈，并最终有所斩获，实现"攀缘大师墙垣"的文化理想。

于安澜的画学成就一直处于被低估的状态，因此重估他的画学文献研究价值十分必要。于安澜的画学成就集中体现为三大代表性著述：《画论丛刊》《画史丛书》《画品丛书》。它们既是独立、珍贵、实用的画学文献，又是首尾相应的系列作品，并以其分科科学——将中国画学分为史、论、评三大类别——而具有学科前瞻性、开创性，成为我们进行艺术学学科建设的张本，可惜人们从来没有从这些方面考量过。

于安澜在编纂画学文献方面的眼界与方法都值得关注和借鉴。为了探讨于安澜画学研究的特殊性，我们将他与同时期著名画学家黄宾虹（1865—1955）、余绍宋（1882—1949）、俞剑华分别进行了比较评述，从中或可看出他们各自的学术成就与特点，亦能凸显于安澜画学研究的特殊之处；对于安澜画学审美取向的研究，梳理其画学著作在海内外的发表出版传播情况，无疑是对其画学文献研究成就的进一步认识；将于安澜的重要著作《画论丛刊》置于当代视角之下进行得失探究，更是对其画学文献研究的全面观察。

对于安澜画学方面的探讨，当然是本书的重中之重。

一、于安澜的画学文献编纂

中国画学是中国传统绘画理论的学科化称谓。传统绘画理论简称中国画论，是一个历史久远、传承有序、体系完备的门类艺术理论。由于中国绘画与中国诗歌、中国书法篆刻、中国音乐舞蹈等的天然联系，又由于传统文人对诗、书、画、印等艺术样式修养的整合，中国画论虽然是部门的、特殊的单科理论，却涉及中国艺术的全局与整体，甚至可以认为，在传统上尚没有统一的、整体的、跨学科的艺术理论前提下，中国画论就是中国传统艺术理论的缩影。因此，这一学科在中国艺术史上的重要性是不言而喻的。

中国画学作为中国画论的学科体系，目前来看基本上得到学术界的认可，它的初步建设，在20世纪之前就已经初见端倪。有体系与体系化、有学科与学科化是不同的概念。中国古代画论体系完备，虽然学科观念不像西方那么强烈，学科化进程相对缓慢，但是相比其他领域，中国画学学科认识萌芽较早，范畴清晰，名称固定，可称为唯一在西学东渐之前就已经成长起来的学科，甚至它的名称就带有很强的学科意识。学科化是一个比较晚近的概念，源于西方，在现代西学东渐过程中舶来中国，中国近现代许多学科在这一思潮影响下得以强化或建立，包括艺术美学、艺术史学等。

于安澜生于20世纪初，其时正是洋务运动之后，"向西看"的思想开始萌动、实践时期。于安澜与20世纪中国画学学科建设结下了不解之缘，他在其中所起的作用举足轻重。究其原因，一方面是西式教育逐渐在中国生根发芽开花，另一方面是中国传统画学在新时期变革、发展、出新。学科化、系统化、科学化的观念肯定会影响中国画学建设的主将们，因此，辩证地看，中国画学在20世纪的学科化进程，其实是现代与传统、西方与东方文化双重作用的产物。

中国画学的学科化进程，虽然与20世纪初西学东渐的文化大潮相关，却不是它的直接产物。西方的学科自觉要比我们早几个世纪，我国的许多学科包括自然科学、人文社会科学，也包括艺术史学，大多是舶来的、新兴的；而唯一在中国土壤里孕育、成长起来的门类艺术学科，恰恰是中国画学。在中国古代，不仅仅是中国画论，包括乐论、文论、书论等在内的门类艺术理论都有一定程度的发展。然而中国古代学科的无意识、非自觉状态，阻碍了这些学科的自觉构建和向纵深发展。比如，中国画学，尽管它从起源到成熟历经千年，而其体系化程度、完整性、科学化仍然处于粗浅状态，不尽如人意。中国画学的长足发展、实质性突破，恰恰与20世纪于安澜等人的不懈努力与强力推动有关。可以说，中国画学学科萌生于古代，成长于近代，丰富并完善于现当代。其中于安澜等老一代学人所起到的主导作用、支撑作用，都可圈可点。

（一）于安澜与20世纪上半叶中国画学学科化进程

明代以降，绘画艺术总体上呈现缺乏新意、脱离现实的情态，以南宗文人绘画为主基调的审美认识，加上与之相对应、相抗衡的北宗审美观念，成了一种常态，绘画基本沦为文人士大夫圈子内自我把玩的小道，或愤世嫉俗的凭借。同时，随着文化观念的改变，从明代起，一批文人富于收藏、刊印，专注于搜求传统绘画著述，潜心编纂成册，以成画学，因此自明代开始绘画理论的自觉竟独树一帜。

这主要体现在以下两个方面。首先，从明代初期开始兴起了一股编纂、辑录、刻印画论著作的风气和热潮。以陈仁锡的《百川学海》、王世贞的《王氏画苑》（并补益四卷）、毛晋的《津逮秘书》、陶宗仪的《说郛》等为代表，他们所辑刻的诸多画论版本成了后世画论研究的珍品，从而拉开了中国古代画学学科自觉研究的序幕。这些古刻本的价值在于，它们改变了传统上中国画论那种文学艺术不分、书信手札归类不明、专业性质体现不突出的状况，将零星文章整理归纳在一起，在浩瀚书海中给绘画理论划定一片天地。就是说，这些辑录刻本宣告了画学的正式存在，意义非同寻常。尽管没有明确的宣言，然而他们用实实在在的著作宣示了这一点。其次，这些珍本的刻写印刷，对保存古代画论文献功不可没。如果没有这类书籍的刻写保留与传播，再经过几百年的动荡与战火，也许不少稀缺文献早已不复存在。因此，明代辑录刻印画论著作的热潮，客观上为之后的中国画学学科化发展积累了珍贵的文献史料。

此类刊刻、编纂、出版、传播画论著作的热潮一发而不可收，时至清代仍然有过之而无不及。明清时期的画论编纂可用蔚为壮观来形容。尽管其中夹杂着不少劣质著作，或任意割裂，或张冠李戴，或不加检点，存在校勘不清、质量低劣等问题，有泥沙俱下、鱼目混珠、重复抄袭之虞；但是其中确实不乏一些有价值的经典，尤其是黄宾虹、邓拓、余绍宋、于安澜的20世纪画学研究、文献整理和学科建设，都为近现代中国画学提供了最直接的营养，其中包括文献史料的、学术方法的、价值取向的，等等。

尤为重要的是，在明清时期，"画学"这个概念已经较为普遍地应用，而且其含义相对固定。在人们的认知里，"画学"已经没有了北宋时期的内涵二分[①]，就是专指中国绘画理论体系，包含着绘画的学问、知识和系统。尽管这个时期还没有学科概念，而实际上这就是学科的雏形，"画学"无论如何都带有初步的学科分类性质。比如，清代郑绩所著《梦幻居画学简明》、布颜图的《画学心法问答》、董棨（1772—1844）的《养素居画学钩深》、钱泳的《履园画学》等，至少在学科称谓上有一种共识。至如近代郑昶（午昌）所著《中国画学全史》中的"画学"，虽然以画论为主却又不止于绘画理论，还将画家、画史、绘画作品纳入其中，是中国画学一词的扩展与外拓。

可以认为，清末以前的中国绘画实践和绘画理论为中国画学学科的产生发展提供了重要的实践基础和理论基础。中国近代画学的强势发展，完全是建立在这个基础之上，同时西方学科观念的影响加速了它的进程。丰富的理论著作、画论观点、绘画史料文献，以及对绘画创作的指导作用，都是中国画学深入人心的基础。

20世纪初中国画学的次序展开，主要归功于三个人物：一个是著名美术史论家、画家黄宾虹，一个是20世纪初中国画界的著名学者余绍宋，一个就是我们论述的主角于安澜。正是这三位学人，将20世纪上半叶中国画学学科化推向了新的高度。

黄宾虹在中国画学方面的主要功绩，在于他和邓实一起编纂的《美术丛书》。这部系列性刊物原规划分册发行，后来又于1911年集合成册，由上海神州国光社出版。1928年重印，1936年三版重订续完，1947年增订刊印。原书共四集40辑20册，相当宏富。黄宾虹是近代著名的国画大

---

① 北宋时期"画学"有两种含义：一是指培养画学生的教育机构，相当于今天的皇家美术学院；一是指带有绘画理论、实践性质的绘画系统，郭思在《林泉高致集》序中所谓"家世无画学"即指此。

师，在画论、画史研究方面颇有创建。邓实是著名的书画收藏家，精于鉴别，所收藏书画作品非常丰富。这两位先生学识渊博，在20世纪初中西美术相互交流碰撞的大潮当中，他们是坚定的国粹派，以保存、保护、发掘优秀传统艺术文化为己任，以此认为有必要将古今美术家的著述列编成册，以弘扬国粹，便于创新。在他们历时数十年编纂的《美术丛书》中，共收入了古代画论著作281种，其中以书画著作为主，尤其以论画著作为多，去掉重复者计有130多种。此外，凡关于雕刻摹印、笔墨纸砚、磁铜玉石、瓷器传奇、工艺刺绣、印刷装潢及一切珍玩的论著，也都广为收辑刊发。可以说，《美术丛书》是真正意义上的古代"美术"文献集大成之作，这里的"美术"含义和今天广义的美术内涵基本一致。

《美术丛书》搜罗宏富是其最大优点，但是也有局限。尽管有评价认为该书"提要钩玄，洞见底蕴，多为历代美术家艺术实践的经验之谈和有得之言，实为初学者之津梁，深造者之阶梯"①，但是由于所录美术范畴过于宽泛，择篇不精并失于鉴别、校勘等，再加上随得随出、随编随刊之丛书特性，其学术严谨性和科学严肃性相对不足，因此多为学术界所诟病，发行量有限。有评论就认为该书"事先未曾规划，随得随印，不究版本，不加校雠（仅数书可见校语），不辨真伪，割裂删削，一书前后重出，编次既不依时代为次，亦不以类分，检索极不方便"②。除此而外，该丛书还遗漏了画学史上许多重量级著作，包括唐代张彦远的《历代名画记》、北宋郭若虚的《图画见闻志》、北宋时期的《宣和画谱》、南宋邓椿的《画继》等，美中不足。但是毕竟在20世纪之初中国画学学科建设进程中，该丛书迈出了关键的第一步，其开拓之功不可埋没。

现代中国画学学科化重要进程的第二步，是余绍宋所编著的画学目录类著作《书画书录解题》。该书于1932年出版。之前的1926年，他还编著出版了《画法要录》一书。余绍宋所学、所做虽然是法律工作，却十分钟爱书画，常随当时名家如汤定之等习画，又借助其个人影响力，于1915年在其寓所成立中国最早的绘画社团之一——宣南画社，他本人亦渐渐成为北京地区画界、画学界之领袖人物。相比而言，余绍宋的《书画书录解

---

① 黄宾虹、邓实编：《美术丛书》，江苏古籍出版社1997年版，出版说明页。
② 谢巍：《中国画学著作考录》，上海书画出版社1998年版，第771页。

题》对中国画学学科建设的意义更为重大，影响也更为广泛。

图 2-1　余绍宋《画法要录》（浙江人民美术出版社 2016 年版）封面

《书画书录解题》以对传统书画著作的简要解说为主，书目必经亲睹才加以著录，解题独抒己见，其中多数提取全书成果予以概括，以提要形式点评。全书共评点了自东汉至近代中国书画相关书籍 860 多种（别见及附见诸书不计在内），内容广泛，时有真知灼见，为保存书画学文献史料及进行相关理论研究提供了珍贵的参考。寻此书目，即可有方向、有针对性地进行画学著作搜寻或挑选，能够简要把握其主旨大意和关键特色，对学习研究画学者来说十分便利。

《书画书录解题》在近代画学学科建设方面的贡献同样独到。与上述黄宾虹等编纂的《美术丛书》相较：《美术丛书》虽然所选著作内容完整，但由于随得随出的丛书性质，使得它不能预先规划，不能有序排列，年代颠倒，诸类混杂现象普遍，读者需要具备一定的基础，才能甄别使用。而《书画书录解题》则以历史顺序编列书目，前后统一，科学无差，一目了然。虽然不附原文是其最大缺陷，只概要评价，或数百字，或寥寥数语，甚至有些只存书目，但它在科目分类学方面意义重大。从它所分十类（含史传、作法、论述、品藻、题赞、著录、杂识、丛辑、伪托、散佚等）即可看出，作者颇具学科意识，有意将此等理论著作体系化。或可进一步讲，将画论著作划分为十类，具备了后世中国画学的基本结构。比如，史传（又分历代史、专史、小传、通史）即今天之画学史，也是传统画史类，虽并非作者创建，但作为画科认同与强化，已然十分明智。又有画理类，书中名之为"作法""论述"，其中"论述"类又分概论、通论、专论、杂论、诗篇（以诗论画），可谓精当。这种分类传统上并非没有，显然是依序继承，而其二级分类显见高明。再如，"品藻""题赞"等，又潜藏着"绘画批评"之谓，只是这样的分类意识在作者那里还不甚明朗。至如其他类型，如"著录""杂识""丛辑""伪托"等，基本以目录学的视角而言，与艺术学分科关系不大。总之，从现代学科建构角度看，此书的分类编目方式已具备学科雏形，只是那种学科体系化的自觉性尚不明确。

余绍宋该部著作存在的问题也比较明显。首先，此种著作对保存、鉴识画学文献十分重要，但它仅仅具有书目学意义。其所解题的著作只是画论研究的一种感悟，篇幅有限，又多采撷前人书作（如《四库全书总目提要》）之观点，具有一定的研究价值，却鲜有推广与实用价值。毕竟在文献资料相对匮乏的年代，寻找原文原著是一件比较奢侈的事。也就是说，人们借此一书，尚不能了解中国书画学的全貌，还需要另寻原作，这就给研究者、学习者带来了诸多不便。在此基础上，人们对中国画学的期待也许更高、更实际。

令人欣慰的是，在经历了20世纪二三十年代中西文化的剧烈碰撞之后，尤其是在历经早期西学论者对我国传统文化进行猛烈抨击和一味"向西看"的热潮降温之后，通过比较，人们开始慢慢意识到，中国的文化艺术传统更有独特之处、可取之处，全盘西化不是一条救国救民的正确途径，引进西方文化、科学、艺术必须与历史传统、中国现实结合才有价值，一切的文化建设都应该秉持"拿来主义""洋为中用"原则，因此立足本国传统、借鉴西方文化艺术并加以融会的呼声渐渐占据主导地位。中国优秀传统文化艺术在经历了20世纪初期的西方文化思潮强烈冲击之后，开始重新回到人们的视野中。以黄宾虹、余绍宋、傅抱石、潘天寿、俞剑华等为代表的国粹派、传统派一直致力于本民族传统艺术的研究工作，并且将其发扬光大。同时，艺术认识上的澄清也吸引了更多的文人学者投身到此种研究之列，青年于安澜就是其中的杰出代表。

（二）于安澜的画学学科体系建构

于安澜的童年与少年时代不像身处江南的黄宾虹、余绍宋那样能接触更多的进步思想。但他天资聪颖，少年好学，家庭又重视教育，为之后的学术研究奠定了很好的基础。于安澜一生与黄宾虹、余绍宋一样经历了清王朝的覆亡、民国的建立、北洋军阀政府的混乱统治、国共合作与分裂、十四年抗战及解放战争，直到新中国成立。黄宾虹以90岁高龄殁于1955年，余绍宋逝世于新中国成立之际的1949年，终年67岁。于安澜生年较晚，又非常长寿，一生贯穿整个20世纪。以1949年为界，于安澜的一生正好分为上下两部分，上半部分为学习、积淀、追求、创造的阶段，下半部分是沉潜、出新的阶段。无论新旧社会，无论动荡战乱或和平生活，于安澜在学术上的信念从没有动摇过。20世纪30年代，他在文字学、音韵学、中国画学方面的天赋才气开始集中展现。于安澜的后半生处于和平年代，与之前的战乱岁月形成了鲜明对比。但是新中国成立后，百废俱兴的社会现实、"文化大革命"的极左路线、拨乱反正的政治态势、社会建设的探索实践等，对他这样的旧知识分子来说不可能一帆风顺。这半个世纪时而风雨骤至，时而雷电轰鸣，时而阳光灿烂。可喜的是，无论政治风云如何变幻，于安澜始终有着坚定的学术信仰，有坚韧不拔的学术毅力，有持之以恒的求索精神。因此，不管在什么样的政治环境、社会环境、生活环境、学术环境中，他都能够一如既往，乐此不疲，将学术视为生命，视同乐趣，不懈努力并有所收获。

于安澜自幼接受的是传统私塾教育，这一点与余绍宋有相似之处。毕竟他们的童年都处在清代末期的旧中国，社会发展的大潮是无法避免的。于安澜自幼聪慧，博闻强识，对"四书五经"的诵读都不在话下。对文字的最初兴趣就来自童年的这种学习基础，并且也是在幼小时期，他就对绘画表现出浓厚的兴趣。于是很快，他就能够娴熟地将古今文化运用自如，成为闻名乡里的多才博学少年。

1920年，也就是余绍宋在北京书画界已经站稳脚跟、大放异彩的时候，少年于安澜以优异的成绩考入豫北名校省立汲县中学，可谓后学晚成。在这所中学他得遇后来在语言学界声名远播的范文澜先生。受到范文澜的指导、影响和帮助，仪表堂堂、品学兼优的于安澜后来成了范文澜先生的骄傲。于是，他被推举进入河南中州大学预科班学习，成了自然而然的事。另一位对于安澜影响至深的是绘画教师仝伯高。仝伯高是恽派花鸟画的传人，名重当地，又以画扇闻名乡里。于安澜受仝伯高的指点，绘画成绩优异，时常为老师代笔，绘画技艺有很大提升，书画一科遂成为他的终生之好，为他日后的画学研究埋下伏笔。

然而，兴趣归兴趣，于安澜并没有像黄宾虹、余绍宋那样走上专业绘画或专门研究美术史论之路，主要原因还是他在中学乃至大学遇到的文字学、语言学名家大师更有吸引力，加之当时社会热点以文字学等国学为主，使他一直怀抱从事语言文字学研究、"攀缘大师墙垣"的理想志向。这和本来学习法律，又酷爱画论、绘画的余绍宋颇为相似。尤其在大学期间，于安澜受到的吸引更让他坚定不移。1924年，于安澜入读河南中州大学文史部预科班，那时的大学全国寥寥无几，河南中州大学地处中原，许多名家纷纷赴任，冯友兰、郭绍虞、董作宾、嵇文甫等都曾在此任教，这为于安澜日后迅速成长为一名语言学家提供了极好的环境。同时，于安澜延续着中学时期对绘画艺术的兴趣和热爱。大学图书馆丰厚的藏书，对他是再好不过的资源。专业学习之余，他阅读了大量中国绘画史料及美术史料文献，并且很有规划地记录、整理，遇见一些珍本、钞本，还不惜力气地全部抄录下来。

于安澜在20世纪30年代初期是燕京大学研究院一名语言文字学专业研究生。他用数年时间研究音韵学，1935年刚刚毕业不久，就着手出版其硕士论文《汉魏六朝韵谱》，1936年此著正式出版后，震惊了国内外的语言学界，于安澜由此获得公认的"语言学大师"称号，为国内众多专家所称赞。而在撰写该书的同时，于安澜对中国画学文献情有独钟，平时就注重相关资料的收集和整理。他利用在河南中州大学读大学和在北平燕京大学读研究生的有利条件，潜心著述，又于1937年出版了他精心编纂的画学文献著作《画论丛刊》，新中国成立后再版，在美术界产生极大反响，并持续影响中国画界半个多世纪。这部著作的编纂既有异于黄宾虹、邓实的《美术丛书》，又与余绍宋的《书画书录解题》《画法要录》不同，是一部极具实用性与学术性的画学文献著述。

《美术丛书》以繁复驳杂、内容过泛为人诟病，而《书画书录解题》以简洁干练、见解独出为主要特点，却无法进行可靠的阅读。这两者其实都不太适合一般读者、一般研究者，因为前者有些莫衷一是，而后者又难觅原文，都没有那种一册在手、画论经典尽收眼底的痛快。于安澜编纂的《画论丛刊》可谓后来居上，弥补了上述两部著作的不足，达到了既方便阅读又择篇精当的效果。

于安澜的《画论丛刊》初版时共收录自六朝以还历史上重要画论著作54篇[①]，主要以画理为核心，以山水画理论为重点，可以说将历史上最重要的画论画理类著作网罗殆尽。同时，基于作者雄厚的语言学功底和训诂学知识，该书一改《美术丛书》基本无校勘（个别篇目除外）的做派，将文献校勘作为重点，十分精当严谨，所依底本、校本明确标示，文字语句校勘记录详备，纠正了历史上许多习惯性错误，可读性强成为该书的一大亮点。

可以说，在20世纪初期的10年代、20年代和30年代，我国绘画界分别有一部重要的画学文献著作问世，为后来中国画学学科体系化建设和持续展开奠定了坚实基础。也正是在这层意义上，后人又将黄宾虹、余绍宋、于安澜的这三部著作称为中国画学文献的三大重镇，在不同领域独树一帜，互为掎角之势。当代著名美术史家俞剑华对《画论丛刊》的评论比较简明、中肯，他说："最近于氏《画论丛刊》一书出，集《山水松石格》以下五十四种，纯为论画之作，皆首尾完全；且有数种不经见之书，画论精华，略备于是，惟于真伪考订，尚少注意。"[②]俞氏在充分肯定其学术价值的同时，还指出了其中的不足。以今日的学术眼光看，《画论丛刊》确实存在这方面的问题，比如，书籍真伪考订欠妥、个别版本选择不精、专业术语校勘不确等问题，但瑕不掩瑜。[③]

20世纪中国画学方面的学科建构与体系化还远不止以上种种，这些仅仅是个开端，后续的学科形态渐渐显现，学科性质、学术指向逐步明朗，本学科学术的重要性日渐突出，学术成果不断呈现。其中既包括上述几位画学专家的持续贡献，也包括其他一些学术力量的不断介入，其标志体现

[①] 该书1937年初版时一函六册，录画论著作54种；1957年作者重校版减至53种，将原书中认为伪作的《华光梅谱》一种删除，另有数种归并、改编，仍存54种。1960年后多次重印出版，中国港台地区乃至海外多依人民美术出版社1960年版出版。

[②] 俞剑华编著：《中国画论类编·卷首语》，人民美术出版社1957年版，第1页。

[③] 关于此详见贾涛《当代视域下〈画论丛刊〉学术得失探析》，《美术观察》2021年第4期。

为此类著作的出版发行量增多和相关研究的深入。比如黄宾虹，此后虽然渐渐将关注的重心转移到中国山水画创作方面，但他对中国绘画理论的研究并没有停止。1925年，黄宾虹出版了《古画微》一书，以画家为核心阐述中国传统绘画的风格、传承、画学主张，是中国画学研究的具体化。余绍宋于1927年离开北京返回南方龙游老家，远离政治，过着半隐半显的诗书生活。但是他对中国画学的关注和影响依然不减，于安澜《画论丛刊》一书出版时，余绍宋正在南方家乡，接到于安澜书稿及函约，余绍宋亲笔撰写序文，给予高度评价与强力支持，可谓慧眼识凡。与此同时或之后，俞剑华、伍蠡甫、王世襄、于安澜等都持续进行着中国画论的研究和著述，而且成就斐然。

1957年，俞剑华的《中国画论类编》一书正式出版，该书起因于于安澜《画论丛刊》，受于氏著作启发，另起炉灶，历经20多年，几经大的调整最终面世，标志着中国画学研究在新中国时期进入了一个新的阶段，也显示出了作者的智慧选择。这部著作的体例是"类编"，既有书录解题，又有原文内容摘录，有异于于安澜的全文编纂。俞剑华将宋元以来所形成的中国画分科方式作为最基本的依据，摘取传统经典画论著作中的专题论述集合在一起，以时间先后为序归纳整理，带有画类专论性质。这种类编方式虽然有割裂全文整体性之嫌，但是对学科门类的分类研究来讲相当便利。更重要的是，作者用提要的方式阐明了自己对这些论著、画论观点的认识和看法，实际上就是作者本人画学研究的见解、成果。作为美术史家的俞剑华，这些见解十分独到，对于人们理解传统画学、画论，解难决疑，有着很重要的启示作用。可以说，《中国画论类编》在中国画学建设研究方面别开蹊径，它既是对以往三部重要文献著作研究方式的概括与挖掘，又是一种新的创建与开拓，尤其是这种体例的便捷集中，为人称道，流布很广。

在画学界沉寂了20多年后，1963年，于安澜又编纂出版了另一部画学文献著作《画史丛书》，轰动一时。该书可以视为数十年前《画论丛刊》的姊妹篇，是对《画论丛刊》内容的有效补充和必要延伸。有了前次的经验，编纂该书时于安澜更是驾轻就熟，充分吸取经验教训，精益求精，因此愈加完美。《画论丛刊》一书侧重于画理、画法、画艺方面的篇目选择，对历史上画史类著作中的画理画论部分几乎没有涉及，这种遗漏尽管出于无奈,也是一种缺憾。通常我们认为"论从史出",中国画学的许多经典理论其实多来自中国画史,呈现史论难分的情形,因此,这套《画史丛书》的出版不仅弥补了遗珠之憾,而且实为顺理成章、水到渠成。《画史丛书》全套五册,由上海人民美术出版社出版,共收录了历史上著名画史类著作 22 种,115 万余字,可谓蔚为壮观,每个时期最重要的篇章无一遗漏。作为编纂者,关键是要考虑怎样从上百种浩繁的著作中精挑细选,使这部皇皇巨著不仅可读性强,而且还有很高的收藏价值。如同《画论丛刊》一样,该套书择篇精良、校勘严谨和一丝不苟的治学态度,为中国画学学科建设增加了新的光彩。

与此同时,俞剑华在画学研究方面仍然十分活跃,有多部画论或美术论著出版,如《中国山水画的南北宗论》(1963 年)、《中国美术家人名辞典》(1981 年)等。

更令人意想不到的是,在《画史丛书》出版将满 20 年的 1982 年,年逾八旬的于安澜第三部画学类文献著作《画品丛书》同样由上海人民美术出版社出版。尽管计划中的全套丛书只出版了第一册,选取了自南朝谢赫《古画品录》至元代汤垕《画鉴》共 13 种品评著作,其余部分因作者年事已高没有完成,但是这部文献的出版对中国画学学科建设的意义是无与伦比的。在此之前,人们都在为于安澜的前两部著作的学术性、实用性高而拍案叫绝,大家共同认识到,《画论丛刊》和《画史丛书》两部文献著作堪称姊妹篇,它们顺应时代需要,应运而生,相互映照又相互补充,在画学文献相对匮乏的年代,以方便查阅、物美价廉解了许多美术爱好者、研究者的燃眉之急,实属难得。而当此部《画品丛书》出版之后,专家学者才意识到于安澜在学术上的良苦用心:他是在用一生的时间、用三部扎扎实实的文献著作来勾勒中国画学学科的整体框架,并且用有实力、有血肉,既有学术性又具实用价值的著作作强力支撑!人们为他这种远见卓识和学术视野暗自惊奇,不禁要问:作为旧时代知识分子,作为自称美术的"外行",于安澜何以对中国画学如此深情,并有如此高远的境界?

正如我们前面所考察的,于安澜尽管生于旧时代,但是他自小除了接受传统私塾教育、有扎实的文化文字功底外,还进新式学堂接受系统的现代教育,人文、自然、科学等课程科科优异。20 世纪初的几十年间,民主与科学观念对中国知识界冲击巨大,于安澜自然不能置身其外,他学习现代科学知识，并自觉应用于学术研究，有时还多有特殊创建①。尤其是他在接受系统的高等教育和研究生教育之时，正是科学与民主思想在中国方兴未艾、深入人心的时候，也是他年富力强，最容易接受新思想、新观念、新方法的时候。在20世纪20年代中期到30年代中期，即于安澜读大学、进入研究院做研究阶段，经过科学与玄学的论争②，人们不仅相信从西方引进的现代科学，更愿意用科学的态度去矫正、摒弃过去那种否定传统文化艺术、一味"向西看"的过激行为。因此，科学化的研究方法、科学的学术认知在于安澜那里生根发芽。他在晚年还回忆说，20年代在河南中州大学读书期间，深受时任文科部主任冯友兰哲学方法论的影响。而他在北平学习工作的七八年间（1932—1939），是他学术思想、学术观念、学术方法大提升的时期。他一方面接触了学术界专业领域里众多的名家、大师、高手，在经常的聊天、聚会、交流、请教中受益；另一方面，随着他专业知识的不断丰富和积累，尤其是对中国传统画学的特别关注，虽然他以业余、外行自谦，不撰写相关研究文章，但是他主动参加画学领域内的学术活动，时时利用自己掌握的科学知识来指导自己的学术研究，能有如此的眼光和境界，有如此丰硕的理论著述，自在情理之中。

1935年5月，他完成第一部语言学著作《汉魏六朝韵谱》书稿之后，就先后请教了当时著名的语言学家钱玄同、刘凌沧、闻宥等，就其中的问题展开进一步探讨；燕京大学的学术委员会还专门就他的这本书稿，也是毕业论文是否印刷发行进行过讨论。在此期间，他在张大千的寓所得遇当时的篆刻新秀方介堪，之后二人成了一生的学术至交；又通过方介堪，得识画学名家郑午昌。这一切都说明，于安澜的学术研究是在科

图2-2 钱玄同题签的《汉魏六朝韵谱》（中华印书局1936年版）

---

① 如用色别标示韵脚。
② 参见赵欣冉《民国"科玄论战"视域下的艺术科学化探赜》，河南大学硕士学位论文，2020年。

学精神、科学氛围比较浓厚的时期形成的，具有学科发展的学术眼光和对学术的整体驾驭能力，而且还能够做长远谋划。就中国画学方面，在20世纪30年代，他便开始谋划以三部文献丛书的形式构建中国画学学科的基本轮廓，确实令人佩服。其时他35岁，正值壮年，《画论丛刊》的出版使之在学术界一举闻名；几十年后他的《画史丛书》问世；再20年后其《画品丛书》出版，已至耄耋之年。三部文献著作前后经历了半个世纪，跨度之大难以想象，没有一定的毅力，没有高远的学术眼光和境界，这些都是难以完成的。

我们何以如此推重于安澜的学术境界、学术视野和学术方法？为什么将他这三部系列文献著作视为20世纪中国画学学科建构的里程碑或重要支撑点？主要在于这三部文献的专业属性决定了于安澜的学术思维，表明了他的学术态度和学科认知。我们知道，在我国，学科意识比较淡薄，即使到了20世纪初，西方、日本学科理论、学科实践引入之后，并没有立刻为我们所重视、所掌握，尤其是在艺术领域，学科观念更为淡薄，甚至可以忽略不计。目前我国如火如荼的艺术学学科建设，其实在20世纪二三十年代基本上是粗浅的、苍白的，至多是一些学术译介或"依葫芦画瓢"式的研究。即使是译介的理论著作，也不一定是有规划、有目的的。但是它确实拉开了中西学术学科交融的序幕。这些著作作为学术上的参考让我们受益匪浅，如朱光潜、宗白华、邓以蛰等老一辈学人，或在此基础上进行中西艺术、审美方面的比较研究，或以此来推动对中国传统美术的研究，仅此而已。至于学科观念、门类意识、长远规划，还是最近几十年的事儿。

在我国的艺术学学科发展过程当中，新中国成立之前是一个引进、消化、吸收的初级阶段，新中国成立之后，随着艺术学、美学及相关学科的不断发展，学科意识渐浓，不断积累完善，直到1997年艺术学才正式成为一级学科，并且被纳入文学门类之下。以前的文学艺术只是习惯性说法，文学一家独大，几乎就是艺术的化身，艺术学隶属于文学自在情理之中。直到最近20年，我国不断强化艺术学学科观念认知，不断进行系统化、科学化规划。其中最重要的学科进程是2011年，艺术学从文学门类之下分离出来，升级为我国第13个独立的大门类。作为艺术学门类下的第一个一级学科，艺术学理论是纯粹理论形态的学科，其基本构成是"史、论、评"三大块，又不止于此，是借鉴文学门类、历史学门类的学科分类方式而形成的。所谓"史、论、评"即艺术史、艺术理论和艺术批评，被视为学科传统。除此之外，随着理论与实践结合的必要性和紧迫性，还增加了实践性较强的学科，如艺术管理、艺术产业等，这是另外的话题。尽管2011年版学科目录中没有公布艺术学理论的二级学科目录，而这种最基本的学科结构是人所共知的，也是约定俗成的。

再回到上述话题，即我们为什么如此推重于安澜的学术贡献，并且要重新评估于安澜的画学文献研究价值？原因正在于学科化建设问题。由此可知，艺术学这一学科观念虽然引入较早，而它在中国的成形要推迟到21世纪前后。反观于安澜的三部画论文献著作，不难发现，在出版第一部著作《画论丛刊》的时候，于安澜就已经清醒地认识到他所规划的画学结构即是今天艺术学科中的"史、论、评"三大板块，只是他用了将近半个世纪的时间才最终完成。最为重要的是，他是用学术文献著作的方式，而不是那种纯粹的理论说教；他建构这一学科框架，是用实际的系列化作品来作支撑。1937年，他出版的《画论丛刊》，扩而展之就是我们今天所说的绘画艺术理论；1963年，他出版的《画史丛书》，就是我们今天所说的绘画艺术史；1982年，他出版的《画品丛书》，其性质就是绘画艺术批评。可以说，这三部大型文献著作的出版，是用实实在在的学术成果来建构中国画学，乃至中国艺术学学科的基本框架。有时我们还奇怪他以画理画法为主的《画论丛刊》为何不收录史论类著作的相关部分，现在终于弄明白了：于安澜自有他的学术架构，他不愿自乱其例，亦相信自己无论如何都能完成这一宏大构成，奏成画学文献"三部曲"！

一个直接的现实是，在古代中国没有系统统一的艺术理论，只有个别的门类艺术理论；而作为文人艺术家的共同爱好，绘画集诗、文、书、画、印等艺术类型于一体，是大家公认的综合性艺术，古代的历史著作、文学著作也都将绘画作为一种生发的手段、范例来运用，其综合性是最为显著的，早期的画论、文论与随笔、散文并不进行区分。因此，一部看似门类性极强的中国绘画理论，其实就是中国艺术理论、审美文化理论的缩影；而这一艺术门类的学科形态——中国画学，显然具有中国艺术学的学科性质。因此，于安澜的学术研究，其学科意义要大于单一的著述本身。

可以这样认为，没有高瞻远瞩的学术境界，没有扎实可靠的科学方法，没有对世界艺术的持续关注，没有对中国画学的整体把握，这样的学术运作和学术建构在 80 多年前是不可想象的，同样也不可能完成。从《画论丛刊》到《画史丛书》再到《画品丛书》，虽然都是围绕着中国画论、中国画学这个学科在建构，实际上于安澜的眼光眼界更开阔，更具有学科学术示范意义——可以说，他已经超越了中国画学自身，和我们今天的一级学科艺术学理论构建不谋而合。更为可贵的是，于安澜是用等身的著述，用一个一个、一段一段的文字，用切切实实的文献资料，用可读、可用、可品、可藏的珍贵学术篇章，来自觉进行他的学科建构的，其中没有宣扬、没有说教、没有夸耀、没有自我标榜，甚至他做出的这些巨大成就，连他所在单位河南大学中文系的领导们都闻所未闻。因此，我们说，于安澜对中国画学学科建设、对中国艺术学学科建构的贡献是切切实实、行之有效的。

虽然在中国古代、在于安澜之前已经有了朦胧的史论分野，黄宾虹、邓实 20 世纪初在编选《美术丛书》时却没有这一概念，因此史、论、评不分，画学文献与其他类别混杂不清；余绍宋的《书画书录解题》初分了绘画史著作与绘画理论著作，但并没有明确提出这两类学科，还需要我们在阅读时加以提炼概括；于安澜却明确了"史、论、评"的学术概念，用《画论丛刊》《画史丛书》《画品丛书》来点题，实属难能可贵，这也是我们认定他的著作在 20 世纪的中国画学学科建设中优于其他的重要理由之一。

于安澜一生对中国语言学、中国画学、中国书学、中国篆刻学、中国诗学等方面多有研究，几乎如数精通，还都有相应的著述或实践，他又将这些学科融汇起来，加以贯通，因此，才使得中国画学学科的建构不那么孤立，在学术上有所支撑。比如，传统上讲究诗书画一体、诗书画合流，于安澜深通这些学理，于是他同样用扎扎实实的学术著作来强化这一认识和观念。20 世纪 70 年代初，好友、著名书法家牛光甫主持开封市群众艺术馆工作，为了丰富群众的业余文化生活，在全国率先举办了书法讲习班，特别邀请学问深厚的于安澜为学员们授课。为了让学员们更好地掌握书法知识，于安澜编纂了一部《书学名著选》，并编列了《历代书法源流表》等书法文献，以与中国画学文献著作互为照应。1992 年，于安澜的最后一部学术著作《诗学辑要》出版，这样，诗、书、画三位一体的学术化建构在他这里终于宣告完成。相互贯通的三大艺术领域学术研究，与绘画、书法、篆刻艺术实践，在晚年的于安澜那里自然交汇，融为一体，其学术价值之高、功力之深、境界之远是可以想象的。

所以说，于安澜是有思想、有境界的学者，他的平易近人背后是他对自己学术建设的高度自觉和对学术成就的高度自信，甚至于对自己能够长寿、能够在有限的生命里完成这项事业充满自信，否则他无法用大半生的时间、在风云动荡的特殊年代来勾勒这样的学术蓝图，并且尽一生之力来研究它、充实它、完善它。虽然于安澜研究的是绘画这一门类艺术，但是他对整个艺术学科的示范作用、学术贡献是无与伦比的。如上所述，在我国历史上缺少艺术学、艺术理论这一统一、整体的学科架构的情况下，通过中国画学、中国诗学、中国书学、乐学等丰富的门类艺术理论研究来综合、贯通、融会，不失为一种十分有效的典范方式。

因此，在当今，无论以什么样的赞美之词来形容于安澜的学术贡献，来评价他在中国画学学科建设方面取得的辉煌成就，都不为过。只是以往的研究中很少认识到这一点，很少关注而已。中央美术学院人文学院原院长尹吉男教授说，于安澜的画学研究是20世纪中国画学学科建设的重要支撑，它的价值和意义远远超越了学术自身。他还说，我们今天所提到的黄宾虹、余绍宋、俞剑华等，他们在其他学科领域里出类拔萃、贡献非凡，在中国画学研究、文献整理方面同样功勋卓著；但就文献本身的实用性、可读性、影响力而言，就中国画学学科体系化建设而言，就对20世纪中国美术界的实际影响而言，他们与于安澜相比还有一定距离。重估于安澜在20世纪中国画学学科建设方面的学术价值，其意义正在于此。

二、于安澜画学研究的特色

20世纪上半叶，站在现代时期中国画学研究制高点上的人物当属以下三位，即黄宾虹、余绍宋和于安澜。20世纪下半叶还有学者俞剑华[①]。他

[①] 以这三个人物为中心做比较研究，并没有忽略俞剑华在这方面的巨大成就，但是他在新中国成立前一定时期内的主要成果是中国美术史研究；而以《中国画论类编》一书为代表的古代画论研究，则是在新中国成立之后。俞剑华的画学贡献另文专述。

们都是近现代中国画学史上影响深远的学者,都有品质卓越的画论文献著述,都在中国美术史上留下了浓墨重彩的一页,但是其贡献各有侧重。他们的学术兴趣、学术背景、学术取向、学术造诣、学术修养都不尽相同,其学术贡献、学术影响各异,以至于他们的学术传承以及后人对他们的学术评价存在很大区别。

以20世纪上半叶而论,三位画论学家当中,黄宾虹年纪最长,于安澜年龄最小,余绍宋介于他们二人之间,他们在20世纪二三十年代都生活在北京,三人不仅闻名,且彼此相知相识。于安澜与他们二人都有过交往。其中于安澜与黄宾虹在1937年至1939年同时寄居北京。

(一)比黄宾虹更精准的画学研究

黄宾虹的生存背景与于安澜有所不同。他生于1865年,比余绍宋大17岁,比于安澜大37岁。也就是说,在黄宾虹事业有成、如日中天的时候,于安澜才刚刚出生。然而就画学成就而言,他们属于同一个时代,都在20世纪早期。黄宾虹稍早,称得上现代中国画学的开路人。1911年,黄宾虹、邓实主编的《美术丛书》开始印行,1937年于安澜的《画论丛刊》出版,其间相差26年。

黄宾虹生于浙江金华城西之铁岭头。初名懋质,后改名为质,字朴存,号宾虹、虹若、予向、黄山山中人等。原籍安徽歙县,虽生于金华而长期寄居杭州,20世纪初还曾寄居北京10余年。

黄宾虹出生之时,正逢19世纪中叶的中国乱世,当时的太平天国运动正炽,从中国东南向内地横扫,金华一带首当其冲。黄宾虹祖上稍有积余,父亲从歙县到浙江金华从商,供子读书,积年不辍。清光绪年间,黄宾虹从入学起,就开始接触中国书画乃至金石篆刻,这对其后的美术事业影响至深。

黄宾虹家资小富,近30岁时仍以习学画业为主,这与余绍宋、于安澜的从学经历大同小异。也就是说,他们从小都接受传统私塾教育,都对绘画产生过浓厚兴趣。但是黄宾虹由于生年较早,并不像余绍宋、于安澜那样接受传统私塾教育之后,又接受西式学堂教育、受新式学术风尚影响较多。黄宾虹生于清末,周围还是浓重的传统封建私塾教育,遵循的是儒家"格物致知"和"好学近于智"的中庸思想。人生追求讲究建功济世、文以载道。甲午战争以后，黄宾虹的爱国热情开始显现出来，这一点与于安澜不同。于安澜青少年时期看过开封府判官审案，堂官的威严、狡猾与应变令他退避三舍，他认为自己没有那个智慧，于是安心于学问学术。而黄宾虹则和其他爱国人士一样，追求变法图强，先是致函康有为、梁启超等进步名士，后又结交了谭嗣同等义士，扛起反对大清、追求共和的革命大旗。这种民族情怀和担当精神，对他日后的画学研究及绘画创造不无影响。

黄宾虹身居上海30年，其间他抱着治国平天下的信念，积极投身各种国学拯救活动，以期通过主办刊物、发表观点，用学术来唤醒民众，拯救国危。比如，他加入国学保存会，和邓实、黄节结交，立足弘扬国故，救民众以精神。他亲自兼任《国粹学报》编辑，在保护国粹、弘扬民族文化、救世爱国方面不遗余力。之后，他又担任《神州国光集》美术编辑，倡导艺术救国。不久，又与邓实合作，编辑出版《美术丛书》，还主编了《神州大观》《美术周刊》《艺观》等杂志，撰文1000多篇，广泛涉及古文字学、训诂学、金石学、中国画学等学术领域，在弘扬优秀传统文化、保存国粹、倡导国学方面，贡献巨大。

1937年后，黄宾虹寓居北平。恰逢卢沟桥事变，北平沦陷。于安澜不得不在北平盘桓两年，与黄宾虹稍有来往，黄宾虹对这位学有所成的年轻人早有耳闻。两年后，于安澜南下乡下故里躲避战乱，余绍宋20世纪20年代后期即退居江南，以书画为生，而黄宾虹则深感亡国之痛，闭门谢客，潜心书画。抗战期间，他高风亮节，以一篇《浙江大师事迹佚闻》来鸣志。黄宾虹蛰居北平11年，他作画、出书、讲学，步步不离中国传统文化，无时不在宣讲和传播优秀传统文化。这与他青壮年时的豪情壮志始终如一。

黄宾虹一生经历了晚清、民国、抗日战争、解放战争和新中国成立几个大的历史阶段，可谓阅尽人间沧桑巨变。但是，作为艺术家、中国画学家，无论在何种环境下他都不遗余力，致力于保存、挖掘、整理、弘扬中国画论，他的画学代表作《美术丛书》正是在这种背景下应运而生。《美术丛书》内容十分丰富庞杂，从画论画法到金石收藏，再到古典家具，无所不包，收录篇数数百之多。其中最主要的部分是中国画论的收集整理，几乎涵盖了我国绘画史上所有的绘画理论著述。他与邓实编写这套丛书的方式是随得随出,其用意不外乎弘扬传统画论思想,学习和继承国故。也正基于此,在20世纪初出版事业萎靡、画论资料奇缺的情形下,《美术丛书》的传播、影响无疑是及时的、广泛的、可贵的,它为中国现代画学研究的开展拉开了帷幕,奠定了基础。也正是黄宾虹《美术丛书》的影响,才有了之后余绍宋的《书画书录解题》和于安澜的《画论丛刊》这两部更重要画论著作的问世,从而形成了20世纪上半叶我国画学文献领域研究的三大重镇。

如前文所述,《美术丛书》的分期分册刊出方式,使得画论篇章选取不够精细,缺少甄别,甚至无暇顾及版本、校勘等具体的编校工作,丛书质量略显粗糙。这也是业界、学者、使用者的共识,是之后受人诟病的一个原因,是这套丛书影响面不宽的一大局限。比较典型的批评来自中国台湾地区的学者徐复观,他甚至十分尖锐地说:"《美术丛书》,当然可以为研究美术者提供若干便利。但里面所收的资料,不仅真伪不分,而且收了许多无聊的东西,却把在研究画史、画论上所必不可少的文献,有如唐张彦远的《历代名画记》、北宋郭若虚的《图画见闻志》、南宋邓椿的《画继》之类,都遗漏不收。……至于字句的失于校勘,更不待论。所以这个实际是一部陋书、俗书。"[①]

然而,这样尖刻的评价仍然抹不去黄宾虹20世纪上半叶在中国画学研究上的贡献,甚至还不止于此,因为他不仅是一名卓越的画论学家,更是一名出色的美术大家,还是一位能够运用美术史知识对绘画实践进行总结反思的艺术家。这一点,于安澜就比较逊色了。于安澜的成就在于文字学、诗学与画学,至于绘画,通笔墨,也有过实践,精于书法篆刻,但书画创作方面的成就与名声远比黄宾虹逊色得多。而余绍宋在绘画理论与实践方面都有斩获,并且可称名家,但他在书学与文字学修养方面又逊于安澜一等。

总之,黄宾虹无疑是一位出色的美术史家。黄宾虹研究中国美术是从现象梳理到发现规律,再提炼出优秀美术家与美术作品,著作成册,影响广泛,并开风气之先。其《古画微》一书就是典型一例。该书由商务印书馆于1925年12月出版,1929年又被编入商务印书馆的"万有文库"重新

[①] 徐复观:《中国艺术精神》,春风文艺出版社1987年版,第9页。

出版，被视为研究中国绘画史的必备经典。该书专门阐释了中国古代绘画的幽微问题，是一部通史性著作，全书以时代先后为序，对三千多年的中国绘画史做了经验性总结，具有重要的学术价值。尽管该书由于黄宾虹的兴趣所在主要着眼于中国传统山水画，但也旁及人物画与花鸟画。与一般画史不同，他没有对画史画论的发展做具体描述，而是聚焦于各个时代的代表画家、代表作品与不同风格，梳理了他们之间的传承与流变问题。由于见解独特，对当时以及此后的中国画学、画史研究影响深远。其中，黄宾虹极力推崇元代文人画，认为正是元代画家继承了唐宋绘画传统，有了自己的生机和活力，在生活自然之外，又能发挥笔墨所长。同时他对高僧、隐逸和名节大家，如倪元璐、八大山人、渐江、陈老莲等推崇备至——有以此鸣志，展现其文人画史观之意。

这一点又与于安澜大异其趣。于安澜在画论研究方面只以材料说话，用实际的篇章选择与体例编排来展现他的绘画态度与理论认识，他从不写画史、画论类文章，甚至不写画评。于安澜不直接站出来说话，因此，他的绘画观点、审美认识相对比较隐蔽，需要去挖掘、整理，甚至搜索旁证。

黄宾虹在20世纪上半叶中国美术史上的卓越贡献是无与伦比的，但是他在画学文献方面的贡献又远逊于安澜。他和邓实一起编辑出版的《美术丛书》的学术价值仅限于普及与推广传统中国画，而此类工作在明清两代，尤其是清代中期以后并不罕见。在他之前，《佩文斋书画谱》《明画录》等丛书类编纂著作早已行世，而其芜杂不辨等弊端又使之难登大雅之堂。由此，反倒显得余绍宋的《书画书录解题》有特色、有亮点，至少在画论著作目录类书籍中是难得的精品，其精当的评价与提点对研究者来说十分珍贵。相比较而言，于安澜的《画论丛刊》则更为简约、实用、严谨、精准，篇幅适当，内容适宜，对广大美术实践者与研究者来讲，《画论丛刊》的学术价值远高于其他著作。

（二）比余绍宋更实用的画学研究

余绍宋比于安澜早出生20年，在学术上堪称前辈。余绍宋是江南龙游人，于安澜是中原豫北滑县人，二者有南北地域之别。余绍宋自小接受传统中式教育，受诗书传家的家庭教育影响较大，之后他还接受过新式西方教育，受新式教育思想影响，他不光进了洋学堂，还于1905年去日本留学，成了一名地道的留洋生。在日本期间，除了学习语言外，余绍宋开始学习铁路工程，后来转至东京法政大学学习法律，直至1910年学成回国。这一点于安澜与之又有所不同。于安澜从没有走出国门，晚年还曾自嘲说自己从来没有坐过飞机。

余绍宋在日本接触到了早已传至日本的西方绘画，自觉不自觉地受到影响。同时，他由于学习的是法律专业，因此还深受西方法治观念的影响。回国以后，余绍宋主要在北京从事法律活动，在政商界颇为活跃。在国内他以官员的面目、身份出现，有十几年时间。在此期间，他的主要兴趣和主要活动却是作画与谈艺，对绘画领域的特别关注正说明绘画才是他的挚爱。

余绍宋旷达、豪迈，结交甚广。这一点于安澜又难以望其项背。于安澜十分专注，过于埋头学术，有限的交际也只在学术范围或专业领域之内，圈子较小。而余绍宋在当时的美术界游刃有余，许多名流大家如梁启超、陈师曾、黄宾虹、滕固、林志钧、张大千等都与他有很深的交谊，这为他提升全面的美术修养提供了许多便利条件，也使他很快成为北京画界的领衔人物。

余绍宋1910年回国后，供职于国民政府的司法部，在北京任外务部主事，后历任民国政府司法部参事、次长、代理总长等职务，是当时从政的著名画家当中官位较高的一位。当时的北京流传着"旧都四家"之说，即所谓民国初年演艺界的"四大名旦"、交际场中的"四大公子"、中医学界的"四大名医"、书法界的"四大名手"，绘画界也有"四大世家"之说，其中之一就是余绍宋。潘恩元在《旧都杂咏》中有一首七言绝句，云："绍宋江湖还落落，芝田山泽更迢迢。琉璃厂肆成年见，满地云烟有二萧。"[①] 这四大著名画家中有二人，与于安澜及其画论研究有多方面关联：余绍宋为于安澜的《画论丛刊》亲笔写序，完整刊发于书前；安徽怀宁的萧愻萧谦中即"二萧"之一[②]，前文已略有论及，他与于安澜交情殊深，《画论丛刊》初版有两位名家题签，一位是齐白石，另一位就是萧谦中。

---

① 万青力：《南风北渐：民国初年南方画家主导的北京画坛（上）》，《美术研究》2000年第4期。

② 另一位指湖南衡阳萧俊贤（1865—1949）。

1936年于安澜的语言学著作《汉魏六朝韵谱》出版后，萧愻还专门绘制《谱韵图》①以示嘉许，该图至今保存在于安澜后人手中。"旧都四家"中还有一人是宋伯鲁，北方人，民国前已离开北京。

余绍宋在北京绘画界非常活跃，十分有影响力。最为著名的壮举，莫过于组建成立"宣南画社"。1915年，余绍宋同司法部的一些美术爱好者同事在北京城南的宣武区（今西城区）其住处组织成立了"宣南画社"，还特别邀请画家汤定之入社指导。社名即他的住所所在地。参加画社的同事当中，以江南籍同乡为主。除了上文述及的"二萧"之外，还有在政界、画界都很活跃的梁启超、姚华、林纾、陈师曾、沈尹默、郁曼陀、王梦白等，这些名家大师几乎是这一时期美术界的地标级人物。"宣南画社"在组织上相对比较松散，聚会时间或者定期或者不定期，人数规模相对有限，少则十余人，多者二三十人，②许多事项比较灵活自由。

"宣南画社"是20世纪初期北京地区较早成立、较有影响的美术社团。它比更为著名的"北京大学画法研究会"还要早3年，比著名画家金城在北京组建的"中国画学研究会"早5年。可以认为，"宣南画社"是这两个美术社团的先导，不仅开风气之先，还在组织形式、管理方式上影响着后者。"宣南"即北京宣武门以南的地区，是外地，尤其是南方籍人士来京做官或从事其他行业的聚集之地，文人荟萃、名流杂居，艺术活动尤为引人注目。比如，当时最为轰动的四大徽班进京，他们的主要驻地就在"宣南"。"宣南画社"自1915年成立存续了12年之久，至1927年余绍宋辞官南归之后宣告结束。社团有推广、普及国画技能之职能，其间，社团成员由最初的10余人逐步增加，一些绘画名流相继汇入其中。成立社团组织可谓余绍宋在北京时期最主要的美术成就，其知名度不亚于其画论著作。

作为有影响力的艺术活动家、法务部官员，余绍宋不能容忍当局肆意妄为。1926年，作为司法部次长的他参加了抗议"三一八"枪杀示威学生的活动，段祺瑞执政府免去其职务。次年，余绍宋离开北京，南归龙游故里，开始寄情书画。但是，他在北京的绘画成就与影响是持续的，他的画学研究为后起的于安澜提供了很多启示。

---

① 详见本书第一章图1-6、图1-7。
② 万青力：《南风北渐：民国初年南方画家主导的北京画坛（上）》，《美术研究》2000年第4期。

余绍宋有充分的绘画实践，擅长花卉、山水等题材，用笔爽利遒劲，加之他修养广博，精通画史，研究画论，自觉梳理传统书画学目录体系，在北京可谓名动一时。他的著作文章有多种，其中影响较大者包括《画法要录》《书画书录解题》等，尤其是后者。《书画书录解题》成书于1928年，而其写作时间恰恰与余绍宋在北京的绘画活动相关。该书共检视中国古代书画类著作1000多种，选取有代表性的著作800余种，逐书解读评点，把握准确，尽管许多观点见解依凭《四库全书总目提要》，但也有不少自出己意，见识独到，足见其阅览广博，了解深入。由是该作被后世视为经典之作，尤其在艺术类目录学领域不可多得。

相比较而言，于安澜就有所不同。于安澜生于豫北农村，1902年出生之际，余绍宋已经20岁，不仅已经就读国内西式中学，并且作为青年学子，满怀激情地游历了北京、上海等大城市，接触过一些革命思想，后与马叙伦等人任教于江山新式学堂。1905年，于安澜3岁，余绍宋即已赴日本留学，入东京法政大学。1910年余绍宋在日本学成归国后，活跃于北京的政坛，先后担任过众议院的秘书、司法部的参事、司法次长，又任教于北京大学、清华大学、北京师范大学等名校，继而担任北京法政大学教授、北京美术专门学校教授以至校长，在业余时间从事学术著述与书画创作。这为他创办画社、研究中国古代画学、撰写中国画学著作奠定了良好基础。也就是说，在余绍宋在北京政界、画界影响日重的时候，在他为中国现代画学研究开始做出巨大成就的时候，于安澜还是一个怀揣梦想孜孜以求的小学生。于安澜对余绍宋常怀景仰之情，其《书画书录解题》一书对于安澜影响最深，于安澜其后所编画学著作，每部著作之后皆附有书评，基本取自《四库全书总目提要》和《书画书录解题》两书，认为它们的评价最为公允。1936年《画论丛刊》一书出版在即，于安澜特地驰书余绍宋请为序言，从而续写了一段画学史佳话。

（三）比俞剑华更前沿的画学研究

在整个20世纪，中国画学作为一门新兴艺术学科不断发展壮大，生机勃勃，在中国学术史上独树一帜，成为艺术领域乃至学术界的一大奇观，为我们今天的艺术学学科建设及美术史论研究奠定了坚实基础。

上文述及，中国画学是关于中国绘画的知识体系，是中国画论的学科化称谓。中国画论发端于先秦，东晋画家顾恺之开始了画论文章的自觉写作，之后不断积累、传承，渐渐汇成理论之江河，蔚为壮观。作为一个知识体系，中国画学经过千百年的积蓄、孕育，到明代始见端倪，清代已初见眉目。20世纪上半叶诸多学者、画家如黄宾虹、余绍宋、郑午昌、于安澜、俞剑华、钱锺书等自觉探讨，尤其在画学文献的编纂整理方面成就卓著，无疑使中国画学的学科特征更加明朗，为该学科建设奠定了基础。以上我们从对于安澜、黄宾虹、余绍宋的比较中，认识到这三大画学研究重镇的区别、联系与特色，而对于安澜和俞剑华画学研究的比较同样富有意义。于安澜和俞剑华的人生轨迹、学术活动不仅有过交叉，而且其学术成就、学术影响都堪称典范。

俞剑华祖籍山东济南，比于安澜大7岁，是我国著名的美术史论家、书画家和美术教育家。俞剑华的主要学术成就在于对中国美术史论、中国画论及相关史料的研究、注释与整理，其重要著述包括民国时期出版的《中国绘画史》及新中国成立之后出版的《中国画论类编》《中国画论选读》、《石涛画语录》（标点注释）等。于安澜的主要成就除了1937年出版的《画论丛刊》，还有1963年出版的《画史丛书》、1982年出版的《画品丛书》等画学著述，更有1936年出版的《汉魏六朝韵谱》、1992年出版的《诗学辑要》等著名的语言学著作，学术生涯长达半个多世纪。二人虽说同为画学文献学家，但分属于不同的学科领域，并且以各自深厚的学术修养，成为20世纪中国画学文献研究不可多得的学术大师。

俞剑华是我国美术史论研究的先驱，他从20世纪初开始即从事中国画史研究，直到去世，出版专业著述10余种，发表文字数百万言。俞剑华从20岁起即入职艺术学校从事教育工作，先后任职于济南、北京、上海、南京等地多所艺术院校，最后定格在南京艺术学院。1920年，俞剑华始任北京美术学校（后来的国立北平艺术专科学校，今中央美术学院前身）手工和水彩画教员，这份工作使他有机会和当时北京城中著名的画家如陈师曾、姚茫父、萧谦中、王梦白等接触学习，不仅提升了他的创作境界、审美境界，还改变了他关于美术方面的许多认知，为日后在美术史方面的研究奠定了基础。之后，俞剑华跟随当时名满京城的陈师曾进修学习，还为其整理讲义讲稿，受益良多。1923年陈师曾壮年去世后，他整理并出版了陈师曾的《中国绘画史》书稿，并于1925年出版，1936年再版，文白相掺，4万余言，虽然相对简略，却是开中国绘画史研究先河之作。由此俞剑华对中国美术史料了如指掌，随后，他吸收陈师曾的绘画史论思想并加以提炼，渐渐形成自己的绘画史论思想体系，集中体现于1928年发表的《国画通论》①一文和1937年出版的《中国绘画史》一书。《中国绘画史》长达24万字，它以通史的形式改变了陈师曾将中国绘画史分为上古、中古和近世三个阶段的做法，以中国绘画的起源、发展、兴盛的历史顺序为经编排，成为之后学术界对中国美术史的基本认知体例。但是，这一体例明显带有陈师曾《中国绘画史》的影子。陈师曾虽然仿效日本与西洋的美术史编写方式将中国绘画分成上古、中古和近世三个阶段，但是他在三个古世阶段之内按照历史顺序进行编排，以中国历史朝代更替演进为序列，具有绘画史学意义上的开拓之功。②可以看出，虽然同是著名的画学文献专家，与于安澜不同的是，俞剑华从一开始就从事中国美术史论研究，是一个专业的史论工作者。因此，他对中国美术史、中国绘画理论的敏感和关注是无与伦比的。

难能可贵的是，俞剑华在研究过程中解决了许多美术史界的争议问题、重点难点问题。比如，他的《国画通论》一文就是对中国画发展问题的一种综合思考，其中所提出的国画的复兴、国画的价值、国画的要素、国画的分类、国画的改良以及国画的写生等问题，既是专业难题，又是学术热点。俞剑华的许多学术观点受陈师曾影响又有所不同。陈师曾曾经在1921年发表了《文人画之价值》一文，影响极大，文中肯定了中国文化的价值所在与继承方式，并以此观点对1918年徐悲鸿在北京大学画法研究会上所做的演讲《中国画改良之方法》进行辩驳。而俞剑华于《国画通论》中提出了中国画能否改良、可否与西画"结婚"、能不能承担起改良的任务等问题。其主导思想是：中国画需要改良。这符合之后中国绘画史发展的基本态势，可以认为是具有历史眼光和发展前瞻性的学术之识。

于安澜就有所不同。于安澜年龄比俞剑华小，身世和治学途径迥异。于安澜自小生活在豫北农村，家庭殷实，当20世纪20年代俞剑华已经在绘画界、美术史论界崭露头角时，他还是一位孜孜以求的中学生、大学生。

---

① 《国画通论》，《真善美》1928年第2卷第2号。
② 陈池瑜：《俞剑华中国绘画史论研究的成就与特点》，《南京艺术学院学报（美术与设计版）》2009年第3期。

于安澜对绘画的兴趣源于20世纪初豫北农村盛行的画扇行业[①]，其亲戚熟人中有人有这方面的专长，尤其是他的中学美术老师仝伯高，不仅是画扇能手，还是恽派花鸟画的传人，于安澜既是他的学生，又是他的帮手，由此绘画艺术扎根在于安澜心里。对中国画论的兴趣则源自1929年于安澜在河南省会开封读大学期间得遇的陶冷月，从陶冷月那里学到了许多学术思考与研究方法，在技能上也受到了陶冷月的亲授和点拨。从此，于安澜对绘画兴致盎然，无论走到哪里都有画笔画纸等画具在身；对绘画理论研究的兴趣更油然而起，一发而不可收。其后虽然一直从事语言学音韵学研究，而美术史料、画学文献自然成了他特别关注的部分，日积月累，渐成气候。

所以，虽然俞剑华与于安澜美术基础不同，但对美术的特殊爱好、对美术史论的浓厚兴趣是一致的。对于安澜而言，他最感兴趣的还是语言文字学专业，这个领域里的许多大师对他的吸引远远超过了画学自身。同时他认为，语言文字学专业与中国画学文献研究没有矛盾，相反，当打通学科界限之后，还能相互补充、相互促进。尽管于安澜日后主要从事语言音韵学研究，而在翻阅、整理音韵学资料的同时，时常顺便整理、研究中国画学方面的文献，这就是他继1936年出版音韵学著作《汉魏六朝韵谱》之后，又于次年出版《画论丛刊》一书的主要原因。

如果没有多年的用心积累，短期内无法完成长达几十万字的巨著。如上所述，于安澜编纂的《画论丛刊》出版时，俞剑华已经是我国美术史界十分活跃的理论家，出版、发表了相当有影响力的美术史论著作和文章。可以说，于安澜之于俞剑华，虽然是后起者，仅就中国画学文献研究而言却早于俞剑华。

《画论丛刊》一书出版后，俞剑华读后感慨万千，也备受鼓舞，立志要编写一部更为别致的画论著作，并立即着手搜集相关资料。由于种种原因，这一愿望直至20年后才得以实现，其《中国画论类编》一书几经修删，于1956年正式出版。俞剑华在前言中说："因读余越园先生之《书画书录解题》与于安澜先生之《画论丛刊》，内容渊博，予我以极大之启发。"[②] 可以说，

[①] 刘颉：《民国河南地区艺术社团研究》，河南大学硕士学位论文，2020年。
[②] 俞剑华编著：《中国画论类编·前言》，人民美术出版社1957年版，第1页。

没有前者的学术启示，也许就没有俞剑华后来的画学成就。

这就不禁让人联想：这两位卓越的画学家在生前有没有过交集、有没有过联系？从二人的经历与有限资料看，于安澜与俞剑华在20世纪上半叶没有交集。俞剑华1915年入北京高等师范学校图画手工科学习，受教于陈师曾、李毅士等，1918年毕业回到家乡山东济南任教。两年后又回到北京，任国立北京美术专业学校手工、水彩画教员，1927年到上海，任上海爱国女学国文教员。这期间于安澜还在河南中州大学读大学。从1927年起，俞剑华在上海各高校任教，直至1938年上海沦陷。随后他到了广州任暨南大学教授，抗战胜利后又回到上海教书。新中国成立后历任上海诚明文学院教务长、上海学院副院长、华东艺术专科学校教授，全国院校调整后赴任南京艺术学院教授，直到退休。于安澜大学毕业两年后，于1932年入北平燕京大学研究院深造，1935年毕业，后滞留北平，1939年回到家乡河南滑县农村，抗战胜利后到开封河南大学任教，直至1999年去世。虽中间因故（如新中国成立、院校系科调整等）几经迁转，数年后最终落脚于河南大学。可见他们二人在学习、工作、生活地点上没有交集。但是这并没有阻断二人在学术方面的特殊关系。

新中国成立前，尽管二人在时间、空间上没有交集，但是他们有共同的朋友，如时任北京美术学校教授的萧谦中。萧谦中名萧愻，是20世纪20年代俞剑华北京任教时的同事、师长，10年后又成为于安澜的忘年之交。30年代中期，于安澜《画论丛刊》一书的编纂就受到萧谦中多方鼓励与协助，萧谦中还特地为该书题签，并绘制《谱韵图》一幅相送，其关系非同一般。①

于安澜与俞剑华神交已久，真正的相遇是在1962年。当年，于安澜应教育部函请赴杭州参加王伯敏编写的《中国绘画史》审定会，俞剑华亦为审定会专家之一。两位学术同行初次相见，感慨万端。在长达半个多月的会期中，二人有多次交流、交谈，俞剑华还特意为久慕初识的于安澜提笔作画，画了一幅《双清图》。足见二人友谊。②

---

① 于安澜《汉魏六朝韵谱》一书出版后，学术界反响强烈，除萧谦中专门为之作《谱韵图》外，后来其画界好友们还合作了一幅《谱韵图》，由魏紫熙主创。可参见本书第一章"于安澜的学术交游"一节。

② 参见本书第一章"于安澜的学术交游"一节。

于安澜与俞剑华的第一次相遇仅在《中国画论类编》一书出版后6年。仅就《中国画论类编》一书的编写而言，于安澜对俞剑华的影响是可想而知的。从该书初版前言可知，俞剑华这本书写作的起因就是受黄宾虹、余绍宋和于安澜三位画论大家著作的启示和影响，尤其受于安澜《画论丛刊》的影响最大。他说："因读余越园先生之《书画书录解题》与于安澜先生之《画论丛刊》，内容渊博，予我以极大之启发。乃以两书为基础，广搜博采，编为一书，以期尽采历代画论书籍之要点，作为个人及同好学习之用。"① 可以说，尽管俞剑华是中国美术史论的早期开拓者之一，于中国画论也小有所成（之前他曾编写过《历代画论大观》《现代画论大观》等书），但是对影响更为深远的《画论丛刊》的编纂者于安澜崇敬有加。他在《中国画论类编》一书的卷首语中又提到这段历史。在叙述明清两代画论著作的编纂情况后，俞剑华说："晚近邓氏黄氏辑录《美术丛书》，网罗丰富，成艺苑巨观，惟以丛书性质，随得随刊，初无固定计划，以致前后毫无伦次，至于版本校雠，原书真伪，则更未措意，未免美中不足。余氏《画法要录》

图2-3　俞剑华赠予于安澜的《双清（竹）图》，1962年

综合历代画论，分类采撷，用心良苦，然东鳞西爪，未免有支离破碎之憾，原书精神因而涣散无从表现。最近于氏《画论丛刊》一书出，集《山水松石格》以下五十四种，纯为论画之作，皆首尾完全；且有数种不经见

---

① 俞剑华：《中国画论类编·前言》，人民美术出版社1957年版，第1页。

之书，画论精华，略备于是，惟于真伪考订，尚少注意。"① 在这段评论中，俞剑华对当代黄宾虹、余绍宋、于安澜三家的画论文献编纂做了概括性评价，认为只有于安澜的《画论丛刊》实用而严谨，其学术价值与应用价值均高于其他二者，不吝赞美之词。其中指出的真伪考订问题也比较确切，足见俞剑华对于安澜学问的敬佩、对其《画论丛刊》一书研究之深。

在现代画学史上，人们常说20世纪上半叶中国画学文献研究、著述有三大重镇互为犄角之势，就指的是黄宾虹、余绍宋和于安澜的研究成果。而在20世纪下半叶，在中国画学文献著述方面出类拔萃的恰恰是于安澜和俞剑华两人。俞剑华的主要成就是《中国画论类编》，而于安澜最大的画学贡献是1963年出版的《画史丛书》（上海人民美术出版社出版）。这部丛书是《画论丛刊》的姊妹篇，辑录了历史上最重要的画史著作22种，古代画史精华几乎囊括殆尽，真所谓一册在手，画史风云尽收眼底。这种持续的成果当然令资深美术史家俞剑华称羡不已。俞剑华以84岁高龄辞世之后，于安澜仍继续着他的画学文献研究工作。1982年，他编纂的第三部画学文献《画品丛书》出版，至此，这位学术老人的画学体系构想才完整呈现出来，我们才真正看到了他的学术智慧和知识境界。尽管《画品丛书》并没有彻底完成②，留有遗憾，但是该书出版的学术价值、学科意义远远超越了知识本身。

之所以这样说，是因为《画品丛书》的出版使我们认识到这样的事实：于安澜用半个世纪勾勒出了中国画学学科的大框架，并且从一开始他可能就有这种学术布局。于安澜不是用言论、观点在宣传这一构想，他几乎不写文章去阐述自己的观点，甚至在丛书前言中也很少提及，他是想用一部部实实在在的文献来落实这种构想。当我们今天还在为中国艺术理论的学科结构争论不休时，于安澜早在半个世纪前即已提前设定，切切实实地践行了。其依据是：1937年出版的《画论丛刊》着重于绘画理论著作的编纂，经典严整，令人称道。人们赞不绝口的原因是，它为美术爱好者、学习者、研究者在文献稀缺的时代提供了最佳的读本，实用、方便、可靠，十分难得。然而还有一些遗憾，比如，一些画史类著作中理

---

① 俞剑华：《中国画论类编·卷首语》，人民美术出版社1957年版，第1页。
② 《画品丛书》原计划辑录自谢赫《古画品录》以下历史上著名画品类著作多卷，由于作者年事渐高，自谓力不从心，只出版第一册，选录画品文献13种，元代以后画品类辑录阙如。

论性很强的部分并没有收录其中，最典型的是唐代张彦远的《历代名画记》。这部画史名著十卷之中，前三卷都是在讲画理，十分精当，如"书画同体""用笔同法""意存笔先，画尽意在""笔不周而意周"等，《画论丛刊》未选录在内。直到1963年《画史丛书》出版，这样的缺憾才烟消云散：因为这套丛书规模宏大，《历代名画记》也在其中，给人以畅快淋漓之感。至此人们并没有看清太多的学术门径，以为《画论丛刊》与《画史丛书》不过是一对姊妹，至1982年于安澜编纂的第三部画学文献《画品丛书》出版，专家学者们才恍然大悟，原来1963年出版的《画史丛书》并非单纯地弥补画理不足之缺憾，而是作者勾勒的画学学科大布局的一部分，至此，《画论丛刊》《画史丛书》《画品丛书》三者形成了一个有序的文献系列，并有效建构起中国画学学科的基本系统，亦即我们今天所讲的艺术学学科中史、论、评三大基本构成。可以认为，这一学术架构尽管产生于门类艺术的中国画学中，却是中国艺术学科的早期张本，艺术门类之下的两个一级学科美术学与艺术学理论基本是按这一格局建构的，无出其右。

所以于安澜的学术贡献，一方面是在画学文献上的奠基作用，一方面是他的学术思维与学科意识。能够在数十年前、在中国艺术理论萌动之时、在世界艺术理论尚未形成学科概念之初，就有这样的认知和手笔，非他人所可比拟。

就此而言，不妨将20世纪的几大画学文献专家做一比较。当然，他们在当时各攻一路，无可替代。而于安澜不像余绍宋那样在目录文献学方面单一建构，或者以零散的篇章进行阐述，难成系统。他也不像黄宾虹、邓实那样杂乱无章地将画论及与画论无关的美术资料堆积在一起，尽管有应急、开拓之力，但在作用与价值上有限。俞剑华的学术贡献又与黄宾虹、余绍宋不同，俞剑华在美术史、绘画理论与画学文献几方面均有建树，学术方法值得称道，只是缺少于安澜那样的专注与系统，在画学文献编纂方面略逊一筹。所以，于安澜以系列丛书的形式，以无可置疑的学术成果构建起中国绘画理论的学科基石——我们今天称之为中国画学——乃至成为中国艺术学在20世纪学科建构的基本认知结构，无论是有意还是巧合，其学科开拓意义是毋庸置疑的。

相比较而言，在美术史论研究方面于安澜明显不足，黄宾虹、余绍宋、俞剑华都堪称专业。俞剑华于20世纪上半叶在美术史论研究方面即已风生水起，成就卓著。他的美术史论研究既有史料梳理，也有史学思想、理论认识、画法画艺研究。有理由相信，于安澜的画学研究思想、方法会受到当时此类研究的影响，既包括日本许多美术史类著作在中国的翻译出版①，也包括俞剑华等人的美术史研究成果。只是于安澜与俞剑华的学术关注点不同，他更善于史料的选择、编纂与校勘。这与他作为语言文字学家的专业基础、专业研究有直接关联。于安澜在写作《汉魏六朝韵谱》时，就已经接触到这一时期一些经典的画论篇章，如南朝宗炳的《画山水序》、谢赫的《古画品录》，以及传为萧绎的《山水松石格》，他"顺便"而为，最终在《画论丛刊》一书中都有展现。俞剑华更侧重于对绘画理论思想、史实的深入挖掘，对绘画史料的解读认识有独到之处。《画论丛刊》在作家小传、篇目真伪鉴别方面十分简练甚或简单，有些并没有详加考究，致使在一些伪书、托名书认定上模糊不清或者错乱，如将荆浩的《笔法记》记在五代北宋画家李成头上。也正是基于这一点，俞剑华方致力于重新编纂一部更为精当、准确的画论著作，所以他的《中国画论类编》一书在作者传记方面十分考究，材料翔实，同时，他还能够对重点篇章或重要段落提出自己的认识和看法，再用"按语"方式加以点评、说明，或长或短，时见精彩。可以说此类编著，既是画学文献，又是史论的延伸。

如前所述，于安澜在画学文献整理方面无可比拟的优势在于他的语言文字学专业和扎实的训诂学知识，这对流传久远、传抄刻写错误百出的中国古代文献来讲十分必要。有学者认为："中国画文献的校勘必须借助一般文献校勘的知识和方法，校勘者必须具备一定素养，具备读懂古典中国画文献的能力，对古代语言文字、音韵、训诂、文法都要精通。而且，还须具备基本的艺术素养，如中国画史、中国画创作等方面的知识，单凭第一方面的知识无法真正读懂古典艺术文献。"②以此观之，于安澜不仅精于第一方面，还是这方面的专家；而且具备中国画史、中国画创作等第二条件，这就为《画论丛刊》等系列画学文献的编纂打下了很好的基础。这一点是学术界所普遍认可的。于安澜《画论丛刊》仅书后所附"校勘记"就达数万言之多，十分详细精到，不仅给出了选本出处、校订错漏别字的结

---

① 如[日]大村西崖著、陈彬龢译《中国美术史》，商务印书馆1928年版；[日]坂垣鹰穗著、赵世铭译《近代美术史概论》，上海女子书店1933年版；等等。
② 万新华：《俞剑华的中国画学文献研究》，《美术观察》2009年第5期。

果，还将其理由、步骤统统说明。可见，在中国古代画论编纂方面，两人各有所长，于安澜略胜一筹。正如俞剑华所评论的那样，《画论丛刊》一书内容渊博，技术严谨，是中国画学研究的典范之作。于是在与黄宾虹、余绍宋的比较中，俞剑华对于安澜更加推崇之至。

俞剑华《中国画论类编》的编写灵感来源于《画论丛刊》等书，虽然它在时间上晚后，却也精雕细琢，不断吸纳专家意见，多次大规模修删，治学可谓严谨。据俞剑华自己讲，自1937年以后他便开始着手有关资料的搜集整理，至1956年出版，几次大易其稿，连书名也多次更改。该书在体例上有所创新，以精要的画论内容为主，不局限于某一篇章的完整。古代有些画论确有全篇累赘而个别章句精练之现象，将同类性质的画论摘编在一起，按画科分门别类，能够看出一些重要观点的传承与演化，便于甄别与批评。这种类编性文献最大的优点是集中、专门、去粗取精，更适合研究之用。总体而言，该书并没有超越《画论丛刊》的文献价值。批评者说它只不过是对传统画论的重组、精选或者补充而已。这种体例尽管有分门别类、集中讨论之便，但存在明显不足：不能窥察原书全貌，更容易割裂原文。中国古代画论许多论著首尾相连，有序文、前言，有体例说明，有书跋、后记，从而形成一个完整的系统，如果只抽取其中一个部分，难免会以偏概全或挂一漏万。所以作为画史学家的俞剑华，有自己的考量。比如，在他之前的种种画学论著，涵盖了文献目录学、画理学、画史学等，尤其是画理画法画史类著作，在历史上已经有过多次重复编辑出版，或详或略，或精或粗，不一而足。其中也不乏影响较大、体例较为完备者，如《佩文斋书画谱》《画论丛刊》等，再行编纂出版已经没有多少意义。可以说，选编此类画论著作，《画论丛刊》已经做到极致，没有再重新编辑的必要。所以俞剑华另辟蹊径，用类编的形式分门别类地将中国画论的经典选辑出来，不失为一种智慧创造，不仅适应了不同的学术需求，还发挥了自己的研究专长，带有研究考辨性质。概括地说，俞剑华《中国画论类编》的学术价值主要在于摘选比较精当、细致，注释解读充分，尤其是一些篇目之后的"按语"，具有研究性特征，对初学者和绘画爱好者而言，是一种难得的参考文献。

就中国画学文献体系而言，于安澜无疑是较为完备、颇具科学性的学者。他将全部画论文献分为史、论、评三大系统进行构建，在学术史上尽管古已有之，而明确以三部文献著述形式出现，仍具有时代意义。

一套大型丛书很难十全十美，都会存在这样或那样的缺憾。黄宾虹、邓石编辑的《美术丛书》不仅过于宽泛，而且错误多出，即以占主要内容的中国画论部分而言，它在编选过程中的无序状态、失于校勘的不严谨性、在择篇方面的低级失误乃至重要篇章的缺失等，都使该书的学术性、科学性大打折扣。在真伪考订方面的失误，于安澜的《画论丛刊》同样存在。俞剑华在编写《中国画论类编》时特别指出，体现在某些画论篇目作者的认定不合业界常规，这也许是时代局限所致。而俞剑华的《中国画论类编》同样存在考订不严的问题。比如，在顾恺之的三篇画论文章命名上，俞剑华的观点不为当代学术界所认可。为此，清华大学教授陈池瑜还有过专论，说："俞剑华对画论中存在的一些历史疑问也颇多辨析，大胆提出自己的设想和见解。但有些意见不一定都对。例如对张彦远《历代名画记》顾恺之传后附录的两文即《论画》和《魏晋胜流画赞》，俞剑华认为两文的内容和标题互相错置，是张彦远或后人翻刻弄错了，并在《中国古代画论类编》《中国画论选读》中按自己的理解将两文的题目更改，以至于影响后来读者和画论选编者。这反而造成新的误解。"[①] 这一错误不仅仅是误解，甚至是一种混乱。笔者曾因此陷入迷惘，一方面以为是自己认知有限所致、无法厘清，另一方面实在是因为俞剑华学术影响巨大，自己不辨真假，导致盲从。对这些历史悬疑定性不当，会让人无所适从，尤其是对年轻学者而言。学术之争是十分正常的现象，有利于研究的深入和史实澄清，但是在没有确切把握的情况下，保持原貌，尤其是在古文献问题上持谨慎态度，比较可取。

在学术传承与学术影响力上，于安澜与俞剑华也有很大不同。俞剑华是著名美术史论家、美术教育家，从20世纪20年代从事美术教学工作算起，其从教时间长达半个多世纪，培养了大批学术后人，在美术史领域影响十分广泛，堪称桃李满天下。尤其是后来他在南京艺术学院从事教学研究工作，培养了不少学生，其中不少人成为本领域的著名学者，如周积寅等人，显然是当代中国画学研究的中流砥柱。他的美术史研究方法得到了

---

① 陈池瑜：《俞剑华中国绘画史论研究的成就与特点》，《南京艺术学院学报（美术与设计版）》2009年第3期。

很好的传承，其美术史论思想得以发扬光大，许多人绍述他的观点，在本学科领域贡献突出。1992年出版的《中国大百科全书》美术卷列有"俞剑华"词条，人物成就介绍达一千多字。①10余年前就有人开始将俞剑华式美术史研究称为"俞剑华学派"，足见其学术影响力。2009年，《南京艺术学院学报（美术与设计版）》开辟"俞剑华学术研究专栏"，分期研究宣传。在现代艺术学界，能够称得上独立的"某某学派"者十分罕见，无论这一称号能否得到业界认可，或认可度有多高，它都从一个侧面说明：俞剑华的学术思想在身后影响深远，并得以发扬光大，其学术研究代有传承。

于此，于安澜与之相比则有天壤之别。原因有二：其一，于安澜安心学问，不及其余；其二，于安澜始终将自己的画学研究作为"副业"，甚至是业余爱好，无论他投入了多少精力、花费了多少时间、有多大的兴趣、有多大的成就，始终将自己的语言文字学研究作为主业、正业、专业。于安澜在文学、诗学、语言学、训诂学、书学和中国画学等方面皆有所建树，但是最使他满意的是音韵学和中国画学，他深切体会到了这两门学科的相通、相融、相似之处，尤其是学术方法方面。于安澜长期在河南大学中文系工作，虽然与美术界人士有着多方面的交往，但始终坚守于语言文学，这使得他在美术研究方面的门人弟子寥寥无几。20世纪80年代初期，以他为代表的河南大学专家、教授组成的学术团队成功申报了中国语言学方面的硕士学位授权点，在当时国内实属罕见。因此，他所培养的研究生全是语言文字学方面的，其中不乏卓有成就者②，他指导、培养的书法家、篆刻家也不在少数③，而在美术史、中国画学方面，可以肯定地说没有任何传承。笔者20世纪80年代初就读于于安澜所在的中文系，可从来没有听闻过于安澜其人，甚至没有留下任何印象。2002年河南大学举办纪念于安澜诞辰100周年学术研讨会，与会的专家学者来自全国各地，这些专家学者中从事美术史论研究者寥寥，绝大部分是语言文字学专业。因此，于安澜的学术传承与俞剑华不可同日而语。

---

① 当然，此时于安澜还在世，列为条目的可能性不大；在他去世后，新版《中国大百科全书·美术学》也没有将其列为条目。
② 如我国当代文字学家，河南省文字学会会长，河南大学教授、博士生导师王蕴智等。
③ 如20世纪80年代即已扬名的新乡书法篆刻家王海、开封篆刻家张建林、收藏家张宗海等。

然而，这些并不影响二人的学术影响与学术传播，所谓"酒香不怕巷子深"。如上所论，于安澜在现代中国画学方面的学术建构不是靠文章、观点叙述出来的，而是用系列文献著述来完成的，这一知识结构让人们感受到了他的学术思考和价值取向，他的学术方式与他的为人一样，朴实低调，具体坚实。俞剑华同样属于低调做人的内涵型学者，其美术史研究可谓轰轰烈烈、波澜壮阔。在我国美术史学、中国画学刚刚起步的时代，在那个国家积贫积弱、与邻国日本的美术史研究相比明显落后的年代，俞剑华的学术研究堪称骄傲。

　　于安澜和俞剑华殊途而同归，其学术影响力皆广泛而持久。俞剑华的美术史论著作、画学文献有多部被翻译为日文、英文并在海外发行；于安澜的画论文献著作，包括他的语言学著作，也早已在海外出版发行。20世纪70年代初，日本汲古书院影印出版了于安澜的《画论丛刊》一书。为此，该书院专门派人与于安澜接洽出版事宜。在日本掀起于安澜画学文献著作热潮的同时，中国香港、台湾地区的多家出版商或影印或原版出版《画论丛刊》一书。借由港台这一学术渠道，于安澜的画论著作在东南亚盛行。因此，就学术著作的影响力而言，于安澜和俞剑华都堪称广泛深入，但从发行量与影响面上讲，于安澜似乎又略胜一筹。

图2-4　王蕴智、刘仲敏编《于安澜书画篆刻作品选》（河南大学出版社2023年版）封面

　　概言之，于安澜与俞剑华在20世纪的中国画学文献研究有所同亦有所异。其一，他们的学术背景不同。一个全面研究美术史论，一个偏重画学文献本身。俞剑华青年有成，在美术史论研究方面一生耕耘；于安澜则以语言文字学为本业，兼通画学、书学、诗学，画学研究是兴趣使然。其二，如此，导致二人画学研究的侧重点不同。于安澜以文字学家的身份精于择篇校勘，而俞剑华从美术史家的角度深通画理研讨。于安澜的《画论丛刊》取其整体，保持全貌，而俞剑华的《中国画论类编》则取其精要，

突出重点。其三，就学术成就与影响力而言，俞剑华早有所成，着眼于古代美术史论、中国画论教学与研究，学术体系清晰，在美术史界根基牢固，传承有序；于安澜则学养深厚，独自坚守半个多世纪，以扎扎实实的三部系列性文献编纂，构建起轮廓清晰的中国画学学科体系，具有学术前瞻性，其著作出版、发行量巨大，影响远及海外，但因无画学方面的直传弟子，后继乏人，对其本人的学术研究匮乏，除一些回忆性文章外，鲜见相关学术论文，更少论著，这一点与俞剑华相比差距远甚（参见本文后所附"于安澜研究文献一览表"）。无论如何，于安澜与俞剑华两位学者都从不同方面为20世纪中国画学研究与学科建设做出了杰出贡献。今天重提这一话题，比较二人的学术异同，正是为了寄怀这两位在中国画学文献研究领域成就斐然的学者、大师，为了让他们的学术精神、学术品格能够继续发扬光大，继续昭示后学。

附　于安澜研究文献一览表①

作者	篇名	发表刊物/出版社	发表时间	备注
王了一	评《汉魏六朝韵谱》	《大公报·图书副刊》	1936年9月	
董希谦	壮心不已的于安澜教授	《河南大学学报（哲学社会科学版）》	1984年10月	
于安澜	于安澜自传	《晋阳学刊》	1990年5月	
袁有根	《历代名画记》于安澜标点校正	《山西师大学报（社会科学版）》	1994年4月	
张如法	于安澜素描	《东方艺术》	1994年11月	
栾广明	国学大家于安澜	《美术观察》	1998年3月	
栾广明	访国学大师于安澜教授	《中州今古》	1998年11月	
周启云	读书、治学、做人的楷模——沉痛悼念于安澜教授	《河南大学学报（社会科学版）》	1999年11月	
张啸东、王小珲	学问安身心　艺术慰平生——记世纪文化老人于安澜先生	《中州统战》	2000年6月	

---

① 研究文献统计时间截止到2023年12月。

续表

作者	篇名	发表刊物/出版社	发表时间	备注
编辑部	于安澜作品选	《中国书法》	2000年8月	
张啸东	学问安身心 艺术慰平生——记学人书家于安澜先生	《中国书法》	2000年8月	
刘仲敏	深切缅怀外祖父于安澜先生	《河南文史资料》	2002年3月	
贾涛	于安澜《画论丛刊》的学术价值	《美与时代》	2002年9月	
贾涛	于安澜《画论丛刊》学术价值管窥	《美术观察》	2003年8月	
孟云飞、肖鑫	学高为师，德高为范：追记著名美术史论家，书画学家于安澜先生	《中国艺术报》	2003年8月	
贾涛	于安澜书法艺术初探	《美与时代》	2003年9月	
编辑部	于安澜书画学四种	《史学月刊》	2009年6月	
张生汉	于安澜先生纪念集	河南大学出版社	2009年8月	
郑逸群	世纪学人：于安澜	《中国书法》	2010年5月	
王四朋	20世纪上半叶中国画学研究探析	《南阳师范学院学报》	2010年8月	
王克丽	《画论丛刊》校订本的价值	《贵州大学学报（艺术版）》	2010年12月	
	河大学人于安澜（1902—1999）	《汉语言文学研究》	2011年9月	传记类
黄萌生	世纪学人于安澜	《汴梁晚报》	2012年12月	
姚伟、王宏宇	一生淳朴于安澜	《大河报》	2013年1月	
马晓	《汉魏六朝韵谱》谢朓之部正误	《安庆师范学院学报（社会科学版）》	2013年4月	
杨明	画外广视画内精准的古代画论研究	《学术研究》	2014年7月	
张晓林	夷门民国书法史·于安澜	《北方文学》（上旬）	2017年8月	
编辑部	于安澜年谱	《大观·收藏》	2017年9月	
李维琨	读郑午昌《画论丛刊序》	《书与画》	2018年7月	

续表

作者	篇名	发表刊物/出版社	发表时间	备注
何军炎	于安澜美术实践及画学著作研究	浙江理工大学硕士学位论文	2019年5月	
张如法	我所知道的于安澜教授二三事	《协商论坛》	2020年10月	
王蕴智	记我的导师于安澜先生	《中国书法》《大学书法》	2020年5月 2021年7月	
张生汉	我向安澜先生求字	《大学书法》	2021年7月	
祝仲铨	和风细雨育禾稼 一代宗师泽后学——缅怀恩师于安澜先生	《大学书法》	2021年7月	
孔庆茂	回忆于安澜先生	《大学书法》	2021年7月	
刘仲敏	我的外祖父于安澜先生	《大学书法》	2021年7月	
王刘纯	学书纪事——问学于安澜先生	《大学书法》	2021年7月	
郑逸群	世纪学人于安澜先生	《大学书法》	2021年7月	
贾涛	于安澜书法艺术再探	《大学书法》	2021年7月	
贾涛	当代视域下《画论丛刊》学术得失探析	《美术观察》	2021年6月	
贾涛	于安澜、俞剑华的中国画学文献研究检讨	《中国美术研究》	2021年9月	
陈丽丽	夷门传薪学人传·于安澜	河南大学出版社	2022年8月	传记类
王蕴智、刘仲敏	于安澜书画篆刻作品选	河南大学出版社	2023年10月	

三、《画论丛刊》的学术得与失

于安澜编纂的《画论丛刊》初版于1937年5月，由当时的中华印书局承印发行，至今已80多年。该书在中国美术界产生的影响巨大，现代许多有成就的画家、学者对它记忆很深，充满感情。我们仅仅从该书再版的次数、印数与发行范围即可见一斑。自1937年首版以来，《画论丛刊》

不断重印再版，据不完全统计，80多年来该书共印行10余次，以1960年人民美术出版社两卷本印行次数最多，中国香港、台湾地区及海外一些国家发行的《画论丛刊》基本上以此为底本，发行数量无以统计。[①] 重印次数与发行量是衡量一本书优劣、所产生影响大小的重要标准之一，它说明了该书所拥有的读者群与读者数量。从中可知《画论丛刊》问世以来80多年间所产生的巨大影响、所获得的学术认可度。

（一）《画论丛刊》的编纂特色

于安澜编纂的《画论丛刊》为何会产生如此大的社会反响？为什么会拥有这么多的读者？为什么它的影响力持续不衰？它的学术价值与艺术实践价值几何？如此重要的著作，从当代学术视角来看，其得失如何？从该书的得与失中，我们能够得到哪些启示？……这些问题，虽然此前一些学者曾提及[②]，但显然还不充分。

概言之，《画论丛刊》的成功之处，可以归纳为下述几点：

1. 恰当的学术定位

历史上，关于中国画论的文章、著述浩浩茫茫，仅余绍宋所著《书画书录解题》就收录了800余种。加上之前画学学科不甚明晰，作者身份归属摇摆不定，这些著述大多与文学、哲学、散文、笔记、杂谈等混为一谈，对现代美术工作者或绘画专业学生而言，从中挑选有价值的篇章学习无疑很繁杂、很困难。因此，如何能从浩渺的书海里选出适合、适用又具有艺术性、学术性的画论代表作，是一门学问，也是一个挑战。除去明、清两代数以百计的画论著作及画学文献纂辑丛书外，于安澜出版该书之时，已经出现了一些类似的、较有影响的丛编类书籍，较早的如《佩文斋书画谱》，晚近的如《美术丛书》（邓实、黄宾虹主编）、《书画书录解题》（余绍宋编著）。后两部著作也是画家、画学家们津津乐道的佳作，但又各

---

① 具体出版发行情况，可参见本书附录"于安澜画学文献的发行与传播"一节。
② 贾涛:《于安澜〈画论丛刊〉学术价值管窥》,《美术观察》2003年第8期。

有侧重，各具短长，前文已经有所论述。①这两套画学著作各具特色、各有倚重，但是其学术定位无疑是读者群有限。《美术丛书》包罗万象，适用对象虽然宽泛，但是过于驳杂，除画学之外还有部分非画学内容，加之校勘粗疏，反而没有更多的适用对象。《书画书录解题》严格地说只有书目，对找到什么书、弄清书的学术定位有帮助，而对于深入学习研究并不适用。如果将以上两种画学著作结合起来，以《书画书录解题》为纲，又较《美术丛书》择篇更精，使文目结合，避开冗杂，不失为一种非常有价值的选择——这恰恰是于安澜编纂《画论丛刊》的一个明确定位，也是上述同类著作给他的有益启示。

在此学术思想指导下，于安澜于中国画论的各领域，包括画史、画品、画评、画理、画法、画科等，仅选择画理、画法类优秀篇章入编，这一定位，可谓既实用又方便，在很大程度上满足了广大美术读者的实际需求，即解决了他们在对传统中国画学习、创作、研究过程中的两大问题：认识与方法，或谓之艺术与审美。这一择篇定位，不能不说是于安澜编辑该书的一个策略性收获。

2. 精选画科，精择篇目

中国画学史上画理画法类著作十分繁多，良莠不齐。如何从中选出精品佳作，是一门学问。况且，画理画法类篇章中，传统上已分出十多种画科，如人物、山水、竹木、花鸟等；或将画科称为"门"，如人物门、山水门等。宋人分十个画科，如《宣和画谱》；元人分十三画科，如汤垕《画论》。汤垕说："世俗论画，必曰画有十三科。山水打头，界画打底。"②在选编是书时，是以一科为主，抑或各科兼具？这是需要专业眼光、学术认知和艺术实践经验的。于安澜编纂《画论丛刊》的学术优势在于，他自幼习画，有一定的绘画基础，此前对著述十分钟爱、刻意留心，又曾在读

---

① 简言之，黄宾虹等的《美术丛书》篇目内容依然浩茫，古今文章、金石、家具等不拘一格，全面搜罗，随得随刊，难免鱼龙混杂。恰如于安澜所评："近人黄宾虹之《美术丛书》，既失驳杂，挂漏亦多；更以不择版本，校勘疏略，学者病之。"有鉴于此，于安澜编纂画论丛书的初衷，即"简选善本，详加校勘，以便读者"。（《画论丛刊·重校自序》，人民美术出版社1960年版，第17页）余绍宋的《书画书录解题》一书只录书籍目题，只作题解，特色是简洁明了，一编在手，历史上重要画论著作可尽收眼底；问题在于由于不附原文，了解著作梗概可以，若进一步探究，靠此书就无能为力。

② 〔元〕汤垕:《画论》，载于安澜编《画论丛刊》，人民美术出版社1960年版，第63页。

大学期间参加过美术教育家陶冷月组织的"画学研究会"①，因此驾轻就熟，在择类选篇时极其专业，极富眼光。

于安澜从历代画理画法书籍中共裁选了51种，时间上从南北朝始，至编书之近代止。其中南北朝2篇，唐五代2篇，宋代3篇，元代3篇，余者为明、清及近人之作。从画科上看，在此51篇中，前9篇从宗炳《画山水序》至黄公望《写山水诀》，全是专门的山水画论。之后诸篇虽则有综合性质，但多数仍是以山水画为核心，作者几乎全是山水画家，如董其昌（《画旨》）、唐志契（《绘事微言》）、石涛（《苦瓜和尚画语录》）、龚贤（《龚安节先生画诀》）、恽格（《南田画跋》）、王原祁（《雨窗漫笔》《麓台题画稿》）等。当然，编者也照顾到了画科的全面性，精选了竹木类、人物类的一些篇目，如李衎的《竹谱》、查礼的《画梅题记》、王绎的《写像秘诀》等。最后还附录两篇与绘画关系密切的装潢类篇目，即周嘉胄的《装潢志》与周二学的《赏延素心录》。

显然，《画论丛刊》的主要学术视角是山水画，选择标准以山水类篇章为主，兼及人物、花鸟、竹木等，后者数量极少。为什么说这种选择更智慧、更专业、更符合时代需要？原因之一在于，时至明清，山水画已经成为最重要的画科。明代屠龙在《画笺》中说："以山水为上，人物小者次之，花鸟竹石又次之，走兽虫鱼又其下也。"明代唐志契在《绘事微言》中给画科的排序是："山水第一，竹树兰石次之，人物花鸟又次之。"这种观念在清代得到进一步加强，以山水画为主的说法更为普遍。清人郑绩在《画学简明目录》中说："画家应以山水为主。……人物花鸟兽畜，尽在图中，以为点景。"更重要的是，唐宋以降，山水画确实占据着中国画界的大半江山。自五代开始，山水画日盛，渐成主流。五代有荆浩、关仝、董源、巨然山水画四大家，宋代李成、范宽及李唐、刘松年、马远、夏圭，都主营山水画。元人赵孟頫多科兼善，尤以山水画著称，而"元四家"之黄公望、倪瓒、吴镇、王蒙，是清一色的山水画家。明初的戴进、吴伟，"吴门画派"的沈周、文徵明、唐寅、仇英，均可称为地道的山水画家。清"四僧""四王"，更以山水画为主务。在明末，莫是龙、董其昌等提出绘画宗派论，学术界称为"画分南北宗论"，他们所开列的南北派画宗谱

---

① 于安澜任该研究会会长。参见《于安澜自传》，《晋阳学刊》1990年第2期。

系中，几乎全是山水画家。究其原因，山水画中兼有人物、花鸟、竹木等，可谓全科，其画理、画法相对丰富，适应面宽。另一个因素也不能忽略：上述历代山水画家修养全面，文化造诣深厚，他们中不少人不仅有优秀的绘画佳作，更有代代相传的理论著述。因此，《画论丛刊》选择以山水画科为主，从传统画科发展沿革的角度看，从艺术理论的深度看，都是符合逻辑与专业需要的。

值得一提的是，即便是既有画理、画法，又有画史、画评类书籍，如明代唐岱的《绘事微言》、钱杜的《松壶画忆》等，在编纂时于安澜也只取合乎画理、画法这一主旨的卷册，其他从略。这样虽有割舍，却提升了丛书的纯粹度、经典性。这也是该书编纂的重要得分点之一："既精于裁选，又照顾全局。"因此，著名画学家余绍宋在为该书写的序文中说："兹编所辑虽广，而抉采矜慎，实为从来丛刊所未有。得此一编，于古今画学理论之源流与其要旨粲备无遗，洵可为后学之津逮。"①画史学家郑午昌在序言中则喻之为佛法航渡："艺海无边，彼岸何处，欲往渡之，慈航在兹。"②评量甚高。

鉴于黄宾虹等编纂《美术丛书》时出现的"既失驳杂，挂漏亦多"等问题，于安澜一方面择篇求精，一方面文辞求准。即是说，《画论丛刊》编纂中的另一学术得分点，即严于校勘，有极高的可信度、可读性。中国画学源远流长，早期作品多私相传抄，致后代刊行不一，版本芜杂；同时字句时有误漏，有时一字异写，歧义百出，给读者带来极大不便。历史上，特别在明清之际，人们比较注重画论著作的辑录刊行，但稿本不同，优劣各别，选择一个可信、可靠、优良的底本，是编纂画学丛书的要务，这样除省去不少麻烦之外，又能提升丛书的价值，增强可读性。《画论丛刊》51种画学著作的挑选可谓用心良苦，作者选择的底本基本上是学界认可的优秀版本。如《画苑补益》本、《珊瑚网》本、《佩文斋书画谱》本、《昭代丛书》本等。该丛刊另有几个钞本，或出自北京大学图书馆，或出于民间秘藏。如布颜图的《画学心法问答》、盛大士的《溪山卧游录》、范玑的《过云庐画论》。另有两个手稿本，包括林纾的《春觉斋论画》和郑

---

① 于安澜：《画论丛刊·余序》，人民美术出版社1960年版，第6—7页。
② 于安澜：《画论丛刊·郑序》，人民美术出版社1960年版，第15—16页。

绩的《梦幻居画学简明》。若非《画论丛刊》辑出，或秘之馆阁，或藏于私宅，学人很难见到，更无从学习、比较与研究了。因此，画学家俞剑华在其所编《国画研究》中评量道："中国画法、画理、画论原无一定界限，是书取历代画论五十四种，均系极有价值之作，全录原文，且收不易见之书数种，有此一编则画论已可得十之八九矣。"[①]俞剑华所说的不易见之数种书，主要为私藏本稿本，之前均未刊行，包括郑绩的《梦幻居画学简明》（绍兴周氏藏钞本）、林纾的《春觉斋论画》（燕京大学图书馆藏手稿）、金绍诚的《画学讲义》（吴兴金氏藏手稿）、蒋骥的《读画纪闻》《传神秘要》（蒋氏游艺秘录本）等，因此显得弥足珍贵。

值得一提的是，该丛书还有两篇附录，其一为装潢志，非画法画理类，但与之关系密切。常说"七分画三分裱"，虽有夸张，足见书画中装裱之重。唐代张彦远的《历代名画记》中也有此类内容。至如周二学的《赏延素心录》作为附录，亦为同例，不同之处在于前者为志，后者为法，两相配置，更为实用而已。

3. 校勘精良

选择佳本为底本只是编纂好书的第一步，最紧要、最见功夫的是文字校勘。于安澜的最大优势在于他辑录该书时，已经是非常专业的语言学家，文字功夫深厚，校勘是他的拿手功夫。1936年，于安澜即出版了语言学专著《汉魏六朝韵谱》（中华印书局），该书深得语言学家好评，我国现代著名语言学家王力（时称王了一）曾撰文推荐。此后，于安澜还先后出版了多部语言学专著[②]，且学界始终以语言学家目之。因此，校勘画论丛书，于安澜有他人难以企及的优势。从书后所附万余言的《校勘记》可以看出，于安澜在校勘时是如何精益求精，甄别审定，优于取舍，并详加说明的。以北宋郭熙画论名篇《林泉高致集》为例，于安澜依《画苑补益》本、《百川学海》本、《佩文斋书画谱》本、《图书集成》本四个版本互校，择善而从。再以宋人韩拙《山水纯全集》为例，他以《画苑补益》本、《说郛》本等五种版本互校，且将各版本字句相异处逐一注明，说明选择的理由与依据。或有底本字句明显错漏不通者，从改。从《校勘记》中可

---

① 《于安澜自传》，《晋阳学刊》1990年第2期。
② 于安澜文字类著作另有《古书文字类编》（西安出版社）等。

知，《画论丛刊》所选画学书目，大都以三至五种版本互为校勘。

对于校勘，于安澜学术态度严谨，不能断定或仍然存疑之处，不妄加臆断、草率行事。如对清人恽格《南田画跋》一书的校勘，依据底本《翠琅玕馆》本排印，并校以《瓯香馆集》本。至"侧目愁□"一句，《瓯香馆集》本缺一字，而《翠琅玕馆》本作"侧目愁胡"，缺处作"胡"字，于安澜甄别后选择从《瓯香馆集》本，暂缺。① 为什么这样处理？从上下文意看，"胡"字有所不通。原文是："方方壶蝉蜕世外，故其笔多诡岸而洁清，殊有侧目愁□，科头箕踞之态。因念皇皇鹿鹿，终日骎骎马走中，而欲证乎静域者，所谓下士闻道如苍蝇声耳。"② 是说作为出家人的方方壶，画画诡岸而洁清，很少有侧目愁苦、箕踞送迎等浊世情态。此缺处用"愁胡"补充，显然文理不通。③ 这样的例子很多，足见编者斟酌字句态度之严谨，这也为该丛书赢得了质量与声誉。他的这种严谨的治学精神一以贯之，其后出版的《画史丛书》同样如此。

对此，现代美术理论家王伯敏曾多加赞誉，他说："先生对这项工作，四十年如一日，做得细，做得实，且无妄断之嫌。在《画史丛书》第一册的唐代张彦远《历代名画记》中，第三卷'东都寺观壁画'记龙兴寺西禅院殿东头，展画'八国王分舍利'一句，古籍中原作'八国三分舍利'，于编已将'三'改为'王'，他作注云：'按八国似无三分之理，俟考。'实则清康熙时编的《佩文斋书画谱》，早已将展子虔画龙兴寺的这铺壁画，明确地标明'八国王分舍利'，而先生为慎重起见，还说'俟考'，足见其治学不苟。"④

---

① 于安澜：《画论丛刊》，人民美术出版社1960年版，第183页。

② 于安澜：《画论丛刊》，人民美术出版社1960年版，第183页。

③ 关于这一段校勘，其实还是比较明确的，可以参考杜甫的《画鹰》诗。其中云："素练风霜起，苍鹰画作殊。攫身思狡兔，侧目似愁胡。绦镟光堪摘，轩楹势可呼。何当击凡鸟，毛血洒平芜。"（山东大学中文系古典文学教研室选注《杜甫诗选》，人民文学出版社1980年版，第4页）这里的"似愁胡"指眼睛色厉而锐利。此词早已使用，如晋时孙楚《鹰赋》："深目蛾眉，状如愁胡。"傅玄《猨猴赋》："扬眉蹙頞，若愁若嗔……既似老公，又似胡儿。"说明该词常用，乃指发愁发怒的胡人怒目圆睁的样子。所以，于安澜将"侧目愁□"一句中的"胡"字用缺字处理，说明对此他可能并没有准确把握。

④ 于安澜编：《画论丛刊·总序》，河南大学出版社2009年版，第3—4页。

4. 方法路径得当

于安澜画学研究成功的一大因素是选择了对的或者适合自己的学术路径，尤其是以文献为中心的研究策略。由于编纂时间长达半个世纪，社会零替，物是人非，使得作者在历经种种磨难坎坷之后，在积累、提升、升华之后，认知、学识、学术目标等都发生了巨大变化，因此这一系列画学文献的编写尽管前后基本一致，首尾呼应，但后来者在编写过程中又融入了更多更新的东西，思路与方法呈现出新的面貌。

在 1957 年新版《画论丛刊》自序中，于安澜特意提及自己编纂该书的理由、渊源，尤其提及他对文献资料方面的热爱与用心。前人的影响是首要的，他说："当时于各家图谱中启示门径最为获益者，则胡佩衡先生所著各册是也。"[①]并认为 1929 年秋天陶冷月北上过沪被聘为美术导师一事，对自己的编写影响最深。于安澜说，专业学习之外，他曾拜读过余绍宋所著《画法要略》《书画书录解题》等书，对书中所引各书广为博览，乐此不疲。

《画论丛刊》的编纂，完全是在其《汉魏六朝韵谱》的影响下完成的。无论读大学还是读研究生，于安澜学习的专业都是语言文字学而非画学、美术学，他的主要精力放在了专业领域，而书法、绘画及画学研究只是兴趣、爱好，或者是专业学习生活的调剂。由于文献研究学术方法的共通性，从语言文字学文献研究到画学文献整理是比较便利的事情，甚至还有一定的优势。因此，《画论丛刊》的编纂有就近取便、顺势而成的味道。《画论丛刊》是他的首部成功的画学文献著述，尽管其编纂思路、方法、体例因学科不同而不同，与《汉魏六朝韵谱》的撰写差别很大，但是其学术思路大体相同。《汉魏六朝韵谱》是学术创新，是专著，《画论丛刊》是对古代画论文献的整理，相对容易，对于安澜来讲可以称得上是居高临下。因此，他一直说编写《画论丛刊》是专业研究的一种补充、调剂，堪称无心插柳。

20 世纪 30 年代中叶，学术气氛比较浓厚，尽管时局动荡，学者们尚能以学问事业为本务，用心投入，乐此不疲。在五四新文化运动的持续影

---

① 于安澜编:《画论丛刊·重校自序》，人民美术出版社 1960 年版，第 17 页。

响下,当时的中西方学术交流已然比较深入,留学生海外求学和外国学者来华交流比较普遍,西方学术思想、学术方法、艺术观念与中国文化艺术实践之间的矛盾冲突暂时告一段落,西方文化对中国的影响时时会显现出来。

于安澜从1932年进入燕京大学研究院读书,深受国内外双重学术思想、学术方法的熏陶和影响,对于中国画学文献类著作的编纂认识已经不同以往。传统的编纂方法比较陈旧,有些著述(如黄宾虹、邓拓的《美术丛书》)缺少规划,没有校勘,驳杂无序,给人一种不学术、不专业的感觉。于安澜所受的教育、所处的学术氛围、所接受的学术学科精神,与前辈相比已经大为改观。大的环境尽人皆知,不再赘述;从主观方面来讲,学术观念、学术意识、个人兴趣等,都是非常重要的主导因素,也是他能够将画学文献做出精彩的前提。

于安澜从青年时期起就热衷于阅读画学文献,主要在于他的绘画实践与认识。如前所述,于安澜从小学习美术,掌握一定的绘画基础,民间绘画、山水画、花鸟画都有涉猎,六七十岁时曾专门登临黄山写生。他曾经说自己在燕京大学研究院读书时仍然走动不离画箱,其热衷程度可想而知。他研究绘画的兴趣源于他岳父送他的那幅四扇屏,前文已有所述,之后在大学时期阅读大量画论文献不过是为了提高自己的理论认识,助益绘画创作实践。在此过程中于安澜发现,不少古代文献版本优劣不同,不少文字转抄错误,错、漏、改的情况比较普遍。有时为了弄清一句句意要花好长时间,需要找其他版本对照,反复订正后再将错漏的文字改过来。作为主攻文字学专业的于安澜,对文字、句读有一种天然的敏感,随着阅读量的增加,手边积累的文献材料、记录的笔记也渐渐多起来,这也是他最初的收获,并产生了编纂此类文献的动机。于安澜后来多次回应编著画论文献的初衷,他始终说是"惠己然后及人",确是实情,没有那么"高大上"。平时有累积,用时有底气。在中国古典画论文献研究方面,于安澜一方面是无心插柳,另一方面是认识逐步加强的结果。

文献是学术研究的根基,于安澜在读大学期间就受到冯友兰、郭绍虞、范文澜、嵇文甫、段凌辰等学术大家的影响、指导,开始注重文献类著作的阅读、收集、整理、摘录摘抄。孔子说"好之者不如乐之者",因为乐在其中,所以于安澜从大学开始就注意收罗图书馆中的相关资料,尤其对一些比较珍贵的稿本、孤本、抄本格外用心，有时不惜一字一句全部转抄下来，《画论丛刊》一书中所收录的几部手稿抄本，如林纾的《春觉斋论画》等，都是这样积攒下来的，皆由《画论丛刊》首次刊出。于安澜很早就建立了这样严谨、系统的学术意识，确立了治学方向，可以说在学术认知上比较早熟。他能够自我判断，知道自己适合做什么，社会需求是什么。

《画论丛刊》的编纂完全是出于个人的兴趣和爱好，与自己的语言音韵学专业无关，与他人的认知判断也无关。因此，于安澜能够在30多岁这个年龄出版《画论丛刊》一书，出人意料。由于时局动荡，该书一出版就遭逢社会大变局，导致发行及影响面受限。但它科学、先进的编纂方法，使之在新中国成立后再次受到关注，一版再版，影响力不断扩大，同时由于形势所迫、文献资料匮乏所导致的纰漏与缺憾，亦有机会修正。

可以说《画论丛刊》在新中国成立后的再版是其文献方法的一次延续与更新。这里有两方面的改进。其一，除了一些新材料的发现，又有新的学术认识，使得该著作在学术与立意两方面都得到提升。于安澜自己认为，初版时所附文献书评，多来自《四库全书总目提要》《书画书录解题》，上述书中没有评论的，"当时不甚措意"，也没有刻意旁搜，自然付诸阙如。修订时，他依据《郡斋读书记》《直斋书录解题》《四库全书总目提要》以及《书画书录解题》等，将未收书评悉行补入，总计不下四五十篇。这样，所选各部文献的评价文字基本一致，可谓一种必要的完善。

其二，在文献种类上有所增删归并。增加的篇目，包括南朝宗炳的《画山水序》；唐代王维的《画学秘诀》一文，依照《四库全书总目提要》归并为荆浩，元代管道昇的《墨竹谱》依照《佩文斋书画谱》归入李衎的《竹谱》，将管道昇的名字移除。同时，于安澜认为《华光梅谱》确系伪托，精彩不够，直接予以删除。这种增删与归并，反而成为学者诟病最多之处，确实有欠考证，显得匆忙而草率。[1] 同时，对于顾凝远《画引》一书，在修订时依照《佩文斋书画谱》增加了数条，而对董其昌的《画旨》，则根据其他几种版本重新进行了订补与改编。于安澜这一次的重新校订，主要是依据《佩文斋书画谱》，比如，李衎的《竹谱》改用《佩文斋书画

---

[1] 参见贾涛《当代视域下〈画论丛刊〉学术得失探析》，《美术观察》2021年第4期。

谱》本。事实上，《佩文斋书画谱》也有任意割裂、择本不善等问题，这一改动很难说是好是坏、是优是劣。

同时，校订本又将"作家事略"进行了改易，其根本原则是采用最早记载的文字，因此重校以后，将萧绎、王维、荆浩、郭熙等的事略文字都做了改动，其目的就是尽量接近客观。至于格式和避讳文字方面的改易，作者在重校时也注意到了。可以认为，重新校订后的《画论丛刊》比之初版体例更加完备，一些明显的错误予以纠正，体现了作者严谨和精益求精的学术精神。至于在改易过程当中的对与错，与当时的条件和局限有关，不宜过多纠缠。

1957年《画论丛刊》的重校出版，是在新旧两种截然不同的时代背景下完成的，它不仅是一次作者的自我更新、自我完善，同时也为他重操画学编纂事业、继续编著系列文献著作提供了信心，积累了经验，打下了基础。

1958年，几乎是在完成《画论丛刊》再版的同时，于安澜编纂的另一部大型画学文献著作《画史丛书》书稿即交由上海人民美术出版社编辑出版，尽管编辑周期较长，直至1963年才正式出版。显然，于安澜在此之前已经着手这套丛书的编写，并且有明确的学术方法与目标。《画史丛书》规模更大，全套丛书多达100多万字，分两种装帧形式①。它的编写既借鉴了《画论丛刊》的成功经验，又加以改进。一大改进，在篇目分类上，《画论丛刊》仅依照历史朝代的顺序排列，在全部五十四种古代画论文献中，只有最后两部装潢类文献以附录形式加以区别，其他则由古及今，顺序而下。编纂《画史丛

图2-5 潘天寿题签的《画史丛书》
（上海人民美术出版社
1963年版）封面

---

① 一种是两函十册装，一种是五册平装，以满足不同层次的需求。

书》时，作者把自唐至清画史类著作二十二种文献、一百一十三卷共分为四类：一是"断代类"，包括《历代名画记》《图画见闻志》等8部；二是"地方类"，包括《益州名画录》《吴郡丹青志》等4部；三是"别史类"，包括《南宋院画录》《国朝院画录》等6部；四是"笔记类"，包括《读画录》《画友录》等4部。这种分类更科学，条目更清晰，更便于读者学习与检索。

在编纂方式上的另一大改进是，《画史丛书》以画家姓氏比画为序增加"人名索引"，索引前载"画史丛书人名索引例言"及"姓名目次"。这是一项浩大工程，全书涉及的历代画家有4000多位，还有不少重复、重名现象，仅索引部分就多达160多页。尤其是在20世纪50年代末、60年代初，在全靠人工检索、手工排版的情况下，这项工作之烦琐可以想象。要做好此项工作，作者就必须熟悉文献中提及的每一位画家，其研究性质自不必说，为读者巡检索引、为学者对画史的阅读与研究更是提供了规范与便利。

即使是发行量最大的1960年版两卷本《画论丛刊》，也只有断句没有标点，依然是对1937年初版的简单处理，这会给新时代的读者带来阅读上的不便；在《画史丛书》中这一现象有了改变，虽然仍然是竖排繁体印刷，但加注了当代通行的标点符号，显得通俗通畅。因此，《画史丛书》的编纂，其学术方法更为科学，更具有时代特色，分类、择篇、校勘等都优于之前的《画论丛刊》。

《画史丛书》一书出版后社会反响巨大，需求量特高，在短短10余年间不断重印，影响同样波及中国港台地区乃至海外。台湾地区全版影印，出版了四卷本的《画史丛书》；香港则原版影印，出版了五卷本的《画史丛书》。该书通过中国港台传播至东南亚诸国及英美等西方国家，影响渐隆。

1982年，即《画史丛书》出版20年后，于安澜的第三部画学文献著作《画品丛书》又面世了。该书尽管只出版了第一册，没有如作者所愿出齐出全，留有遗憾，但是它的学术学科价值反而更加突出。它一方面昭示着于安澜画学思想的科学性、完整性、稳定性，即将绘画理论、绘画史和绘画批评作为一个学科序列勾勒出来，为后世的中国艺术学理论研究提供了十分珍贵的借鉴（前文已有所述）；另一方面，也确确实实弥补了20世纪80年代中国美术研究中文献仍然欠缺、资料依然匮乏、来源照样驳杂，乃至校勘不谨、以讹传讹等怪象，真正起到了基础文献资料的奠基作用，并助推了新时期中国画学研究。

从《画论丛刊》到《画史丛书》再到《画品丛书》，于安澜的编纂方法基本一致，却又根据不同的文献性质，应时代变化要求做出了相应调整，使得这套系列性文献巨著既首尾相连，又各具特色，成为20世纪为数不多的画学文献经典，其基本的编纂思想与方式仍有待进一步探讨。

图2-6　刘海粟题签的《画品丛书》
（上海人民美术出版社
1982年版）封面

（二）《画论丛刊》编纂的不足

于安澜编纂《画论丛刊》的成就、价值与影响是有目共睹的，但同时，经过几十年的使用、检验与研究，也暴露出来一些问题与不足。人无完人，书无完书，做任何事，无论何其用心，有所得也会有所失，这与时代、环境等局限分不开。研究、补正这些不足，不仅会提升该书的学术价值，也会为今后的阅读使用提供有益参考。

《画论丛刊》编纂中的学术问题，容庚及其他一些学者曾有所归纳、指出，尤其是容庚，对问题的说明分析更直截了当。容庚是于安澜的旧同窗，于安澜在北平读书时二人亦师亦友，1937年《画论丛刊》出版时应于安澜之请，容庚曾为该书详加校勘，可以说对该书内容比较熟悉。1957年《画论丛刊》修订后由人民美术出版社重新出版，容庚发现仍存在一些错漏，曾撰文指正。

容庚在其杂著集中指出，《画论丛刊》存在以下问题：其一是作者事略。容庚认为于安澜是"自乱其例"，存在作者的生卒年考证不详不确、前后错乱及"采前不用后"等问题。其二是选编上有遗珠之憾。有些画学佳篇如道济（石涛）的《大涤子题画诗跋》《清湘老人题记》、吴历的《墨井题跋》、戴熙的《习苦斋画絮》等并未入编，其精彩程度不亚于个别现选篇目。其三是版本缺陷。容庚认为是书"对于版本太不注意，且难免有欺人之谈"。他以董其昌的《画旨》一书为例，以为著者虽然在订补本（人民美术出版社1957年版）简述中提到《容台别集》，实未见到，否则不会出现悬疑、用字不确等问题。其四是《画论丛刊》校勘问题。容庚认为虽然校勘是著者的强项，而实际上他并未做到尽心与完美。容庚举例说："著者于《芥舟学画编》校勘记说：'是编依冰壶阁刻本排印。按冰壶阁本流传极少，北京各图书馆均缺，惟燕京大学图书馆存一部，且完整无损。'我知著者是看过燕京大学所藏原本的，惟本书所据只是齐晓山石印本，书名之下亦写着'蠡吾齐振林晓山写'等字。原本自叙是用章草写刻。著者也弄错了好几个字……"①

从当前学术视角看，容庚所论、所证较为切实，基本可信，而《画论丛刊》出现的问题并不止于此。比如，在选本真伪考订方面，该书过于简略，一些篇目归属存在疏漏。即以1960年人民美术出版社版本为据，《山水松石格》实为伪作，仍题为"萧绎 撰"。是篇末附有《四库全书提要》《书画书录解题》对该书真伪的评述，明指其伪而仍未加处理。再如，该丛书所选有4篇名为"旧题"，这些旧题之作，恰恰是学术界争论最多、基本可定为伪本的部分。于安澜在"重校自序"中特别提到与初版更易的情形，其"（二）"说："王维《画学秘诀》，向多认为伪托，从《四库提要》归并荆浩。"这里不仅唯《四库全书》是瞻，而且该篇所题作者，仍是"旧题 唐 王维 撰"，同时归并荆浩又毫无依据。而题为"旧题 唐 李成 撰"的《山水诀》，明显错误。因为《四库全书总目提要》中已经通过证明得出结论，李成非唐人，中国绘画史非常明确李成是五代北宋时期的画家，再如此题写肯定不当。另外，《四库全书总目提要》中称，此《山水诀》与《王氏画苑》所载嘉定中李澄叟《山水诀》大同小异，确是伪作，仍题归李成，当然不合画界认知。

---

① 容庚著，曾宪通编：《容庚杂著集》，中西书局2014年版，第327页。

根据现代学者的研究，《画论丛刊》在择本与校勘方面发现有更多问题。如谢巍认为《画论丛刊》在版本问题上存在两方面偏差，一是"旧说伪书，未经己之考辩而信从无稽之谈"。他举例说，"《华光梅谱》原非伪书，元昊太素《松斋梅谱》、王冕《梅谱》皆有引，而称《画梅谱》，作者亦不署华光和尚，擅改书名及署释仲仁之名，乃始于《画苑补益》本，以致成伪"。① 于安澜在人民美术出版社1960年版"重校自序"中将此书定为伪本，并予以删除，说明考论不确。二是"未能尽择善本从事，且多缺他本参校"。这一点与前述容庚所论略同，不再引证，而其批评之词似乎有理："由于底本不善，以致旧误未去再添新讹。校雠古书非易事，余曾审读数青年径取丛刊所收之书为工作本，又不参校他本，以致再添新误。"② 尽管为一家之言，也提醒我们在使用丛书时还应在校雠上多下功夫，精益求精。

关于作家事略，容庚指瑕说是书"采前不采后"，认为稍后的记载反而更为详细。③ 笔者并不认同这样的说法，倒是觉得于安澜采前不采后是正确选择。《画论丛刊·自序》中特别注明："作家事迹，以采用最早之记载为妥，此次④将萧绎、王维、荆浩、李成、郭熙各家，均行改易。"⑤ 最早意味着最接近真实，虽然简略但相对可靠，后来者多是对前记的转述或摘录。然而，从书中传记选本看，有些作家事略并非如作者所说"采用最早之记载"。如五代荆浩，最早、最详细、最权威的记载是北宋刘道醇的《五代名画补遗》，而《画论丛刊》采从的则是《宣和画谱》。《五代名画补遗》成书于1075年前后两年内，《宣和画谱》成书于北宋宣和，即1119—1125年间，前后相差40多年，所载荆浩传记又多转自《五代名画补遗》。这种不择先本而用后者的做法显然不符合自序中所定标准，确有"自乱其例"的嫌疑。

至于选本，"精良"二字为《画论丛刊》的主要得分点，该丛刊几乎网罗了画史上最重要、最著名的画学著作。而其"遗珠之憾"，还不止容

---

① 谢巍：《中国画学著作考录》，上海书画出版社1998年版，第773页。
② 谢巍：《中国画学著作考录》，上海书画出版社1998年版，第773页。
③ 容庚著，曾宪通编：《容庚杂著集》，中西书局2014年版，第325页。
④ 指1960年人民美术出版社重校再版。
⑤ 于安澜：《画论丛刊·重校自序》，人民美术出版社1960年版，第19页。

庚所列石涛、吴历及戴熙等名著。于安澜在"例略"中说:"本编专辑关于画法画理之作。于叙述源流,品第鉴别之著,皆不栏入。故《绘事微言》与《松壶画忆》只取上卷。《溪山卧游录》只取一、二两卷。"[①] 中国画学可分为画理、画法、画评(或画品)、画史等类别,于安澜的择篇标准很清晰:只选画理画法。但是,不少古代画论著作大多融多方面内容于一体,既写画理画法,又写画评画史。人所共知的唐代张彦远的《历代名画记》共十卷,其中卷一之"叙画之源流""叙画之兴废"诸节,皆为画史类,可以排除;而"论画六法""论画山水树石"等,则又是重要的画理部分,《画论丛刊》将这部分排除在外就十分可惜了。再者,该书卷二除"论师资传授南北时代"之外,尚有"论顾陆张吴用笔""论画体工用拓写"等部分,画理深邃,论解精辟。[②] 不录此等内容,确有遗珠之恨。因为《历代名画记》是中国画史上里程碑式的著作,承前启后,有"画界之《史记》"之誉;虽名为画史,它兼及画理,其对"六法"新的阐释,其"书画同体""用笔同法"说,其"画分五等"论,以及用笔立意关系说等,都极具开创性,影响深远。这部分的缺失,使读者难以窥测中国画论之全貌,不能不为一失。值得说明的是,在几十年后出版的《画论丛刊》姊妹篇《画史丛书》中,《历代名画记》赫然在列。或许这是作者在学科分类上的大手笔,他有计划将传统画学文献分为史、论、评三大部分,且分别完成。只是《历代名画记》是集史论于一体的重要名著,其前三卷全是论画理部分,后七卷为画史,既然其他著作可以部分选取,这部著作当然也可以这样处理,尽管这样有损其完整性。

以上这些局限,或出于时代,或因于著作性质,在所难免。经过半个世纪的实践、使用与积淀,于安澜早已认识到这一问题,或者他有自己的学术计划,于是在《画论丛刊》出版后,以此为基础,构筑了中国绘画研究更为宏大的学科轮廓结构,将古代绘画理论一分为三:一为画论,二为画史,三为画品。画论部分已成,再缀以画史与画品两套丛书,即可完成

---

① 于安澜:《画论丛刊·例略》,人民美术出版社1960年版,第1页。
② 可略引数语以证。论墨与色:"是故运墨而五色具,谓之得意。意在五色,则物象乖矣。"论品第:"自然者为上品之上,神者为上品之中,妙者为上品之下,精者为中品之上,谨而细者为中品之中。余今立此五等,以包六法(六法已具,第一卷),以贯众妙,其间诠量可有数百等,孰能周尽。"……这些论述,皆非常经典。

整个画论体系建设。这也确实是一种学科思维、学术思维，精准宏大，为20世纪中国画学研究的里程碑。于安澜的画学学术构思，我们只能从他的系列著作中认识、体会，他从没有在任何正式场合谈论过此类设想，只以文献著述说话，而非空谈。

于此，他勤勉以为。1963年，其《画史丛书》一套五册由上海人民美术出版社出版；又经过10余年，1990年，在其88岁高龄时，所辑录的《画品丛书》（第一册）亦由上海人民美术出版社出版。但是，按照他的原计划，《画品丛书》并没有出版完整，因年事过高，竟无力续做，引为憾事。于安澜在该书前言中说："岁月如流，余已由花甲之年，进入耄耋。衰老已届，精力有限，倘非十年之动荡，此类遗产、即出三辑四辑亦早行世。时间空过，计划无成，自当再鼓余劲，尽力而为；更望艺林同好，予以接力，俾吾国美术史料，早日完成。"他还举顾颉刚所编《古史辨》一书为例，称顾书三集之后，即行易人，并诚恳地说："此以老迈，寄望尤殷，爱作嘤鸣，希获友声，正翘企以侍也。"①其殷殷切切及言外之憾，溢于言表。这一憾事，直到他去世，乃至今日无人补继。原因也许有二：一是这样艰深的学术工作，非一般学者可以胜任；二是时代更易，人们对文献的需求已经不像以前那样迫切了。

论及《画论丛刊》的失误，句读、标点方面的问题不能不提。于安澜是著名的文字学家，在编纂过程中字斟句酌，不会轻易出现问题，当涉及绘画中的一些专业术语时，出现问题也在所难免。关于这一点，其后出版的《画史丛书》同样存在不确，学者袁有根曾撰文指出。②2009年，河南大学出版社在出版"于安澜书画学四种"校订本时，有些问题已有所发现并订正。③

对此，我们既不能苛求前人，因为所处时代、学术条件、学术背景皆有不同，同时也不能视而不见，让问题延续。总体来看，《画论丛刊》得失相间，但作为历史名著，作为画学界之洋洋大观，些许小失仍瑕不掩瑜。经过时间与读者检验，与同时代、同类书刊来比，《画论丛刊》的学

---

① 于安澜：《画品丛书·前言》，上海人民美术出版社1962年版，第1页。
② 详见袁有根《〈历代名画记〉于安澜标点校正》，《山西师大学报（社会科学版）》1994年第2期。
③ 详见王克丽《〈画论丛刊〉校订本的价值》，《贵州大学学报（艺术版）》2010年第4期。

术价值是最可称赏的。以今天的学术视角指出其不足，一则为学术之严谨，一则为读者参考，并不影响该书的学术光芒与学术成就。于安澜的《画论丛刊》以其高蹈、严谨、扎实、实用等特色，赢得了几代人、众多读者的赞誉、好评。我们认为《画论丛刊》至今仍不可替代，它顽强的学术生命力必将使之继续引人注目。

第三章　于安澜的书画篆刻艺术

于安澜是著名文字学家、语言学家、画学家，出于对艺术的热爱，毕生坚持作诗、写字、绘画，艺术虽是业余之好，其成就却不容忽视，尤其是与其画学文献研究联系起来看。于安澜艺术兴趣广泛，书法、篆刻、诗词、绘画无所不为，堪称精通各门类的文人艺术家。尤其是其小篆书法，基本功扎实，清雅脱俗，在20世纪八九十年代风靡一时。

于安澜自幼习书、作画，咏诗填词，从在私塾读书时的研墨临帖、耳濡目染到大学期间见识到更多的名家大作，从青壮年之后的不懈追求、文献整理到退休以后的专门讲授与创作实践，一步一个脚印，不仅实践上体会日深，技艺精湛，而且在审美认识上也形成了独特见解。

仅就书画而言，其艺术历程可分为三个阶段：一是青壮年时期边学习边总结，从实践探索上升到理论认识，从传统学养积淀再落实到个人风格形成之阶段。二是由己及人，教导学生，传授艺术观念，交流创作体会，推广、影响之阶段。三是利用学术与艺术影响，传承保护优秀传统文化艺术，推动历史名人项目建设之阶段。20世纪最后20年间，在文字、书画领域文化遗产项目建设方面，于安澜起着举足轻重的作用，展现了老一代学人宽广的艺术情怀和高蹈的学术境界。

于安澜的艺术主张值得关注。他从小接受传统教育，在艺术各领域浸淫日深，述而且作，主张艺术要博采众长，出入有根据，中西皆可用，守正且创新，这与我们今天倡导的艺术理念十分吻合。同时，于安澜始终将艺术作为修身之爱好，秉持为人正直、为艺敬畏、不以艺术攫取名利的信念，乐学谦逊，惠他利人，形成了他独特的艺术品格。

一、于安澜的书法艺术

于安澜的书法艺术很早就引起了国内专家学者的关注，2003年，笔者曾经撰文探讨，主要从审美的角度分析。[①] 整体地看，那只是对于安澜先生书法的初步认识，由于当时对他本人了解不深，所见作品不多，评议比较粗浅。十几年后，当全面研究于安澜，尤其是他的书法篆刻艺术思想之后，对他的书法艺术有了更深了解，有必要进行再认识、再评价。

（一）终身爱好，厚积薄发

于安澜是旧时代成长起来的文人，从小使用毛笔，所以他的一生习惯用毛笔书写，无论作业、论文、书信或是著作，几乎都是手写体。加之俗语所谓"字是门面"，把字写好、写漂亮是每个学子的基本追求，因此，从根本上他就有追求书写艺术的动力。硬笔普遍应用以后，于安澜偶然也使用硬笔书写，尽管有书法的味道，总不太顺手。这种习惯，渐渐造就了他的书法艺术。在不知不觉中于安澜成为驰骋于20世纪最后20年我国书法领域的一员宿将。

于安澜于20世纪90年代曾经手写过一篇学书自传，从中我们得以了解到他的特殊书法经历。于安澜的身世前文已有所介绍，他兄弟二人，自幼在家延师教读，辛亥革命爆发（1911年）前一两年入家庭私塾。此时国内已开办新式学校多年，私塾又紧跟时代，聘有简易师范毕业的教师教授国文、算术、史、地、格致等小学课程。三、四年级以后又改请一位老秀才，教授"四书五经"、古文旧书，并学作文言文。于安澜的书法学习从描红入手，再临帖写大楷小楷。大楷主要临柳帖、颜帖，当时柳帖已经很普遍了，于安澜临摹得最久，对其书风影响亦深，其老年楷体书法仍有较多的柳书味道。小楷主要临摹董其昌。当时私塾教学模式是早晨诵读，早饭后研墨临帖，大楷二三十个字，等交齐了老师集中讲解点评。下午写小楷，再由老师批改。经过几年学习，于安澜打下了较为坚实的书写基础，字体匀称，追求形似。

[①] 详见贾涛《于安澜书法艺术初探》，《美与时代》2003年第9期。

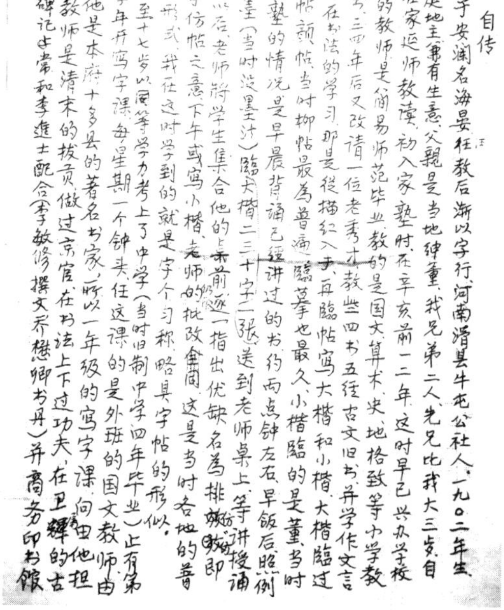

自传

于安澜名海晏，任教后渐以字行，河南滑县牛屯公社人，一九〇二年生，家庭地主兼有生意，父亲是当地绅董，我兄弟二人，先兄比我大三岁，自幼在家延师教读，初入家塾时，在辛亥前一二年，这时早已兴办学校，请的教师是简易师范毕业，教的是国文、算术、史地、格致等小学教科书，三四年后又改请一位老秀才，教些四书五经古文旧书，并学作文言文。在书法的学习，那是从描红入手，再临帖写大楷和小楷，大楷临过柳帖、颜帖，当时柳帖最为普遍，临摹也最久，小楷临的是董，当时私塾的情况是早晨背诵已经讲过的书，约两点钟左右，早饭后照例研墨（当时没墨汁）临大楷二三十字一张，送到老师桌上，等待讲授诵读以后，老师将学生集合他的桌前，逐一指出优缺，名为排仿，即摹仿帖之意，下午或写小楷，老师的批改全同，这是当时各地的普遍形式，我在这时学到的就是字个习称，略具字帖的形似。

至十七岁以同等学力考上了中学（当时旧制中学四年毕业）止有第一学年开写字课，每星期一个钟头，任这课的是外班的国文教师，由于他是本府十多县的著名书家，所以一年级的写字课，向由他担任，教师是清末的拔贡，做过京官，在书法上下过功夫，在卫辉的古迹碑记也常和李进士配合（李敏修撰文，乔懋卿书丹）并商务印书馆

图 3-1　于安澜学书自传手稿

1920 年于安澜 18 岁，以同等学力考入省立汲县中学。当时中学四年制，于安澜所在班级第一年开了写字课，尽管每星期只有一个钟头，却让他受益匪浅。任课的国文教师叫乔懋卿（？—1933），是卫辉府著名书法家，他原本是清末拔贡，做过京官，在书法上下过功夫，卫辉的古迹碑记基本上由他和进士李敏修合作完成，商务印书馆还曾经影印出版过由他书写的墓志。在上写字课之始，乔先生会讲一些书法常识，以提高学生的知识眼界，只是为时不长，但从这有限的讲解中，于安澜了解到大家、名家、台阁之别，以及历代名家之作，确有指点门径之功。最主要的是，对书法艺术的认知已经印在了脑海之中。

中学毕业后，于安澜入河南中州大学学习。大学期间他学习的是语言文字学，与书法关系密切，加之从小对书法的热爱，平时读书时，便十分留意影印书画册中的名家墨迹，从而认识到各家的面貌精神。为提高眼界，他还专门购买了上海有正书局出版的名家墨迹。由于对书法特别感兴趣，他即使走在大街上看到各商号的牌匾，也会多加留意。这些牌匾尤其以书店、纸庄、药铺的最为讲究，不乏名家手写笔迹，时时浏览，感觉颇

能提高眼光、开阔胸襟。1932年在燕京大学研究院学习期间，在北京街头所见气象又有不同。一次他去找名医杨浩如看病，在杨的药店看到了王福庵①的篆书对联，感觉雍容高雅，欣赏不置。后来又看到罗振玉、马衡等的名家篆书，甚觉古朴浑成、高出流俗。这些作品无疑对于安澜的书法学习与书体选择产生很大影响。

之后，由于于安澜从事文字学研究，不时有友人请他书写扇面，开始时他摹写名家书法，慢慢能自创一格，渐渐登堂入室，形成面貌。但是在他看来，自己早年以至中年由于业余所好，在书法上所花的时间远不及绘画多；而过了耄耋之年，他根据自己的身体状况开始调整兴趣方向，理论化的专业研究写作基本不做，加之开封浓厚的书法氛围，他将主要精力投入书法创作方面，直至以98岁高龄辞世。这段书法经历，以他为"开封书学研究会"讲授书法理论为契机。于安澜学识渊博，又精于书法篆刻创作，可谓理论与实践并重，所讲课程颇受欢迎。由于无教材可用，他还有针对性地编写了《书学名著选》作为内部学习资料，使用多年，他辞世后才被收入文集正式出版。同时他又编写了《历代书法源流表》，清晰再现了我国书法产生、发展、传承的基本状况，能够使学习者技法与知识齐头并进，明了源流派别和正确学书途径。

图3-2 于安澜书写的扇面，篆书，阮籍《咏怀诗》，1994年

---

① 王福庵（1880—1960），原名禔、寿祺，字维季，号福庵，以号行，70岁后称持默老人，斋名麋研斋。浙江杭州人。现代书法篆刻家，"西泠印社"创始人之一。精篆刻，书法工篆、隶。所书小篆工整规范，秀美遒劲。所篆《说文部首》《说文作篆通假》，为行家肯定，乃学篆范本。

于安澜这一时期的创作以小篆为主。1980年，中国书法家协会成立的前一年，全国首届书法篆刻展举办，于安澜的小篆作品入选；1982年上海《书法》杂志第四期刊登了他创作的小篆作品，在开封书法界引起很大反响。该杂志在专业领域很有影响，于安澜的书名不胫而走，求书者日多，甚至成"债"。这一方面促使他创作更多更好的作品，另一方面也成了他书法创作的动力。此后于安澜的书法渐入佳境。可以说兴趣、时代与友人的共同推动，成就了这位年迈老人的书法艺术。

图 3-3 于安澜篆书联，发表于《书法》杂志（1982 年第 4 期）

（二）学问滋养，篆行兼擅

研究美术史论，编纂画学文献，既是于安澜学术上的里程碑，又是他在书、画两个领域触类旁通的基石。少小时对绘画的酷爱和学习，为他之后的美术理论研究以及书法、篆刻学习训练打下了深厚基础。那些扎扎实实的基本功，是他成为书法大师的前提。在我国古代，诗、书、画、印是一个文人学者的必备修养，他们往往集多种技艺于一身，其中书法是门面，是基础中的基础，所以书法对他们来讲，驾轻就熟。然而，写字跟书法总有所不同，写字最主要的功能是表达与交流，书法则以审美为主，追求精神寄托，追求书写的情趣与情调。由于于安澜有深厚的美术史论基础和绘画基础，他对书法美的追求有自己的思考与选择，毫无疑问是那种和谐之美、周正之美、端严之美、大方之美。亦即孔子所倡导的"文质彬彬"。这一审美追求是不懈的，所以在他本人，无论有意还是无意，将书法写好、写美是自然而然的事情。对于成名成家，于安澜始终就没有这种妄想。在他心目中，将字写出艺术，别人欣赏、服气，才是硬道理。

如上所述，于安澜的书法名气，源于他参加了1980年的全国第一届书法篆刻展览，并且一连三届入选，显示出雄厚实力，从此他的书法名气渐渐为人所知，求书求字者逐渐多起来。再加上他本人抱着不以书法谋利的原则，从来不收润笔，而且来者不拒，有求必应，因此书房案头求书者送来的宣纸堆积如山，他常常戏称为"书债"。这些求书者让80岁以后的于安澜觉得生活充实，有用武之地，甚至让他感到有做不完的事情。"书债"就是为别人写字替自己还债，可于安澜从来没有亏欠过别人什么，也从来没有求过别人，无论如何都构不成"债务"关系，但是书法的"债台高筑"也成了于安澜晚年生活中非常独特的一道风景线。因此，他创作的书法作品数量巨大。

至今没有人能够统计于安澜到底有多少书法作品存世，少说数千幅，有人估计上万幅。他每天都在书写，每天忙于往外邮寄、交付。他还有一个习惯，在中秋节前、春节前一年两清，就是怕别人等得太久。外地的自然是邮寄，本市路程近的他亲自送交，应付不过来时还让家人、亲戚、熟人帮忙转交，有时还被"截胡"，然后再写。所以他创作的书法作品送给了谁，他本人只知道一个名字，许多人他连面都没有见过，有的只是闻名，甚至连一句感谢的话也听不到。但是他从来无怨无悔，并一如既往地写书法、邮寄作品。因此，很多人由衷地赞扬于安澜先生是仁者，正应了那句古话"仁者寿"。他的这些作品不仅身边的亲戚、朋友、学生有收藏，外地不少书法爱好者、慕名者也有收藏。说于安澜的书法作品遍布全国各地，一点没有夸张。

于安澜的代表性书法是小篆，这是他最拿手的书体，许多人求字都指定要小篆作品。于安澜偶尔也写金文大篆体或楷体书法，数量不多。结构准确、文字规范是其书法的首要特点。因为专门从事文字学、音韵学、训诂学研究，他在语言文字方面功力深厚，所以其篆书最大的优势是文字结构规范，很少出现生搬硬套，或者不符合要求的"硬伤"，这与其他篆书家有很大区别。篆字，尤其是大篆体创作，由于古字数量有限，经常遇到缺字现象，即没有成例做参照，这就需要借用偏旁组字，组字合理合规是基本要求。于安澜精研《说文解字》，因此他通晓字体演变规律及过程，了解各种异体字、异形字的变化规律及来源，组字对他来讲如探囊取物。创作篆书于安澜要求有本有据，自己对《说文解字》了如指掌不说，还指导、要求学生背诵《说文解字》字诀。为了让同行或篆书爱好者写得规范，他专门编写了一本简易读本《古书文字易解》[①]。所以，作为语言文字学专家的于安澜，他的书法创作是建筑在深厚的文字学学养之上的。

于安澜书法内容具有文学性，有综合艺术之美。除了专业的文字学，于安澜还是著名的学者，精通文学、诗学。1992年即他90岁高龄时，他出版了最后一本学术专著《诗学辑要》（四川人民出版社），该书书稿完成较早但出版略晚。书中以"体例""源流""作法"为上、中、下三编，分别辑录了历史上有关诗歌的著名论说，集诗学之大成，是十分珍贵的理论文献。研究得知，于安澜青年时代即善于作诗，一度专门研究古代诗学理论，晚年与河南大学中文系同事、开封市同行共同发起成立了诗社，称其为诗人一点不为过，2012年河南文艺出版社出版的《河南当代诗词选》一书，于安澜赫然在列，选刊其诗歌8首，而实际上，他一生诗词总量达数百首之多。[②]

精通音韵学、训诂学的于安澜，在诗词，尤其是旧体诗写作方面独具一格。他晚年经常以诗为题，再书写成稿，诗书相映，被视为双璧。于安澜的诗歌文雅、严谨，非常符合诗体规范，这一优点用于书法创作更是特色独具。因此，他创作的书法作品，内容上要么是自己独创的诗歌，这样的作品占有一定的分量；要么是他精心挑选的古诗词。即使书写古人名诗

[①] 于安澜：《古书文字易解》，河南大学出版社1991年版。
[②] 李学斌主编：《河南当代诗词选》，河南文艺出版社2012年版。

名篇，于安澜也很少原作抄录，常常摘句成联组成新意，这样，在内容、格调上又与一般的生搬硬套有所不同。这类书法作品占于安澜书法的相当一部分。当然，其得意之联，也常常多次书写，正如齐白石一稿多画一样，由是出现重复。

  于安澜书法创作首尾完整，各要素齐全，因此创作速度比较慢。如上所说，于安澜的书法数量大，但是无论给谁写，写哪一幅作品，除非有特殊要求，他都会一丝不苟、工工整整、认认真真地尽全力书写，并且首尾完整，上下款明晰，印章一应俱全。于安澜从不轻易下笔做急就之章，每一幅字，哪怕是简单地题写几个字，都要反复推敲，对于拿不准的结构偏旁，还要查找字典，寻找依据来源。又因为多数是篆体，用法特殊，所以一幅字往往费好多功夫。因此，对于一些想立等来取的"急性子"求书者，于安澜往往不能如其所愿。① 于安澜有位书画故交叫郝石林，晚年家住郑州，想求于安澜题写一个书斋名——"痴斋"，因为年岁高行动不便，便让在开封的儿子办理。开始于安澜很爽快地答应了，让他半个月后来取，如期来取时，于安澜并没有写好，说这个斋号起得不好，于老人的身体状态不祥，让他等一等。又一阵子过去，于安澜查阅了不少资料，对郝子说建议用"蜗斋"。等郝石林同意了，再写，来来回回几个月过去了，斋名写好了，还附了一大段注解，这种严格认真的态度让郝石林十分感动又记忆深刻，他在《九十述怀》一书中详述了这一经历。

图 3-4　于安澜题额《蜗斋》，1990 年

---

① 李伟昉、张润泳主编：《雅什清歌蕴无穷：河南大学文学院学人往事》，河南大学出版社 2012 年版，第 169 页。

于安澜书法虽长于小篆，以至闻名，但他不拘泥于一体，兼及大篆、楷书、行书诸体，尤以手写体小行楷书别具面目。于安澜的大篆以模拟青铜器铭文为主，为数不多，但是他通常会把这些文字组织成一幅格式规范的作品，或中堂，或条屏，再加上他的注释落款，颇具特色。于安澜的楷书作品数量有限，受初学书法影响，有较浓厚的柳体痕迹，又自成一格，兼颜（真卿）带赵（孟頫），结字干净，运笔匀实，起收稳健，线条沉静，一笔一画交代得清清楚楚。

图 3-5　于安澜篆书联《树深水漫》，1980 年

于安澜的小行楷书最为独特，最具艺术性。此类书作数量众多，篇幅较长，虽然是日常手写体，但是十分讲究书写艺术，多见于其书信、随笔、笔记，甚或以小行楷体书写自己所作诗词歌赋。其信札小行楷常按旧式格式书写，右起竖行，章法繁密，上下错落，呼应牵带自然朴茂，所谓"无意于佳乃佳"。于安澜的小行楷书多数以露锋或露锋侧入起笔，转折顿挫深得古法，结字紧凑大方，大小、长短、倚侧、方圆、工草、润燥之势，顺任天然。书法是精神的载体，是思想情感的真切流露，也是一个人

人格境界、内心世界的展示，人们从中能够明显感受到这位老人内心的沉静、慈爱、和顺、平淡和博大。书如其人，这是各方面修为的结果，他人难以企及。

于安澜的日常手写体书法往往楷行杂陈，繁简得宜。其行气、章法深得书法精髓，因此片纸数字人们争相珍藏。能得到于安澜的书信，对很多人来讲是意外的惊喜。于安澜的信札最集中的收藏者是曾在新乡市群众艺术馆的王海。王海曾经私下求学于于安澜。他本人也是一位篆书篆刻爱好者，有一定的书法篆刻功力，尤其以大字篆刻见长，初步相识便为于安澜所推赏。由于分别居于开封、新乡两地，加之当时交通不便，所以，从1984年起两人开始了长达10多年的书信交流，大多涉及书法篆刻创作、训练等艺术问题，从中足以见出于安澜的书学观念与创作导向，以及一名书界长者对后学的提点与关照。这100余封书信部分已转换成铅字出版。

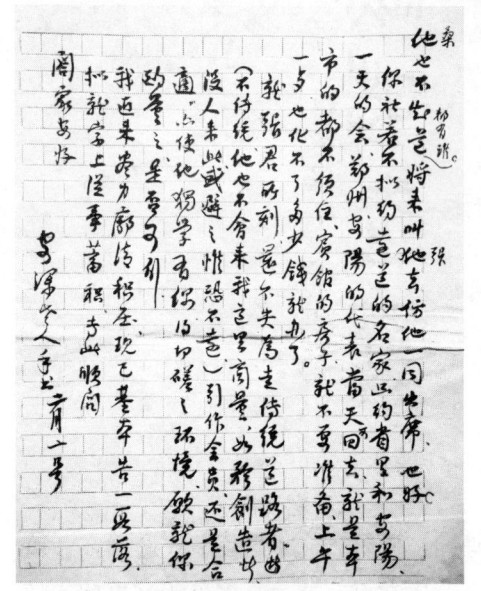

图3-6　于安澜致王海手札，1993年　　图3-7　王冰编《于安澜先生致海岑札》（香港天马图书有限公司2002年版）封面

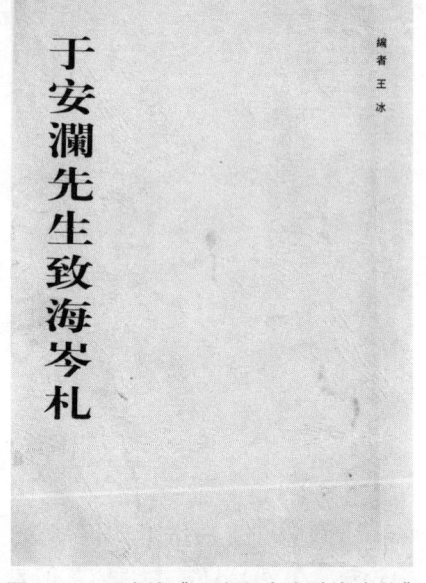

在于安澜的书法作品中，很少见到隶体。一幅四体条屏中有一幅为隶书，精妙非常，让人耳目一新。对于自己不擅长的书体，他不乱写，不盲目，不显摆能力。也就是说，他专注于一类、一体，力争将它写精写深。

小篆体是他的拿手强项，也是人们最喜爱的一种风格，而小行楷手写体，是最为实用的书体。凡事应有所为有所不为，有所取舍。当今许多书法家真草隶篆行诸体兼具，以为这就是一种能力，其实不然。术业有专攻，于安澜对书法的认识也许更进一步：务精深，不贪多。

（三）特色鲜明，雅致清秀

于安澜的书法章法谨严，结构稳中求变。其书写格式一般随书体需要而定，最多最常见的是竖条屏对联，屏幅窄，幅式长，字数多，常在10字以上，往往将两句古诗连属，融成新意；而且上下款齐全，甚至还有释文、说明等文字，看其书法，如相对而谈。其款字多为行楷书，今古相映，相得益彰。除此之外，常见的还有中堂，有时中堂和对联合为一体，规模更为宏大。中堂或单独成幅，通常录古诗名句，兼或自作自创，偶尔也对临一些钟鼎古文字，字可认，内容不可读。另有扇面式书作，早在20世纪30年代在北京求学时于安澜即擅书此道，但存世数量已经不多，晚年扇面作品更为精深，大多应别人之请所书。

于安澜书法作品署款别具一格。他很少落穷款，可谓面面俱到，这与他的学识和认知有关。他认为书写篆体字要有释文，要遵循传统规范，要让别人看得懂、看得明白。比如，要在落款上写清楚所书诗文之出处，要题写应谁之请、何人所托，要把书写的时间、书家的名号、籍贯，甚至书写的地点都写清楚，处处为读者着想。于安澜常见的落款是"于安澜书于汴洹，时年某某"。他习惯把自己的姓"于"字写得比较大、比较重，与"安澜"两字拉开些距离。同时名号又常处于整幅或下联左下部，传统上认为这是一个低调谦卑的位置。他认为首联靠上的位置最尊贵，要题给受写者，而下联靠上也比较张扬，这些地方一般不落作者名号。因此，于安澜的书法落款，下款往往比较长，为了上下配合，上款位置则题得稍高，左右错落。

在于安澜的篆书落款中，有时视正文后所空位置多少写上释文，还会将释文中一些艰涩的用词解释一番，甚至加上自己的简单评语，这在书法创作中并不多见。比如，有幅篆书中堂录写的是清代诗人查慎行的《汴梁杂诗》，诗云："梁宋遗墟指汴京，纷纷伐禅事何轻。也知光义难为弟，不及朱三尚有兄。将帅权倾皆易姓，英雄时至适成名。千秋遗案陈桥驿，一

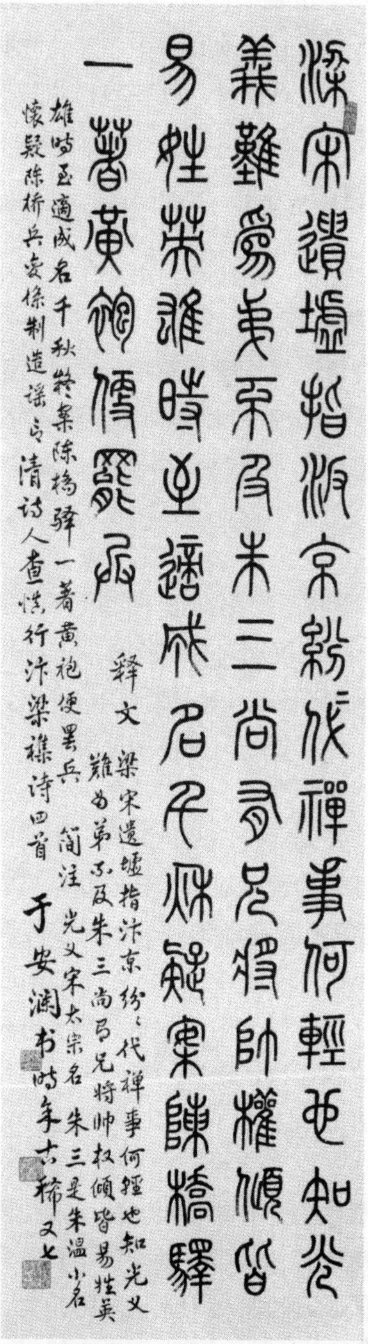

图 3-8　于安澜篆书中堂查慎行诗《汴梁杂诗》，1979 年

著黄袍便罢兵。"这首诗叙说的是五代北宋时期开封皇权多次变易的历史,其中的"光义"与"朱三"词义不明,不为一般人所知,于是于安澜在正文之后用楷行体工工整整地写出"释文",并加"简注",说:"光义,宋太宗名;朱三是朱温小名。怀疑陈桥兵变系制造谣言。"让读者一看便疑惑顿释。因此,于安澜的书法内容丰富,信息量大,有厚重的文化感。

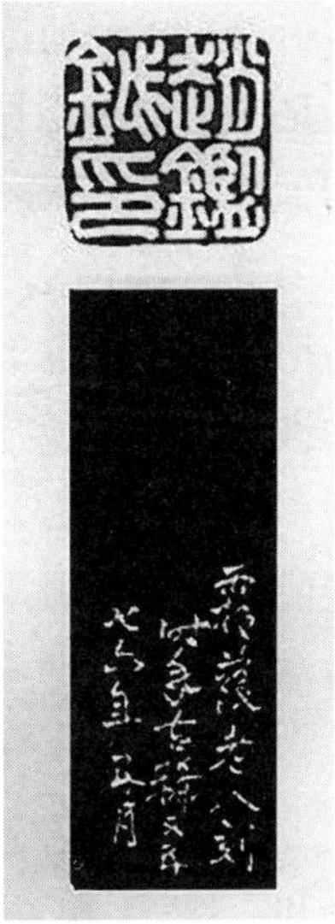

于安澜书法用印比较突出。通常一幅作品用印不过两三方,而于安澜用印常在三四方以上。他喜欢加盖引首章,以求上下联平衡,又常在下联盖上两三方印章,或补白,或求变。于安澜的书法用印一是自刻自治,一是名家刻治。于安澜精通篆法,20世纪五六十年代力倡普及培养青年篆刻家,曾致函文化部主管部门,建议将清末篆学家顾湘所著《篆学琐著》等篆刻名著重新出版,以为普及之用。[①]还将自己珍藏的这部古书校订后提供给西泠印社做范本。于安澜本人擅于治印,其印风古雅厚重,深得名家青睐。通过前文已知,与于安澜最为交厚的篆刻家是方介堪,二人相识于20世纪30年代的北京,新中国成立后异地而居,常有书信往来。方介堪经常将自己新刻的印稿邮寄给于安澜,交换意见;于安澜将其一帧帧贴在硬板纸上,渐渐成册。有时方介堪亦应于安澜之请为其刻印,积有十余方。因此,于安澜富有印章,在作品上加盖印章轻而易举,并根据画面需要时常变换。有关于安澜篆刻艺术的解读,本书有专题讨论[②]。

于安澜的书法用笔富于特色。他的书写笔笔中锋,笔笔藏锋,略无二致。但是藏中有变,比如,起笔多用圆转,而收笔则多用方折,甚至如折钗股状,或者藏中带露,以求变化。中锋行笔过程中,又多圆转,粗细统一,因而显得柔和光洁,静美雅致。亦是为了求变,于安澜时时在笔画的

图 3-9 于安澜篆刻《赵鉴铖印》(附边款),1976年

---

① 方广强编:《玉篆楼藏信札集》,上海书画出版社2015年版,第172页。
② 详见本书本章"于安澜的篆刻艺术及印学观念"一节。

转折处用一个劲挺的方笔，柔中带刚，坚定有力，以避免单调乏味。没有十足的功夫与把握，这种变化难以做到。笔者请教过熟悉于安澜的书家，如他的忘年交张建林先生，他说于老用笔很有特点，他习惯写完字后不清洗毛笔，等下次再写时，只用墨洇开一点点，并非满锋尽铺，这样一是容易把笔，尤其是羊毫笔，二是可增加线条的力度。因此，于安澜书法线条如锥画沙，遒劲有力，年至九旬以上而笔力不减。力度就是功夫，是一生积累、沉淀、凝聚而成的。"王侯笔力能扛鼎，五百年来无此君。"这是元代倪瓒对元代画家王蒙用笔力度的赞美，传为佳话。因此，笔力是书法功夫深浅的一个重要标志。像于安澜这些经常使用、习惯使用毛笔的大学者，其功力非一般人可比。

于安澜的结字同样富于特色，这跟他的为人处世和修养有关。他一生平和，静气，正派，甚至无一丝邪念。因此，欣赏他的书法作品就如面对至尊。有人说，四平八稳的书体会缺少变化，显得呆板；如果像于安澜的为人一样，在平稳、和谐中有一种内在的丰厚与沉着，并有一种飞动与内蕴的力量，那确实是难得又很难做到的。

于安澜书法的字体结构基本呈纵长方形，内外匀实，或者更有一种朝向字心的凝聚之力。其字体结构不过多向外伸展，这也是他内敛性格的折射。也就是说，他从来不去做那些夸张、过火、过头、过分的艺术表现，还常常批评他的弟子王海在书写上"狂野""不知收敛"。至于字与字之间的布置则恰到好处，无论长联还是短句，都能够做到上下一致、左右匀齐。包括行款也是这样。如果是手札、信函之类，一般会写上"安澜手书"等内容，因此看于安澜的书法，有一种丰富无穷之感。

于安澜出生成长于旧时代，文化思想相对正统、传统，尤其对名字、字、号等比较在意。他自己就是以"安澜"这个字号行世。于安澜原名于海晏，字安澜。海晏有大海偃息平静之意，而安澜恰恰又与之相配，这是一个名与字寓意十分贴切的名号，体现了较厚的家学渊源。给人写信或赠人书法，他喜欢用号而不愿直呼其名，认为那样不够礼貌。可现代人一般没有字号，交往多了，他就觉得不能忍受，需要改变。比如，自1984年起跟他学习书法篆刻的王海开始无字号，于安澜写信特别论及此事，还送他字号，后来王海采纳他的建议，取字海岑，号旭峤，经常在作品中使用。岑是大海中的小山石，旭峤就是早晨照在海中山上的阳光。海山一体，阳光初照，醒人眼目，多么美好的寓意！从中可以看出，于安澜无论做什么，都力求完美，将礼貌、尊重放在第一位。因此，他的书法，无论是上款还是下款，尊卑有序，十分文雅。

图 3-10　于安澜书联《金石楼台》，1980 年

（四）书如其人，相得益彰

于安澜的书法静洁洗练，大方有度。也许从创新的角度看略显不足，但是这种以功力、修养、品位见长的书法作品，不是急功近利者可以望其项背的。在于安澜生活的那个时代，甚至当下，有些书法家正是由于根基不牢、底气不足、修养不够，才刻意求变、扭曲作怪，甚至以丑为美，来彰显自己的不同凡俗。其实，这恰恰是虚张声势的做派。真正有涵养、有功力的艺术家，他们的作品经得起推敲，耐看耐品，恰如唐代"草圣"孙过庭论书时所讲："初学分布，但求平正；既知平正，务追险绝；既能险绝，复归平正。初谓未及，中则过之，后乃通会。通会之际，人书俱老。"[①] 这种

---

① 〔唐〕孙过庭：《书谱》，载华东师范大学古籍整理研究室选编《历代书法论文选》，上海书画出版社 1979 年版，第 129 页。

从平正到险绝、再由险绝到平正的循环过程，正是艺术从初级到成熟、再由成熟到高瞻远瞩的辩证过程，中国传统文化、古典哲学都追求那种宁静博大、淳朴浪漫之美，即所谓"大象无形""大音稀声""大器晚成"，这些审美的境界皆不是那些张扬作怪、投机取巧者所能达到的。于安澜深得中华优秀传统文化精髓，又是中国语言文学的研究专家，他懂得什么是美、什么是丑，所以在他的书法作品中，那种至高、至纯、至静、至雅、至真、至朴的境界，才是他期望达到的。

因此，如果一定要总结于安澜的书法艺术特色，评价其优劣，我们认为其最不同寻常处，恰恰就在于他在静雅无邪中追求一种纯然的天真与质朴，以意境取胜，以功力见长。这是一种境界、一种追求、一种修为，恰如登山，在历经坎坷、汗流浃背、气喘吁吁之后，方能登上险处、到达顶峰。而在这个绝顶之上，或许并没有绚丽多姿、霞光万道的风景，但是攀登者很自足、很平静。因为在这人迹罕至的巅峰，有无限的高远，是空阔的静谧，属高贵的纯美。高人至书莫不如此。我们看现代书法家林散之的作品，同一首诗、同样内容的书写，早年他刻意追求、极尽变化，而在晚年，用笔极其简练、极其单纯。这恰恰反映了一个人在人生历练之后的平淡天真，以及在艺术最高阶段向"平正"审美的回归。

于安澜存世的书法作品大多为80岁以后所作。80岁之前，其主要精力集中在搞研究、做学问、著书立说方面，并不以书法著名，无过多闲暇于书法创作。但是这一时期为数不多的书作，笔力遒劲，多为经典。80岁以后，他在学术方面功成名就，加上年迈体衰，没有精力再去做学术搞研究，兴趣开始转变。书法是一种修身养性的艺术，比较适合老年人，况且这门艺术又是他一生的挚爱，所以书法和篆刻就成了他80岁以后的主攻方向，成就了他人生的又一艺术高峰。特别是他在青少年时期练就的绘画基础，和一生不间断的毛笔书写习惯，使得他能够将此种特殊的钟爱变成一种无尽的收获。

书画同源，书法与绘画相互呼应，相得益彰。于安澜全面的诗文书画修养，到晚年就自然地形成一种"通会"，正所谓"人书俱老"。于安澜曾经在60多岁时登临黄山，画了不少写生，之后又据此创作过一些山水画作。绘画当中的用笔与布置用之于书法，或许更能小中见大，繁中寓简。再加上他在中国画论、美术史论方面的深厚学养，他晚年的书法创作可谓驾轻就熟，举重若轻。最重要的是，人生八九十年，风风雨雨，坎坎坷坷，有的是沧桑、苦难。尤其像于安澜这一代学者文人，他们所经历的时代变迁，沧海桑田，刻骨铭心。清代末期的政治飘摇，之后的军阀混战、十几年的抗日战争、解放战争，社会的、人生的苦难都难以名状。新旧社会的对比，使他重燃希望，但不久他又陷入被边缘化的另一种深渊。直到晚年、拨乱反正之后，他的学术成果才重新为社会所认可，他才有机会登台授课。之后虽然名望越来越高，影响力越来越大，可惜桑榆晚景，不久就离休了。

图 3-11　于安澜书写的扇面，自作诗，楷篆二体，1992 年

于安澜 80 岁以后的生活是一生中最安闲平稳的时期。人至耄耋，许多人早已走完了全部历程，而他的艺术人生才刚刚开始。风雨之后才能见彩虹。的确，抓得住晚景，才不愧对波浪起伏的漫长人生。所以，当于安澜放下学术研究的文笔，重新抄起艺术创造的画笔，才是他艺术书写的开始，是内心至纯至静的最好表达。他将一生的丰富阅历，青春、向往、惆怅、痛苦、磨砺乃至生离死别，思之想之感之，再凝结于笔端。因此，他书法艺术中才能够展现出来那种沉静、闲雅，那种至纯、至美的境界。近乎一个世纪的风雨历程本身就是一本大书，从这书中倾泻而出的艺术，让人们有种面对至尊的敬畏，那不是草率、轻狂、急就、功利的"跳梁"们可以比拟的。

因此，于安澜的书法绝对没有优越感，没有咄咄逼人的盛气；他的书法，就像他本人，像一位慈爱的长者，面含微笑，温文尔雅。人们喜爱他的书法不是因为他的无偿付出、有求必应，而是从这些作品中能够感受到一位世纪老人带给我们的生活感悟和艺术享受。我以没有能够得到于安澜的片纸只字为憾，同时又以他在书法上所取得的独特成就而由衷赞赏。

二、于安澜的书学认知

于安澜的书法既有实践又有理论，再加上深厚的文化修养，在20世纪末的书法界独具一格。虽然他的名气不是很大，影响力有限，但是其书法根基牢固，在80岁以后渐行渐高，不能不说是一个特例。概括起来，于安澜的书学认知有以下几点：一是述而且作，理论结合实践；二是出入有传统，在守正基础上创新；三是不入狂怪，不入邪道，守底线，不跟风，不随意附和。

（一）述而且作，技艺兼通

述而且作，理论结合实践，是于安澜书学认识的基础，也是其书法观念令人信服之处。对于书法，于安澜称得上专业、内行，不仅做，而且钻研，一改所谓"述而不作"的古训。他认为优秀的书法家要有自己的认识，不能只从技能技法上突破。书法是各种涵养综合作用的结果，古代优秀的书法家如王羲之、颜真卿、苏轼、赵孟頫、文徵明、董其昌等，无不文墨高深，修养全面，因此书法艺术才有了历史的高度。这些书法家不仅是能写能画的高手，还有自己的经验总结、理论阐述，可以认为这是古代文人书法的一个共通特性，也是中国书法艺术走向成熟、走向高峰的根本。于安澜本人也是学者型书法家，诗、书、画、印及相关理论都有所涉足，有些还占据一定的高度，为其在书法上"述而且作"提供了丰富资源。

于安澜的书法著述主要集中在20世纪70年代末所编辑的《书学名著选》一书。该书1979年由沙孟海题签，以内部资料印行，主要用于书画学员教材，多年后才正式出版。该书流传甚广，全书共选取历代书法名篇23篇，自东晋卫夫人《笔阵图》始，至清末刘熙载《书概》止。前有序言，后有跋语，并附有书评，是了解中国书法思想、理论的入门之作，简明实用。2015 年河南大学出版社出版的点校本《书学名著选》还附有《中国书法源流表》①。该源流表原为整开纸图表形式，按时代先后顺序分若干行，依次为秦、西汉、东汉、三国、晋宋齐梁、隋唐五代、宋、元、明、清。图表清楚再现了中国书法从产生到发展、成熟的历史过程，根据书体的演变，标明各种书体、风格的源流与渊源，尤其在书法传承方面记述明确，一看便知后世某家书体的来源，或者汲取借鉴了前人的哪些风格特色，既体现了书法历史的客观现象，也展现了于安澜对中国书法历史脉络的精准把握。

值得一提的是，通过长期观察、实践与梳理研究，于安澜对书法学习有自己明确的观点，即：要博采众长，要汲取古人最有价值的营养，要掌握学习书法的正确路径。比如，对于学习颜体书法，他非常赞赏一个叫马伯明的书法家，1985 年在郾城举办的纪念许慎国际书法展上，马伯明的书法入选。于安澜作为评委之一，认为马伯明的书法规矩，功夫较深，甚得颜体书法的雍容大雅之气。据此于安澜对学习书法的青年爱好者说，如果学习颜体书法，就要多参考宋人苏东坡是如何学颜的，再参考清人刘墉是如何学颜的。于安澜说，他们都从颜体当中吸收到了很多营养。不仅如此，还要参看清末翁同龢与谭延闿②是如何从颜体而变化的。关于颜体，历史上有多种议论，褒贬不一。南唐后主李煜最不喜欢颜体字，认为颜字太像农民那样"粗气"；于安澜则认为颜体书法有骨有肉，气魄浑厚，在学习时只要去掉那些笨拙之气就可以。为此他认为要得到颜体书法的精髓，就要博学众长，广泛参考学习颜真卿书法而成名的历代书家的特点，形成自己的特色。③

图 3-12　沙孟海为《书学名著选》题签，1979 年

---

① 于安澜编著，孟云飞校订：《书学名著选》，河南大学出版社 2015 年版，第 517—612 页。
② 谭延闿（1880—1930），字祖庵，湖南人，曾为国民政府南京行政院长。
③ 1986 年于安澜致王海信札（原件抄录，多封综合）。

（二）出入传统，不入狂怪

关于书法学习，于安澜主张走正路，不能投机取巧，切忌狂怪。他曾对学生王海说："别看狂怪之风颇盛一时，将来还是以传统者为正宗。""前寄来新刻甚为激赏，这样一板三眼者是当中流砥柱。若只高唱创造，抛却传统甚远，非推陈出新、会集众长之意也。茅大容、郁重今之能去香港、深圳，想由于能唱正板戏之故。"①在实现中华民族优秀传统文化之艺术伟大复兴的今天，这些议论确实很有远见，事实证明恰恰就是正确门径。有这样的书法认知，就必然会在书法实践中走出一条自己的路数。尽管于安澜主攻篆体，兼及小楷行书，但是他的书学境界，确有高远之处。

不从俗、不轻易苟同他人，说起来容易，做起来难。自20世纪80年代起，社会上兴起一股齐白石热，尤其是齐白石书画作品的拍卖价格屡创新高，学习齐白石成风。对此，于安澜有自己的看法。从遗留文献看，他对齐白石书法篆刻多次议论，有赞成也有批判，见解独特，不盲目跟风。于安澜认为，齐白石作为一个创新名家值得称道，但是，如果青年书画爱好者一味地去模仿他，不分优缺点全盘照收，就会成为大问题。比如，有的人学习齐白石写字，把三点水旁都写成粘在一起，以表示他是学齐，于安澜评价道："齐白石草虫大虾，前无古人，独有千秋。刻印已够粗犷，此种任意粘附，岂是优长？"②他并不认为齐白石的绘画有多高的水准，在一封信中还转述故宫博物院罗福颐对河南省文化厅干部说的话："齐的作品出国，贻国蒙羞。"在另一处于安澜直言："齐以草虫独步，前无古人。印章只逞才气，不能与王、丁并论。齐之出名与日本捧场有关（同张大千）。……后……一切都到天上，开启粗犷狂怪之风。"③这种认识确实不同凡俗。有人可能认为这种说法过于苛刻，但确实不是空穴来风。从《中国书法》所登载罗福颐的篆刻作品来看，规规矩矩，守其家法，行家批评也许自有其道理。

所以，于安澜对书法篆刻界学习齐白石成风很不以为然，认为是赶时髦，是急功近利，基本功不到，学齐只能越学越歪，尤其是在篆书与篆刻

---

① 1987年1月16日于安澜致王海信札（原件抄录）。
② 1987年1月16日于安澜致王海信札（原件抄录）。
③ 1987年11月23日于安澜致王海信札（原件抄录）。引文中王指王福庵，丁指丁辅之，都是于安澜比较推崇的西泠大家。

方面。因为于安澜在书法上的主要成就是篆书以及与之相关的篆刻，他对篆书篆刻的学习理解更为关注，其见解也更为透彻精辟。他在与方介堪谈论篆书问题时认为，近世篆书有一定的成就，可以追溯至清代乾嘉以来的许多名家，如钱十澜、莫友芝、杨濠叟（沂孙），以至近世的罗叔言、马叔平，但是唯独对邓石如的篆书不能理解、不能接受。他说："从邓石如到王孝禹，篆书已经进入魔道。"尽管包世臣、康有为都极力追捧邓石如，甚至捧上了天，然而，于安澜坚持认为邓石如的篆书"只有长腿"而已。

至于风靡一时的现代大画家齐白石的书画印作，于安澜的评价是：齐白石的草虫鱼虾确实生动，有天趣，前无古人，随便题几个字就能显出才气；但是他的篆书、篆刻不敢恭维，"不知道好在哪里"。他举例说，齐白石的"我湘潭人也"这方印已经引人入魔了，因为它完全失掉了古代的意味，入于狂怪。于安澜说："西泠印社《历代简谱》不收录齐白石的作品，实获我心。"① 在 90 岁高龄时于安澜还评价说："时人以白石印为典范，白石优长并不在篆刻，只是有才力，不俗气。独有千古者，还是草虫大虾，而真学到草虫的并不多，而是变本加厉地刻印，又高齐十倍，比白石更白石了。"② 于安澜的看法很坚定，也很客观。他早年在北京求学时与齐白石打过交道，齐白石曾为《画论丛刊》题签，也许正是这种熟悉，于安澜才勇于对模齐成风现象说不。

在书法上不跟风、不赶时髦是一个方面；不附和政治，独立自主地做艺术，不因权势、地位论书论人，是于安澜书法主张的另一个方面。

在与弟子王海谈及"嵩晖印社"开办的《印坛》杂志稿件采用问题时，于安澜态度十分鲜明，说："我希望不要就政治条件着眼，看他是某市某省的大红人或热闹人。要以艺术看艺术，就科学看科学。比如修建黄河汽车大桥，要看高级工程师的科学上如何安排。……一切学问都是如此，我们不能要求领导同志都是各行各道的专家，也不可能。但也不能跟着他那些措施跑。一切学术艺术都要参考传统，吸取优良，不宜只抱一家，不知其他，更不能发扬其缺点歪风。当然这些人也很可怜，他孤陋寡闻，没当上古人的奴隶，倒当了今人的吹鼓手。"③ 这种"以艺术看艺术"的观点

---

① 方广强编：《玉篆楼藏信札集》，上海书画出版社 2015 年版，第 179 页。
② 1991 年 4 月 11 日于安澜与王海信札（原件抄录）。
③ 1988 年 7 月 7 日于安澜与王海信札（原件抄录）。

十分突出，也非常中肯。值得注意的是，于安澜还谈到如何不做古人奴隶的问题，认为有些人古人的优点没有学到手，就开始创造创新，非常不足取："各人的才分各别，不会相同，高唱创新，不当古人奴隶，实则是大家的丫头，比村姑还知礼，见东西还多。'接受传统，推陈出新'还是正确经验的路子。现在白石老人的奴隶，还赶不上大家的丫头，一比便知。"①

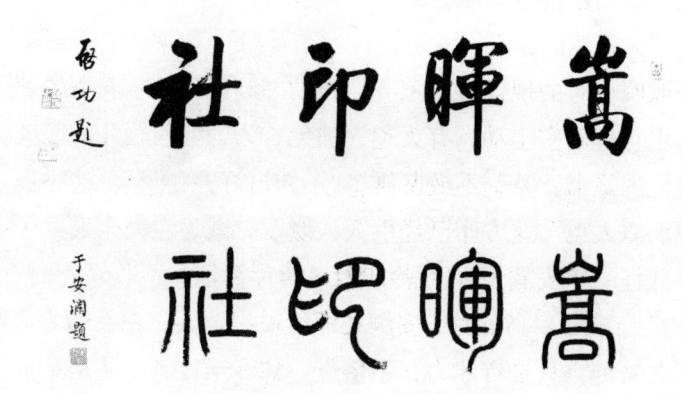

图 3–13　启功、于安澜为"嵩晖印社"题额，1987 年

由此，于安澜认为，在篆刻或篆书学习中，一些不良现象应注意避免。比如，有的人年纪不大，故装耄荒，水墨杂用，任意诘诎；更有一些人字都写不对，基本功都不够；也有一些青年书写者，不懂规矩，漫天胡画，有人问这是什么体，于老幽默地回答说："这也许是阿尔巴尼亚或澳大利亚篆体，因为汉字是没有这种篆法的。"

去魅就要扶正，有破就要有立。于安澜否定不良习气，也倡导正确的标杆。在现代书法家中，他十分推崇王福庵等人的篆刻篆法。他认为这些老前辈功力深厚，后学望尘莫及。以王福庵为例，他乃中华书局名宿，也是知名画家，喜欢画梅花，稀疏几枝，别有风致。于安澜评价说，他的印章有"没完格"和"画到梅花不让人"两方，颇有底气。至于篆书，于安澜说他过去在北京见到过，即为名医杨浩如所作的对联，非常佩服他的纯正，用袁克定的评价是"斯冰传人"。于安澜回忆说，1948 年他随河南大学迁往苏州，去杭州游玩，在西泠印社看到王福庵的一副对联，喜

---

① 1988 年 9 月 6 日于安澜与王海信札（原件抄录）。

爱不置，可惜"阮囊限制"，只是大饱眼福而去。之后从《书法》杂志上看到刊印的王福庵印章，更加确定他功力深厚，书路纯正，是后人学习的典范。

（三）守正出新，回根固本

这又涉及如何对待继承与创新，如何对待流行书风问题。于安澜的基本观点是：从古入，由古出，不做古人的奴隶，也不做当今名家的丫头。正像他写篆书、做文献研究一样，讲究的是有根据、有出处、有基础，然后自创面目——体现了其书学审美比较传统、正统的一面。

于安澜一生没有出过国门，虽然也接受过西方文化的洗礼和熏陶，但总体艺术认识倾向于守正创新一路，是标准的传承派、国粹派。他甚至排斥书法创新上的癫狂做法，即便弟子王海所创作的特大篆刻作品获得了奖项他也不认可。于安澜认为那不是艺术的正路，多次批评指误，认为书法篆刻的正宗唯工整、功力、功夫、涵养、积累是要，书法艺术的关键是去邪、去狂。他倡导书法学习从先秦大篆、秦小篆入手，从源头上介入，顺势而下；提倡借鉴唐宋楷书，尤其是颜体书法，由楷书进入，兼及其他。他本人早年在唐代柳体、欧体书上下过功夫，中老年以后成熟的小行楷书，又多取法二王及元人赵孟頫笔意，风格独特。所以这种认知与他的学习基础、生活环境及性格性情密不可分，尤其是他那种为人谦和、淡泊名利、虚怀若谷的性情。

实践证明，这种艺术认知是许多现代艺术大师的共同情怀，至今仍是书法学习的不二法则，尤其是不随波逐流（如在对齐白石的评价方面）、坚持个人见解的学术态度，值得我们学习。守正并不代表落伍、落后，于安澜反对的是没有根基的胡创乱创，对于书法篆刻领域里有特点、有个性、勇于探索的作品，他很赏识，曾说："我也常说艺术发展也是不断加花①，各加各的，皆不相同，有加得轻微，有加得突出。唯杨濠叟胆小不敢加，但也不像峄山或猎碣；赵撝叔②才气大，取于不尽之力多扭两下，如

---

① 加花：中原民间俗语，就是在原有基础上有所创造、追求新意。
② 即赵之谦。

图 3-14　于安澜篆书联《溪山诗句》，1993 年

'月'字，'⺼'就比'月'变得多了。吴缶庐①到末一笔也喜多扭一些，也是他自己的特有。至吴让之则从条畅发展，就比邓石如舒服自然些。至近人马吉樟（翰林），凭其家世显宦富有，只从气魄雍容大雅上表现尊贵，和扬州八怪迥然不同。齐白石是'我字就这样，愿买不买'。黄山谷是武侠，手把刺刀游侍街市，谁敢惹我？你这一创新，如同大扒砖篆刻一样，只此一家。"②于安澜的评价不仅客观、风趣生动，而且对"加花""出新"还透露出一种欣赏之情。90岁高龄尚有如此艺术胸怀，真不能说他思想守旧、食古不化。

有学者评价说于安澜是一本非常厚重的书，百读不厌。的确如此，他一生虽然横跨几个时代，周边环境有天翻地覆式的变化，但他始终没有被

---

① 即画家吴昌硕，别号缶庐。
② 1991年1月5日于安澜与王海信札（原件抄录）。

时代局限，也没有淹没于时代风气、新潮之中，对艺术、对书法始终保有一颗真诚、质朴之心，甚或是一颗童心。热爱之余、关注之际，他力图思考之、发展之、丰富之。因此，于安澜的书学观点、审美认知尽管少为人知，却尽显一代学者无尽的智慧与创造。

三、于安澜的篆刻艺术及印学观念

于安澜不仅是20世纪我国著名的画论学家和文字学家，同时还是执着的篆刻艺术爱好者。因为从事古文字研究的关系，他对篆书和篆刻艺术有着特别的兴趣和独特的认知，如篆刻家应具有的基本素养，篆法、字法在篆刻中的重要性，篆刻艺术中结构布局的要领等。他与20世纪我国的篆刻艺术发展有不解之缘，60多年间不时操刀，不懈探索，颇有积淀。其独到的篆刻学术认知，颇具参考价值。

一直以来，于安澜始终把语言文字学视为专业、主业，而把画学、书学研究作为"副业"，把诗、词、书、画等艺术创作作为一种兴趣和爱好，按他的话说是"消闲"。或许正是他在专业研究领域的光环过盛，从而淹没了他在艺术方面的成就，再加上他本人为人低调，不事张扬，因此，其诗名、书名、画名与印名仅仅局限于一定领域、极小范围。

于安澜的篆刻及印学思想，更鲜为人知。事实上就连他自己都不认为自己是一个篆刻家或篆刻理论家。研究发现，他在这方面的成就或认识非常独特，至今仍具有学术价值与实践价值；他有关篆刻艺术教育、实践的批评不乏真知灼见，尤其是他在课徒过程中体现出来的系统性篆刻审美倾向，展现了一位老艺术家的远见、智慧与情怀。

（一）篆刻因缘

于安澜的篆刻兴趣起源于少年，篆刻爱好贯穿一生。少小时其私塾老师是清代秀才，曾多次去北京参加科考，见过世面，领略过名家名作，不第后返乡里教书，闲暇时习玩印章。课上课间或与于安澜论及篆刻，因乡间篆刻工具材料有限，于安澜只是听闻，很有兴趣，并未实际动手操作。及至上了中学，美术老师教认一些士大夫所刻印章，比之市面上所见刻工之作更优,眼界有所提升。比及大学,同学中一些富家子弟曾熟悉此艺,他因此略识篆刻方法步骤,尤其是篆书上石、对镜照看等特殊技法,略知一二,比较留心图书馆中的名家印谱,之后眼界渐渐开阔,探索篆刻途径,时而习玩。在北平燕京大学研究院学习期间,他有机会参观北京名家画展,对其中的印章部分尤其属意。因其专业为文字学,专攻国文考据,虽然偏爱篆刻艺术亦不敢过分分心。后来编纂《画论丛刊》《画史丛书》等文献著作,对篆学知识多有涉猎,识赏既久,境界又有所不同。1946年入职河南大学后,于安澜教授汉语及古典文学,对古体字、书法篆刻史有所研究,对历史上重要篆学著作比较了然,尤其明了邓石如、赵之谦、吴昌硕等的风格特色,渐渐有了自己的审美取向,亦时时操刀,多为应请而作,以古雅工细一路为主要遵循。如此多年积累,渐成风格,眼界尤高。

图3-15 方介堪篆刻《豫滑于氏》,1983年

于安澜的印学学养虽不为一般人所知,但在篆刻专业领域颇有地位,为不少国内篆刻家所敬重,如前文提及的方介堪。方介堪是我国现代篆刻领域屈指可数的艺术大师,20世纪30年代在上海、北京等地即以篆刻闻名,之后渐入佳境,其篆书与篆刻在国内外影响空前,国内众多名人名流、书画艺术家,如张大千、马一浮、沈尹默、郭沫若等,都与之有交往。方介堪尤其与张大千交情莫逆,张大千的绘画用印,多为方介堪所刻,当时有"张画方印"之誉。30年代中期,于安澜在北京求学时与方介堪就有交往。他们初会于北京琉璃厂张大千寓所,时值1937年于安澜《画论丛刊》一书甫印,郑午昌所作的序言就是这次会面后方介堪函介代办的,二人可谓旧交故知。① 其时于安澜常将自己的篆刻习作交方介堪指点。新中国成立后,方介堪在温州博物馆、西泠印社等处任职,虽然一个在中原,一个在东南,但二人的篆刻交流持续不断,函来信往,直到1987年方介堪去世。其间,方介堪每有得意之作,或有拿不准的创作方案,都会拓印下来,寄送样稿,征求于安澜的意见。于安澜的回复皆真知灼见,

---

① 方广强编:《玉篆楼藏信札集》,上海书画出版社2015年版,第171页。

令方介堪叹服。于安澜也时常治印，与方介堪交换意见。一次在给方介堪的信中说："拙刻虽亦有年，因鲜良师益友，进步甚微。"[1] 其情形可见。

作为艺术知己，他们二人相互欣赏。方介堪仰慕于安澜学识渊博，篆书规范静气，印风典雅；于安澜欣赏方介堪的篆刻路数周正，风格雄强，誉之为浙派嫡传，还经常向自己的学生介绍推荐，视为典范。一次，方介堪寄给于安澜的印稿多达60余方，于安澜十分珍视。他还专门将这些印稿用硬纸整理粘贴，汇集成册，渐积渐多，达200余方，成为十分珍贵的研究学习资料。方介堪还专门为于安澜治印数十方，至今留存10余方，非常经典。于安澜平时书画作品用印，多选方介堪所作。方介堪时有诗作，常寄予于安澜，请为篆书，以为清赏。方介堪八十寿辰之际，于安澜赋长诗一首，多达200余言，并用工楷录出寄贺，方介堪感动殊甚。

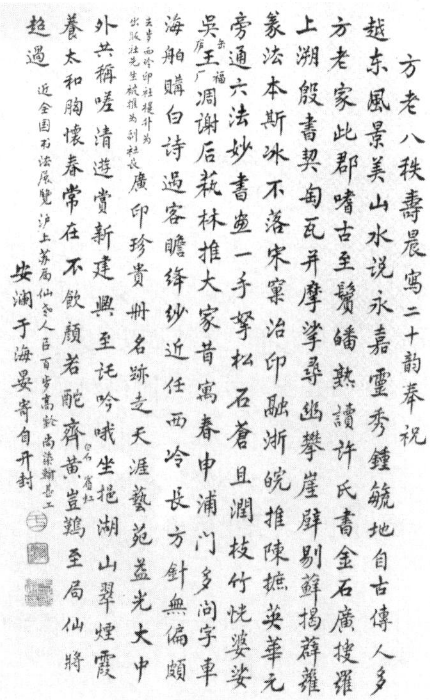

图3-16　于安澜诗书，为方介堪八十寿辰作，楷书，1981年

---

[1]　方广强编：《玉篆楼藏信札集》，上海书画出版社2015年版，第173页。

从二人来往书信可知，他们无疑有共同的爱好和审美取向，交流最多的是关于篆刻艺术的发展问题。于安澜平时对篆刻界艺术动向非常关注，常常与之探讨一些老篆刻艺术家的现状，如河南的许道元[①]、浙江的陈忠超等，尤其关心他们的篆刻艺术传播情况，还给《书法》杂志编辑黄简去信，期望能约刊许道元的篆刻作品，又曾向《艺术家辞典》等书画刊物推介，希望采访这些老篆刻家的事迹。

于安澜关注国内篆刻艺术的教育状况，始终与篆刻界保持着联系。而篆刻界许多人敬重其学名，乐于与之来往。比如，于安澜与著名的篆刻重地西泠印社关系密切，与该社当代篆刻名家郁重今、士一居、茅大容等经常有书信交流，后者还曾给于安澜治印。1982年，于安澜多次建议西泠印社出版古代篆学名著，以期提升国内篆刻教育水平，其中包括《篆学琐著》一书。《篆学琐著》为清代道光年间篆学家顾湘校辑，它集历史上多部著名篆学著作于一册，包括唐代李阳冰《论篆》，明代何震《续学古编》，清代周亮工《印人传》、汪启淑《续印人传》、陈炼《印说》等23家篆学著作共30种，为印学研究之大观，是学习篆刻艺术的佳本。但该书存世极少，十分罕见，于安澜曾多次写信给时任西泠印社副社长的方介堪，让他着手组织，点校整理该书。此外，于安澜还曾向西泠印社郁重今建议重印吴氏《印学丛书》这一名著。1983年年初，方介堪给于安澜去信，同意校点出版顾湘《篆学琐著》一书。于安澜闻讯十分欣喜，说："要以此学遗产，两书最称完备，亦如乙部之二十四史也。"[②] 他建议这些书的出版，定价不要过高，能够使读者花费几元钱就能得到篆刻论著的全部遗产，对推广中华民族古代艺术有很大作用。他还立即将自己珍藏并校辑过的一个旧抄本作为稿本寄往西泠印社，并称赞该书的出版是篆刻艺术教育的"宏大"举措。于安澜为篆刻艺术名著出版事业不遗余力，对篆刻艺术的热爱可见一斑。

于安澜对篆刻教育的关注非一时一事。在此之前的1961年，当他看

[①] 许道元是于安澜在河南中州大学学习时的同窗好友。于安澜询问方介堪，在抗战前来开封游玩时是否与许道元有过交往，他在信中还说，许道元是书画世家，他本人书画篆刻均工，因时任国民政府时期黄河委员会秘书，新中国成立后去台湾做行政，官级不低。但是一直心怀祖国，去台湾30年后赴美又转至北京，入职国家文史馆。

[②] 方广强编：《玉篆楼藏信札集》，上海书画出版社2015年版；第175页。

到《人民日报》副刊出版有"书法篆刻副刊"之后，十分兴奋，随即给国家文化部去信，提出三方面建议：第一，约请尚健在的国内篆刻名家撰写刻印心得（提议最好由京沪两地的著名篆刻家牵头），要求他们提供较为丰富的系统印谱为例，供青年学习者博览，以为入门途径。第二，建议为各美术专科学校设置篆刻课目，并在各省市开设篆刻培训班，抽调青年刻工集中学习数月，将他们的篆刻水平提高一步。第三，建议将清末篆学家顾湘所著《篆学琐著》一书和吴氏所著《印学续刻》一书续印出版。从中可以看出于安澜先生十分关切我国印学事业发展，殷切建议为青年学者提供必要的文献资料，眼光长远，切实可行，令人赞叹。在于安澜前后 20 多年的不懈努力、极力促成下，《篆学琐著》一书重新校勘出版，确为广大篆刻爱好者的福音。

（二）篆刻实践

于安澜的篆刻实践始于 20 世纪 30 年代，直到 1998 年去世，历时六七十年。其间，他编纂的学术著作汗牛充栋，蜚声中外。耄耋之后，搁置其他，开始集中精力转向书法，包括篆书艺术创作。而其篆刻实践从未间断。只是出于喜爱，不图名利，从不张扬，外人很少得知。

于安澜喜爱篆刻一方面得益于从小对书画艺术的特殊爱好，一方面得益于其文字学、音韵学这些专业基础。他精于篆书，其篆书书法作品，沉静洗练，线条匀实，无丝毫躁气。用笔中锋，藏头护尾，节制平稳，端庄静雅。特别是其篆法之规范，堪称典范。这是他治印规范、高古的基础。由于习惯于使用毛笔，其书写功力深厚，驾轻就熟。转而在篆刻艺术上，自然承袭结构安稳、精工细作一路，既有汉唐古印之朴茂，又有明清文人篆刻之秀雅。在篆刻的取法上，从早年起便钟情于浙、皖诸名家，常常在闲暇之时，奏刀刊石，追随浙派风范。他也常常教导后学要多学习西泠印社印风，并将西泠印社作为印学起源的正宗。他推荐的篆刻名家，古有邓石如、赵之谦等，今有王福庵、郁重今、方介堪、士一居、茅大容等，认为他们的作品才是篆刻学习的正宗和典范。

于安澜学识渊博，述而善作，即不仅习练篆刻技法，还了解它、研究它。他对篆刻的价值和意义，包括此种艺术的历代遭遇、传承等都了解得非常清楚，认为篆刻虽小而过去创建甚富，历史上对篆刻的看法、态度不一，有时珍重，有时弃之如芥，甚至视为出气筒。他曾经为新乡市"嵩晖印社"成立填过一首《临江仙》词，简要涉及印学的传承之路，其中说：

> 摹印嬴秦传八体，历代朝野尊崇。可怜西汉老扬雄，斥壮夫不为，比作弄昆虫。　国玺关防昭威信，世称凭证丰功。名家辈出蔚成风，青年思发展，刮目赏雕龙。

图 3-17　于安澜篆书，《临江仙·嵩晖印社成立贺词》，1987 年

他从历史的角度给篆刻艺术以很高的评价，并鼓励青年学习此艺，其认识与高度确实都不同寻常，也从侧面证明了他对篆刻的浓厚兴趣。

于安澜的篆刻作品存世较丰，仅笔者所见就有百余方。其中以名印居多，其次为藏书印、闲章等。除自己用印之外，多数为应别人所请所求而治，也有一些摹刻名家印章，数量不多，是他学习练习的见证。于安澜的篆刻十分讲究篆法，字的准确恰当自不必说，即其篆法的得当让人无可挑剔。他还讲究结构布白，每一方印均因字而异，随字画多少留白穿插，在追求画面整体均衡的前提下，注重疏密对比与变化。其线条匀实有力，中锋独出，尤其是阳文细线印，有锥画沙之味。在用刀方面，无论他年岁多高，皆肯定、中和，保留笔意而不露刀痕。总之，于安澜所治印章工稳精细，篆法纯熟，刀随笔意，显然是多年习练、思考、琢磨、探索的结果。

（三）印学观念

于安澜的印学观念显然是其篆刻创作的基础与延伸。他生前很少与人谈及印学问题，然而，他与著名篆刻家方介堪的部分书信以及写给后学王海的上百封信札，其篆刻审美观念十分清晰。

方介堪与于安澜的友谊上文已经有所述及，而与王海的交往需要稍做交代。王海酷爱书法篆刻，曾在县文化馆做美工，后调入新乡市群众艺术馆。他与于安澜结识后，求教甚殷，书信来往不断。在于安澜指导下，王海治印与篆书艺术大进，又结识了国内许多书界名家，成了活跃于河南省书法界的新星。之后他在于安澜的助推下升学读书，毕业后成为新乡师范专科学校的一名书法教师。王海与于安澜的故事一度被传为佳话。在指导王海从事篆刻学习的过程中，于安澜广博的学识和对当下篆刻艺术的真知灼见得以展现，也使我们有机会了解到他作为篆刻艺术家和教育家的一面。

于安澜认为，篆刻与篆书密切相关，若要篆刻精彩，必得篆法精良。篆法是篆刻的第一步，也是最关键的环节。他说，篆得好，品位才高，否则无法论及其余。有关篆书，他推崇民国以来的几位篆书家，尤其是有"南吴北马"之称的吴昌硕和马吉樟。吴昌硕作为篆书、篆刻大师，大家耳熟能详，是出于石鼓文又自成一体的大家；而马吉樟一般人并不了解。于安澜对马吉樟的历史很熟知[①]，认为其篆书风格和吴昌硕有所不同：吴矫健，马浑成。于安澜手边还存有二人的作品，经常供青年爱好者习练。于安澜认为这两人是近代两位代表性篆书家，可以细心地欣赏、观察与学

---

① 据于安澜介绍，马吉樟是安阳人，出身于仕宦之家，清代翰林。辛亥革命时期，他在武昌做湖北按察使，民国以后作为一位元老级人物住在北京，书法写得很好。

习。此外，他认为吴大澂所作《说文古籀补》非常著名，较晚一些的篆书家还有罗正、故宫博物院前院长马衡。于安澜评价说，他们的大篆都很规矩、很古雅，皆可做参考。他推荐的篆书主要参考书包括前述《篆学琐著》《印学续刻》，还有王福庵《说文部首》一书。于安澜认为篆刻的基础书体是大篆，要学习大篆的经典，如甲骨文、金文中的名作。至于小篆，字体要以《说文解字》为根本，如果撰写大段文字，大篆的字数不够用，也可以互借，灵活处理，不死板。但要遵循一个原则：不能编造，要忠实于字法本身。他举姓刘的"刘"字说，该字古籀中是没有的，只能借用保留的"留"字。作为文字学家的这些观点，严谨、实用，今天看来仍然不无裨益。

在篆刻方面，于安澜的第一个审美主张就是尊重古意，追求古雅。他认为艺术要有传统，传统是根本，否则就是狂怪陆离。他认为工细一路虽不时兴，却是正宗。王海比较喜欢狂放篆风，喜走时髦，于安澜因此经常点拨他、矫正他，引导他向精工细作的篆刻风格发展，说："近仿郁重今《鲁迅印谱》、钱君匋各作，王福庵、方介堪有些见功夫的才好，不必在数量上注意，并要校正时风，粗犷不是白石，便是粗大残缺。……不要以工细者不时兴，我觉得几位功力好者皆能工细。"①1987年，于安澜与河南大学艺术系梁冰潜教授到郑州黄河游览区指导那里的书法篆刻作品（游览区在此基础上拟建书法碑林）。看后，他对那些非书法家的名人书作颇为不满，对那些奇形怪状、一味求新的书作更直言不讳，批评说他们篆法不严谨，不知道所写可以与否，不知道出处如何，就大着胆子创作，实有山中大王之相。当看到有一位湖南书法家所写的作品，每个字都有一个伞把似的东西做装饰，他认为这样的作品会有哪些人去欣赏？他还用一句民间俗语"年年出怪物，没有今年多"作比喻，十分犀利，也毫不留情面。②

于安澜篆刻艺术的第二个认识就是规范。认为篆刻出来的作品要好识好认，这与第一点是相关联的——传统、古法、古意，首要的就是能识认，辨识性是篆书篆刻艺术的首要属性。他时常提醒青年学子：你这种篆法有没有出处，有没有依据？没有依据就不能乱写乱创。

---

① 王冰编：《于安澜先生致海岑札》，香港天马图书有限公司2002年版，第119页。
② 王冰编：《于安澜先生致海岑札》，香港天马图书有限公司2002年版，第138—139页。

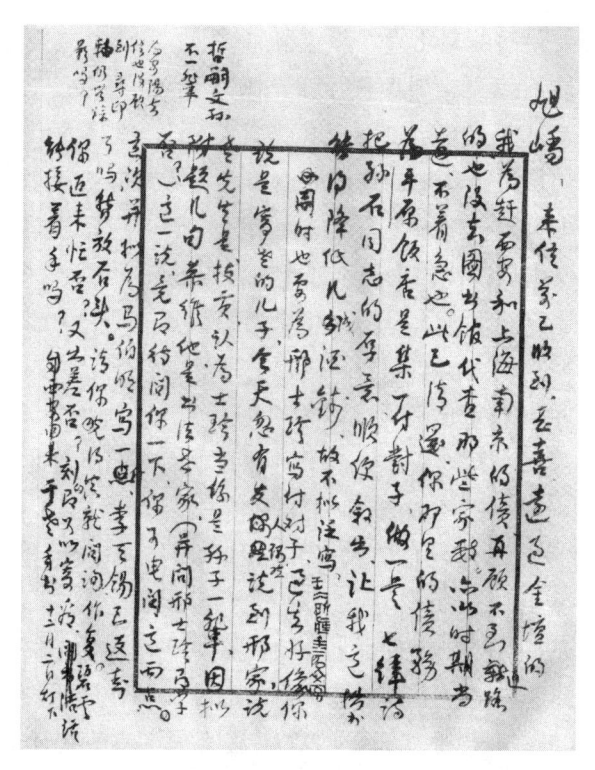

图 3-18　于安澜手札，行书，1986 年

第三个认识，于安澜对于篆刻的结构非常在意，认为篆刻方寸大小，其艺术价值主要就在于它的布局穿插和连带呼应。要创作出古朴美、古雅美的作品，除了取法汉唐印作之外，在结构上要紧凑，以不松懈为准，这样才显得有气派，用他自己的话说"切记宁稠勿稀"。他说，篆刻作品一旦稀松就平常，就没有精气神，就会缺少必要的呼应与关联。

同时，于安澜认为作为一名出色的篆刻家，修养要全面，尤其要加强文学修养，"行有余暇，博览他书"。要做到修养全面，一是要用心，勤于思考，这样才能触类旁通，再"渐渐地由无知而通晓，由小通而大通，积少成多，方面大了就是通人"[①]。如此，才能够领会、理解、把握各种展览、展出的意义、指向，顺势而为。他举例说，比如要参加某机构举办的国际书法篆刻展征稿，到底写什么内容才符合要求，这就是一种认识，要把握

---

① 王冰编：《于安澜先生致海岑札》，香港天马图书有限公司 2002 年版，第 113 页。

准方向，就需要足够的文化修养。像参加"国际和平"之类的书法展，就要符合主题，要有意义，要理解什么是国际主义。他说，"国际"的意义应该用这样一句来概括，叫"兵气化为日月光"，就是人们通常所说的化干戈为玉帛，追求世界和平，这样的内容选题才符合展览主题。如果有人刻写一方"四书"当中"兴灭国，继绝世"的印文，就很精彩："国际主义不就是反侵略反霸权，让弱小国家都能生存吗？"①可见，深厚的学养、修养能使艺术创造雅而不凡。

关于书法篆刻的继承与创新问题，艺术界、学术界历来都有争论，或认为以继承为主，兼带创新，或以为以创新为主，兼有继承，不一而足。这是每一位学习书法篆刻或其他艺术者都必须面对的。对此，于安澜同样有自己的看法。他认为书法篆刻创作既要古朴大雅，又要跟随时代，有新意，要能够显现时代气息的风格和内容，即艺术不能守旧，不能陈陈相因——这一点与古今所倡导的"笔墨当随时代"异曲同工。于安澜认为，创新要有基础，不是胡创乱创，要克服急功近利的不良习气。当他在一本《书法通讯》杂志上看到一些人的作品，极不认同，告诫弟子说，这种风气无处不有，不要受其影响："在书法篆刻上名为提倡创作，百花齐放，把些奇形怪状没有见过天地的也闹进去。自首都全国展览贯彻到外省市区，总要弄进些让人骇怕的，以为培养新秀。选拔者有的圆滑，看风附合。更有些多掺些狂怪之作，好显出自己是进步者。什么思想都有，也许这是'以小人之心度君子之量'，希望你虽随上班了，要做传统继承者推陈出新，不作凭空崛起，一无依傍的创新家。"②

关于书法篆刻艺术的作用目的，于安澜有两种看法：首先，对青年人来讲，要有追求，有信仰，有闯劲，把篆刻与书法作为事业、作为兴趣一直追求，持之以恒，这是正确的，应该大力提倡。其次，以此为渠道获得双收的名与利，也无可厚非，毕竟人并非生活在真空里，要养家糊口，要发展创业，都不是凭空的。但是对于他自己，于安澜不用这种标准来要求，书法篆刻对于他都是无功利的，他认为自己生活安定，经济自足，年岁已高，不需要这些功利性的东西，他只是把研究艺术、谈论书法篆刻作

---

① 王冰编：《于安澜先生致海岑札》，香港天马图书有限公司2002年版，第68页。
② 王冰编：《于安澜先生致海岑札》，香港天马图书有限公司2002年版，第121页。

为自己的一种享受，"清闲的享受"①。作为一位老艺术家，他有自己的是非标准，有他独特的思想认识高度与深度。他一生清廉，一尘不染，令人景仰，更令人记怀。

总之，于安澜的篆刻艺术认知与其书学观念一脉相承，认为从事书法篆刻应该有追求、有理想，敬畏传统，脚踏实地，在纷扰的现实中能够辨美丑、识善恶，在艺术之路上做出自己的正确选择。艺术是一个人用心创造的结晶，要能够摆脱不良习气，有所坚守。篆刻是小世界，也是民族优秀大艺术，可以有所作为，于国于民都堪称必须。要尊重优秀传统，来路正确、基础牢靠，不守旧、不陈旧，也不狂怪陆离。提升艺术眼界与审美境界首先要有良好的品格修养，技术需要过硬，技巧需要锤炼，但是不能唯技术论，德艺双馨才是登堂入室、步步提升的正确途径。于安澜这些印学思考，在今天仍然有借鉴与警示意义。

四、于安澜的书画审美取向

作为著名画学专家，人们一定想知道于安澜自己的画论观点是什么，学术立场是什么，对古今书画现象有什么新见解。一般理论家都会在文章著作中亮明观点，人们一眼即可看出其审美取向。像政治界、文学界的康有为、梁启超、鲁迅，还有美术界的黄宾虹、郑午昌、滕固、俞剑华等，绘画观点都比较鲜明，甚至有自己的口号。但是于安澜例外，他除了校辑画学名著，几乎没有一篇专论绘画艺术的文章，也没有特别用心于画理、画法等中国绘画理论的研究；除发表过一篇画家短评②外，再没有其他画评文章。从于安澜辑录的古代绘画名著分册分类情况看，尽管在总体学科建构上比较明朗，有特殊建树，有关他自己的画论主张或艺术取向却不甚明朗。

---

① 王冰编：《于安澜先生致海岑札》，香港天马图书有限公司2002年，第71页。
② 于安澜、冯学勇：《彩笔妙绘花鸟神——记画家吴玉兰》，《东方艺术》1999年第3期。这篇文章令人生疑。它发表于于安澜去世前几个月，他一生不为人写评论，为什么会写这篇文章？画家与作者有什么关系？作者见没见过画家的画作？会不会是托名，或者仅仅征求意见而署名？不得而知。

然而，这样一位画学大家，对中国画论研究如此之深，贡献如此卓越，不可能没有自己的看法与认识。如何探知于安澜的绘画审美取向？我们认为，作为一名知名的诗人、书法家、中国画学文献研究专家，肯定有不少人向于安澜慕名求题，他应邀为人作诗、题字、题名、评点书画，是再平常不过的事，从这些书画品题诗文短句中能否一窥其书画审美意向？当然可以。

图 3-19　于安澜《江帆图》，中国画，1964 年

寻着这条线索，确实能找到部分答案。于安澜的诗文、书信、题词及篆书作品非常丰富，其中流露出了他鲜明的书画审美爱好与价值取向。从这些书信和诗文书画品题中可以看出，他的许多议论与 20 世纪整体社会基调、美术大潮相关，也常有触及美术界争论的焦点，如形式美问题、创新问题、笔墨问题等。难能可贵的是，于安澜认识一贯，敢言直陈，在时代审美大潮中从不随波逐流。

（一）行路实践，通技达艺

于安澜的绘画审美取向与他自小所受的美术熏陶不无关系。从上文得知，于安澜从民间画扇亲戚那里学得一些初步知识，又在中学美术老师仝伯高的指导下锻炼提升，从此对绘画兴趣更浓，从此无论走到哪里，画箱画笔不离左右。进入大学后他虽然学的是语言文字学专业，但对绘画的兴趣与关注丝毫未减，更喜读画论文献，从名家至理中受益良多；同时深感有些古代文献传抄错漏，时有割裂，语意艰涩难懂。因此，用心笔记，遇到善本则加以校改，由是积累日多。后来得遇当时著名美术教育家、画家陶冷月，触发了他做画学文献整理的愿望，并为数年后《画论丛刊》一书的出版奠定了基础。

绘画方面的知识还助推着于安澜的音韵学研究。1932 年，于安澜入燕京大学研究院后即着手汉魏六朝音韵学研究，力求攻克这一学术难题。在标注复杂难辨的韵脚时，他想起了绘画时用的色碟，创造性地根据色阶差别、色彩变化，标注出数十种令人眼花缭乱的音韵变化，从而解决了他人无从下手的复杂难题，填补了国内外一项学术空白。可以说，绘画虽然于于安澜是业余爱好，却在关键时刻发挥了巨大作用。得益于此，他对绘画、画论的兴趣与研究由自发而自觉，由基础而深入，并由此认识到学科"通会""兼济"的真正价值。

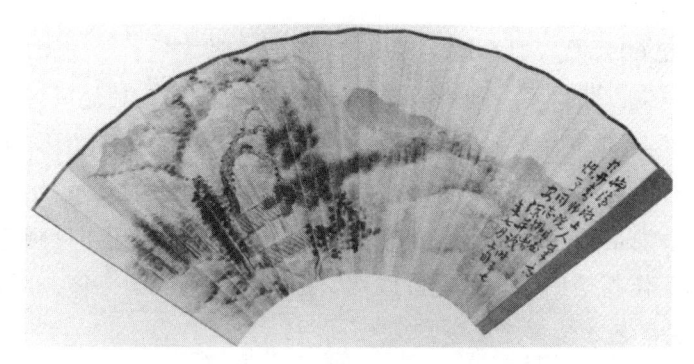

图 3-20　于安澜山水扇面，为李嘉言作，1957 年

在于安澜学术成长的时代，即 20 世纪二三十年代，正是中国传统绘画与外来绘画激烈碰撞、相互磨合、相互融汇的重要时期，于安澜时刻关注着中国绘画的动态与动向，不仅主动与画界联络交流，还时时参阅各种画刊、书籍。在北京读研究生的几年中，于安澜一方面利用业余时间进行书画创作，一方面参与京城里的美术聚会，与大师名家相沟通。正是在这个时期，他结识了张大千、黄宾虹、萧瑟、齐白石等画界名流，也结交了容庚、闻宥、钱玄同等具有较深书画修养的学者教授。这对他的绘画认识影响至深。

于安澜对绘画孜孜以求，主要建立在"懂艺论艺"，即所谓"不通一技莫谈艺"的认识基础上。同时他经常给找他求教的学生说："不懂艺理莫论艺。"这种表述道出了艺术理论与实践的辩证关系。现实中，一些理论家没有艺术实践经验便指手画脚，海说一通，艺术们家并不以为然，说这样的理论是隔靴搔痒，不着边际，是纸上谈兵。这种情况比较普遍，20世纪80年代曾经一度引发理论界与创作界的紧张关系，并有大讨论、大讨伐。然而没有人像于安澜那样认识到事情的另一面，即没有理论基础搞艺术创作也会受局限。历史上许多大师、大家都是大理论家，如顾恺之、谢赫、宗炳、张彦远、荆浩、苏轼、黄庭坚、董其昌等，都是美术史上的名家，也都有重要绘画篇章存世，或有重要美术观点影响他人。于安澜熟谙画史，认识到不懂画理、书理的问题所在。他本人理论修养之丰厚自不必说，同时不自以为是，不避技术锤炼，坚持创作，力图将理论认识与创作实践融会在一起，做一个真正懂书画、知书画的内行。这一点在我国当前的书画界仍有借鉴意义。

20世纪60年代，社会政治环境稍显宽松一些之后，于安澜重拾画笔，登临黄山写生，获得不少画稿，之后又悉心整理，成为独具风貌的山水作品，至今还收藏在后人手中。可惜他的主要精力不在于此，绘画数量不多，也没有往更高更深处发展。但是，于安澜对绘画的热爱自始至终，用他自己的话说是"一生喜爱绘画"，至89岁高龄时，他还再操画笔，为建党七十周年作苍松一株，并题诗以贺。石坚松虬，诗画一体，用笔苍茫，可谓"通会"艺术境界之体现。

图 3-21　于安澜《松石图》，中国画，1991年

前文论及于安澜于河南中州大学读书期间得遇陶冷月，经过一个多月的交流，二人建立了深厚的友谊。陶冷月离开后，于安澜曾作诗咏怀，诗云："笔端参造化，尺素自渺茫。明月有清辉，白云欲翱翔。宏誉传海宇，从游见物望。"诗中赞美了陶冷月绘画师法造化、咫尺万里的意境之美。实际亦然。陶冷月擅长以写实技法刻画水流和树木，又以写意技法去处理月色和山峦、云雾，凭借敏锐的触觉去捕捉视觉之一瞬。陶冷月可谓于安澜年轻时的美术引路人，他的艺术观念在于安澜心中最先生根发芽，其重修养并重实践的认知于安澜一脉相承，并一以贯之。1990年，李剑晨举办个人画展，于安澜接到展简，十分挂怀，虽年近九旬仍为老友作诗志贺："斜阳雨过晚霞红，万里写生矍铄翁。耄耋仍发凌云力，击浪掠波似有声。"李剑晨是现代画界名家，早年与于安澜交好，多画水彩，尤其擅画水云，妙到毫端，朝晖夕阴，气象万千。李剑晨年轻时曾立志走遍全国各地，到处写生，这恰恰与于安澜的艺术实践追求有着共通之处。

于安澜之所以重视写生实践，意在于师法自然造化中得其深意。20世纪90年代，于安澜曾回应紫荆山公园老年书法社蔡浩、苏强的书信，并寄上自己创作的山水一幅，谦虚地说自己已多年不拈画笔，心再爱好而手不从心，主要接触实景太少，仅从前人笔墨寻索等。他认识到这样对专业画家来说远远不够，强调要从自然造化中领悟绘画的真谛，要多行路，广见闻，长学识。1962年，他受邀去杭州开会，承认自己并没有其他期望，在与同好交流的同时，一赏江南风景。后来他对同事张如法说："那时，我主要是想去遛遛的，看看美不胜收的江南风光和建筑。"如此期待美景，于安澜还随身带着画笔画纸，去"师法自然"，画江南，画黄山。之后只要有机会，他都会外出游赏。20世纪70年代中期与家人一路南下游赏广州，拜会故交，80年代以后更是借参加学术会议之机，游览江苏苏州，湖北沙市，河南虞城、安阳等地，每次出游，尽赏名山大川和名胜古迹，留下了不少写生画稿或优美诗篇。还约同美术系主任梁冰潜游历陕西、四川、重庆。1993年，王海的单位组织去日本参观访问，于安澜特别想趁机自费去日本一游，并多次去信与王海商议，虽然最终未能成行，也成了老先生的一件憾事，但足以看出他那份热爱生活、感受自然的精神。

为什么于安澜对体验生活、开阔眼界如此执着？为什么对绘画创作孜孜以求、坚持不懈？我们的理解是，作为理论家的于安澜，一方面是出于

图 3-22　于安澜《黄山风光》，中国画，1964 年

对绘画的真爱，接续年轻时的绘画梦想；另一方面是要将自己所掌握的理论知识活用，达到融会贯通，实践古人所谓"读万卷书，行万里路"，让读书与行路切实结合。尽管后来他很少动笔作画，转而主要从事诗歌、书法及篆刻创作，但在这些皆可称为艺术的作品中，处处反映出他的从生活、自然中获得的感受、感悟与感动。

（二）中西结合，注重造型

于安澜在绘画上的一个重要认识，就是既要有扎实的传统基础，又要结合西方美术要素，以中为体，以西为用，中西融汇。这符合时代趋势，也与之后的中国美术发展方向一致。中西绘画的体用问题、融合关系问题是中国20世纪美术发展的核心，是历经几代人探索、磨合、总结出来的总基调。1984年，时任广州美术学院院长的郭绍纲来河南大学访问，拜访了于安澜，回到广州后，他特地为于安澜画了一幅油画肖像，托人送到于安澜家中。于安澜非常感动，也有很多想法，于是用毛笔小楷给郭绍纲回信，其中就论及绘画的原则方法。于安澜认为，尽管自己做中国画论传统研究，从小却非常喜欢西方绘画，由于条件限制并没有受专门的艺术训练，"于西画终在门外"。当看到郭绍纲所作油画肖像时，只觉得栩栩如生，呼之欲出，比之所拍摄的大幅照片，经过画家的艺术加工，更觉得出神入化："笔端造化，足以返老还童，延朱颜于无穷也。"[1] 于安澜认为，在绘画人物造型方面，中国传统绘画有优势也有劣势，优势在于能营造气氛、表达情感，而劣势在于人物形象塑造欠缺。他举例说，曾见擅于传真的名家罗雨峰为其老师金冬心（清代画家金农）所画肖像，"总觉得头大臂细，比例悬殊"，有不伦不类之感，由此可知传统中国画在人物造型方面存在不足。

于安澜提到，20世纪30年代初期在北京求学时，石涛的绘画渐渐走俏，许多人研究、推崇。于安澜就此请教过老画家萧谦中[2]，说自己对石涛的画作有很多不解之处，如有的地方点满了树木，而有些地方一株也无。这是为什么？萧说："石涛有些地方理路不清。"于安澜认为这种说法有道

---

[1] 摘自于安澜写给郭绍纲的信（原件抄录）。
[2] 即萧愻，字谦中，号龙樵。

理，并且说："虽至今仍扬石涛、八大而抑四王，实则四王理路较他们为清，且取材布置合乎美学，不应以其学者人多贬之也。"①看来于安澜在绘画审美上并不跟风，不人云亦云。一定时期内，许多人确实在贬"四王"而推崇石涛、八大。其实各家各派均有优有劣、有长有短，于安澜不追时风，认识客观，就理路而言，所论不无道理。

于安澜向来认为中国画的要务形象塑造，传统画论中"意足不求颜色似"的观点值得商榷。他说，自己平生最喜欢的是巢勋的诗句："一笑坡公务高论，不能形似何能神。"这给那些连轮廓、形象都把握不住，却高谈阔论意境、神韵的人以当头棒喝。所以每当有年轻画家来讨论绘画，于安澜总是谆谆劝导，让他们先学一些西方绘画基础，如素描、透视、明暗，有了这样的造型基础，再去学习国画，在自然逼真方面就没有太大问题。于安澜认为，西方绘画的合理性、科学性可以弥补中国画的欠缺，比如，徐悲鸿之所以能够超过古人，被誉为近代大家，主要还在于他的西画根底深厚，并能应用于国画创作。于安澜说，如果一个画家能够把人物画好，即具有了很强的造型能力，那么其他景物都不在话下；相反，即使其他景物比较工致，人物画也不见得俱佳。他认为，画家当中像黄宾虹、潘天寿各位老画家也只能摆摆老资格，他们能把学生引向何处都值得怀疑。于安澜还批评《西泠印社》这本杂志，说它在1981年第三期封面上发表的朱屺瞻的一幅画作，有人吹捧为国画的最高境界，他认为这是无原则的吹捧，会让外人笑掉大牙的。

于安澜这种认识一以贯之，并非即兴之言、激愤之辞。正如上文所述，于安澜不仅是一位中国画论的研究专家，还是中国画的热心爱好者，一有时间他便操笔作画，亲力亲为，以印证自己的观点。于安澜的绘画都是中国画，题材包括山水、花鸟等，如他分别作于20世纪30年代与60年代的《山石花鸟》《蔬果丰收》，造型准确，润色得当，画风朴实，画面艳丽，极尽形似之则，又不乏灿烂之趣。如今于安澜的山水画作品有10余幅之多，如《黄山人字瀑》《从狮子林望黄山宾馆》，且不说造型与立意，单从取景、设色等形式手段和形似的逼真性来讲，不输其他画家。这一切都在说明：于安澜在绘画认识上倾向于融会中西，取西画之形似，存

---

① 摘自于安澜写给郭绍纲的信（原件抄录）。

图 3-23　于安澜《蔬果丰收》，1961 年

国画之意境，从而塑造出形神兼具的时代新艺术。

（三）得心应手，工逸互参

于安澜强调绘画要"得之心，应之手"，心手相应。绘画是情感抒发，文人为之又不同于一般画工，讲究修养、意境，即内与外、物与我的融会。于安澜住处附近有位青年书画爱好者张宗海，经常向于安澜求教，于安澜十分信任他，将方介堪赠他的一幅梅花让张宗海拿去临摹学习。等张宗海将临作拿来，于安澜喜不自禁，认为很有长益，亲笔题跋："宗海素喜书画，但不常作，近取去方介堪前为予所画梅花条幅临之，老条新枝，颇似原作。初展观之，几不识为临本也。喜其爱好之笃，得之心，而应之手也。为题数语以记，从今为起点，进步之速度当刮目以视之。""得之心，应之手"原本是北宋欧阳修《书梅圣俞稿后》用语，指其诗文得心应手。① 其实质仍是传统绘画中的创作原则问题，即中国绘画是心灵表现的艺术，是意境塑造，对外物有所感触然后酝酿于胸中，又以高超的手法表现出来，心手相应，是为上乘。

于安澜论绘画，讲求"工逸参半"与"文人气息"，认为在绘画表现上，既要有细致入微的刻画，又要有酣畅淋漓的笔墨，色彩精研、富于变

---

① 原文出于《庄子·天道》："不徐不疾，得之于手而应之于心，口不能言，有数存焉于其间。"

图3-24 于安澜为张宗海画梅题字，1984年

化。一次张宗海携其义父陈雨门的画作求题，于安澜乘兴作诗，以画家的一生经历作铺陈，阐明了自己的绘画审美立场：

> 雨门家住睢阳城，幼习诗书在鲤庭。
> 作家雪垠称老友，梁园文坛旧有名。
> 一自五七运动起，弦歌辍响撤皋比。
> 下放市区作锻炼，把帚街衢司清理。
> 光阴如流年复年，井水词人已霜巅。
> 拨乱以还为平反，重拥书城校简编。
> 兴来拈毫姿挥洒，得春图里写婵娟。
> 向论仕女推改费，小某设色亦清妍。
> 迩来画风崇八怪，粗服蓬首野狐禅。
> 此幅工逸各参半，文人气息自盎然。
> 何敢佛头著不洁，聊题俚句为宣传。

从艺术史角度看，20世纪初，人们谈到仕女画，首推改琦与费丹旭，二人即为文人，他们重新塑造了仕女画的形象。秦祖永在《桐阴论画》中，曾把改琦的仕女画评为"妙品"，称其"落墨洁净，设色妍雅"，认为费丹旭"补景仕女，香艳之中更饶妍雅之致"。于安澜在题诗中却说："迩来画风崇八怪，粗服蓬首野狐禅"，他对费丹旭并不赞赏，甚至一否到底。"扬州八怪"狂放的画风他同样予以否定，认为那是粗头乱用，是不入正道的野狐禅。以此来看，于安澜倾向于清新工致的画风，不拘成法，又不失法度，能够直抒胸臆，有文人气息。

谈到艺术创作，于安澜尤重精工，特别是在学习阶段。于安澜曾给其

图 3-25 于安澜题额，篆书，1984 年

学生王海的书信中说："你的印在精工方面还可以参看王福庵、方介堪、钱君匋、郁重今以及茅（大容）。"于安澜本人也特别推崇浙、皖诸家，提倡师法明清时期邓石如、赵之谦等人，亦推崇现代的郁重今、士一居、茅大容，原因之一便是他们在篆书创作上"于大块文章外还兼擅精工"。以邓石如、赵之谦为例，他们以"二李"为宗，将隶书笔意融入篆书，用笔灵活多变；用方折笔意写弯曲笔画，形体方圆兼用，长中带方，且具备粗细、枯润、笔势节奏的变化。于安澜认为吴大澂的《说文古籀补》、罗振玉及故宫博物院原院长马衡的书法篆刻，皆规矩古雅，值得学习。另外，张樾丞所著《士一居印存》（1935年），也是学习的良本，于安澜评价说张樾丞"虽刻工，以其多接触士大夫，刻的亦各体兼工"。从他推荐的这几位篆刻书法大家，即已体现出于安澜在艺术创作实践方面的价值取向。于安澜平时作篆书同样属于规整端严一路，工细对称，藏头护尾，一丝不苟。[①]

于安澜在与西泠印社副社长方介堪的书信往来中，同样流露出其书画审美倾向。方介堪活跃于民国中晚期印坛，爱好金石书画，博览说文类书和印谱等，被称作"绘画界中的张大千"。方介堪新作必寄送于安澜，于安澜用心整理成册，前文已有所介绍。于安澜欣赏方介堪作品中的古朴苍劲，凡来有学生向他求教，于安澜都建议向方介堪学习。他认为方介堪的大小篆书结体用刀，为学习之楷则，"用笔起落，结构行气"，落落大方，不比"有些青年热情高，总想出奇制胜，一鸣惊人，推陈不够，任意创新，走向狂怪"。[②]在方介堪八十寿辰时，于安澜写诗祝贺，说他"旁通六法妙，书画一手挚"。

方介堪篆书师法秦朝李斯、唐朝李阳冰，不落宋人窠臼，学古、师六法又能做到触类旁通。亦作书画，"松石苍且润，枝竹恍婆娑"。其松木竹石，精于选材，深于立意，往往几笔落下，素净苍润的松石就能散发出雄浑之气。在于安澜看来，方介堪是继吴昌硕、王福庵后又一艺林大家。以上种种，都说明了二人在艺术审美取向上的一致性。

（四）传统为本，力避狂乱

于安澜倡导"精工"与其重视传统基础、强调继承学习前人密不可

---

① 参见贾涛《于安澜书法艺术初探》，《美与时代》2003年第9期。
② 方广强编：《玉篆楼藏信札集》，上海书画出版社2015年版，第166页。

分。他在谈及这一问题时，解析得非常清楚，说："我常说，唐人全学晋人二王。皇帝李世民有提倡之力，至嘱《兰亭》殉葬，未免太私。在其倡导之下，很多人都学二王，连很晚够不上见他面的柳公权也临过《兰亭》，至后来各有自己的面目，自成一家，何尝都成古人的面目？宋人都学颜（除黄学《鹤铭》外），连苏亦学颜。①到后亦各自成家（这都是前人名家之论）。古人说，'从古人人，从古人出'。是不易之论。从古人人者，看他的模仿能力，能学得像是第一步成功。但各人之资质不同，爱好各异，采各家之长，以成个人面目，就是创造。在基本功没有或不结实就去创自己的，当然会走入狂妄。"②在这里，于安澜对艺术学习态度很明确——要出入有传统，创造忌狂怪。

于安澜坚持认为，学习绘画、书法，要研习传统画理书理，这样才能进一步去探求形式与精神的关系。于安澜在与学生题词、通信交流中时常透露出这一立场。学生周善治自幼爱画山水，经常携画作向于安澜请教。一次，于安澜写长诗跋语予以鼓励，其中说"芙蕖出水藤飘风，希获旅游过客喜"。他批评的是画界一种常见现象，一些人一味追求绘画速成，不重视基础，选取牡丹等一些名贵花卉为表现对象，他认为选择这些题材只是为了迎合游客，并不是真喜欢，不是真正具备艺术性。而学生周善治并不跟大流，不人云亦云，他临摹古画，孜孜不倦地研究其中画理，由此深得于安澜赞赏："梅石云烟各尽态，形式精神并臻似。"于安澜认为，只有钻研透画理，以传统为根基，才能够在画面上做到形式与精神极尽其妙。该诗题于1981年，其时中国刚刚改革开放，人们的生活方式随之变化，来自西方的艺术、哲学思潮不断冲击着中国艺术界。吴冠中在1979年与1980年发表的《绘画的形式美》《关于抽象美》两篇具有宏大建构的文章，加上袁运生等人的绘画实践，为艺术创作树立了形式与抽象两面旗帜，这就是于安澜所题"多向花鸟逞奇技"的背景所在。于安澜能在20世纪绘画"形式潮流"中坚持自己的见解，坚持传统基础，无疑是难能可贵的。

于安澜在给王海的信中多次直言书法、篆刻、绘画要基于传统，不能走向狂怪，试图修正他这位弟子的风格选择。当他听说"不歪，吃不开"

---

① 颜指唐代书法家颜真卿，黄指宋代书法家黄庭坚，苏指宋代苏轼，《鹤铭》指魏代著名碑刻《瘗鹤铭》。
② 1987年10月11日于安澜给王海的信。

的时髦语时，感到很生气也很好笑，不惜笔墨大发议论予以反驳："你认为'不歪，吃不开'，这只是从某一个方面看的。只就国家文化领导同志委任启功为书法会长，能认为启功歪吗？广东的商承祚、秦咢生、麦华三，不都是规矩传统派吗？北京的徐之谦、赵朴初，能看成创新派吗？本省那年书赛固始李乾山能得一等奖，不也认为李确实得到他的乡前辈秦树声翰林的笔意吗？只是有些人在本省有他的政治地位，就胡出怪样，本省的书协为照顾他的面子，不敢不上报；上级由于他在本省有他的地位，又不便不展出。某某的书法就是个例子。如果大家都去学他，把书法领导放到哪里去？可是，恰恰给无书法基本功的以胡乱挥洒的范例，弄得有些刊物把一些狂怪书法都登载出来了。上行下效，变本加厉。无他，'城中好高髻，城外高一尺'①。我认为不以传统的名家技法来领导青年，就狂怪作为新奇，是乱书法前途的。绘画也如此，有些人乱画，满纸的梅花或菊花，就能搞到个高级画师。"② 显然，于安澜对传统、守正有坚决的态度，对无基础而出狂怪的现象毫不客气。即便是向别人推荐书法篆刻人才、会员，于安澜也以此为标准。他曾推荐一位叫张君者参加"嵩晖印社"，说："就张君（惜失名字——原注）所刻，还不失为走传统道路者（不传统，他也不会来我里商量，如矜创造者，没人来此，避之惟恐不远——原注），引作会员，还是合适。"③ 看来于安澜非常了解他的审美方向，也清楚别人非常了解他的想法，一贯坚持，从来不掩盖、不避讳谈论这样的观点。以今天的现实看，这样的认识不落时代，仍然有指导意义。

  书法绘画如此，诗歌创作亦是如此。1983年，于安澜在河南大学"羽帆"诗社成立暨《羽帆》杂志创刊时，题诗寄语："诸生承传统，结社扬性灵。"④ 仍是在谆谆教导年轻人要继承传统，灵活掌握后以抒发精神。于安澜的这一认识符合时代要求，也符合民族文化精神，与毛泽东倡导的"百花齐放，推陈出新"⑤ "古为今用，洋为中用"⑥ 文艺政策遥遥相应。

---

① 《乐府诗集》中的一首，名《城中谣》，全诗曰："城中好高髻，四方高一尺。城中好广眉，四方且半额。城中好大袖，四方全匹帛。"
② 1987年2月12日于安澜给王海信札。
③ 1987年2月1日于安澜给王海信札。
④ 全诗后文有引注。
⑤ 1951年4月3日，中国戏曲研究院成立，梅兰芳任院长，函请毛泽东主席为该院书写院名并题词，毛泽东即请，写院名，并题写"百花齐放，推陈出新"。
⑥ 1964年，毛泽东在一封关于音乐教学工作的来信中写下的批示。

（五）形神并重，文质彬彬

于安澜认为中国画笔墨表现的前提，是要以客观生活形象的表现为中心，用笔之道、运墨之法应落实在形与神的刻画、情与景的构成上，这才是评定绘画的审美标准。于安澜曾多次临摹张善孖《卓立云峰图》。张善孖是位功力深厚的画家，擅画走兽、人物、山水，尤其擅长画虎。他笔下的老虎形神兼备，精妙沉雄，曾被林语堂称赞为"凡一脊、一肌、一肩、一爪，无不精力磅礴，精纯逼真"。20世纪30年代初，张善孖在苏州网师园筑屋，饲虎写生，朝夕相对。他对虎的习性非常了解，因此既能深刻把握虎的动态，又不流俗。由于老虎生性凶猛，前人画中出现虎的形象，多为臆测，重在表现其高大威猛，并无其他特征。而至于虎的形体结构，更经不起推敲。但是张善孖笔下的猛虎，既不失虎的威猛，又富有人性温情，同时结构准确，具有明显的华南虎特征。于安澜在《卓立云峰图》中题诗云："卓立云峰顾盼雄，披襟千载大王风。下山未改咆哮意，获臂先弯五石弓。"当时河南有一位画家李宝铎，曾学画于张善孖，早年跟随老师画猛虎，补以苍松碧石，飞瀑流泉。及中年，博采众长，融汇毫端，变化无穷。于安澜特意作对联称赞："学有师承，画虎直追张善孖；法采众长，写人雅近费晓楼。"费晓楼即清代费丹旭，前文有所介绍，其仕女人物秀雅精研，设色古艳，笔墨沉郁，颇有苍茫之趣。

于安澜对于绘画"气韵生动"的追求，从他对吴道子毫不吝惜的赞美中可见一斑。于安澜于1984年出任河南大学古籍整理研究所所长，在他的倡导下，河南省筹建吴道子纪念馆，同时举办了不同形式的学术纪念活动。于安澜留下的材料中，纪念吴道子诗词题跋占了很大一部分。在《纪念画圣吴道子一千三百年诞辰》中首句作"画圣夙参化育工，绘来地狱摄顽凶"，民间传说吴道子画龙生烟雾，画水夜闻其声，画地狱变相，令"观者腋汗毛耸，不寒而栗"。吴道子对人物的生动性与真实性有着极高的追求，能使观者有身临其境之感。唐代画史家朱景玄的《唐朝名画录》中也有记载，吴道子在长安景云寺画地狱变相，"京都屠沽渔罟之辈，见之而惧罪改业者，往往有之，率皆修善"[1]。《宣和画谱》中记载吴道子在崇岳

---

[1] 〔唐〕朱景玄：《唐朝名画录》，载何志明、潘运告编著《唐五代画论》，湖南美术出版社1997年版，第85页。

图 3-26 于安澜临《卓立云峰图》，1947 年

寺画四真人像时,"其眉目风矩,见之使人遂欲仙去",足以见出吴道子作品的艺术感染力。于安澜写道:"千幢彩塑留名刹,百里山河出殿中。"吴道子在宗教绘画技法上有很高的建树,留下了众多宗教壁画作品,在洛阳、长安两京寺绘制壁画300余壁,仅佛教经变多达10多种。因此,在于安澜看来,吴道子的艺术成就可谓"学继顾张臻妙境,名同韩杜跻高峰",①以诗评画评古,相得益彰。

于安澜认为,论艺术成就,唐代雕塑大师杨惠之可与吴道子齐名。杨惠之是唐代第一个将写实风格引入雕塑的艺术家,他的泥塑作品能够很好地表现人物的外貌特征与神情特点,这在当时被认为是合乎相术,时人称为"古今绝技"。北宋刘道醇《五代名画补遗》中记载:"杨惠之,不知何处人,开元中与吴道子同师张僧繇笔迹,号为画友。巧艺并著,而道子声光独显,惠之遂都焚笔砚,毅然发忿,专肆塑作,能夺僧繇画相,乃与道子争衡。时人语曰:'道子画,惠之塑,夺得僧繇神笔路。'"②由此可知,杨惠之最初与吴道子同学绘画,应为吴道子的同时代人,远师六朝著名画家张僧繇笔法,并与"画圣"吴道子齐名,画艺颇精。但"道子声光独显,惠之遂都焚笔砚,毅然发忿,专肆塑作"。在吴道子1300周年诞辰之际,于安澜以纪念为由,抓取吴道子、杨惠之创作之用笔设色皆服务于形神刻画的特点,直抒赞美之意。在中国艺术史上,吴道子与杨惠之二人一直以来都是以写实、重气韵、有着强烈的艺术感染力为名,于安澜所作也是别有用意。

于安澜还以书法篆刻为由,表达自己对于艺术创作上"文"与"质"的看法,认为"文"非"雕虫小道"那么简单,实际上应具有"雕龙"之体势价值。在弟子王海组建的"嵩晖印社"成立之初,于安澜作诗以作纪念。诗中提到了扬雄的"童子雕虫篆刻"与刘勰的"雕龙"之文,这两个典故都是以书法篆刻为例去谈文赋观,实际上仍是在讲"文"与"质"的偏重态度问题。中国南朝文学理论家刘勰在其文艺理论专著《文心雕龙》中,把书法称作"雕虫",这里的"雕"是指刻符,"虫"是指虫书,二者皆在秦朝书法八体之中,是当时学习书法必备的基础技能。于安澜在诗

---

① 全诗见本书前引注释。
② 〔宋〕刘道醇:《五代名画补遗》,载云告译注《宋人画评》,湖南美术出版社1999年版,第110页。

中提道:"可怜西汉老扬雄,斥壮夫不为,比作弄昆虫。"①扬雄认为"言,心声也;书,心画也",否定矫饰的外在文风,对雕虫小技看不上眼,认为"壮夫不为"。反观刘勰的《文心雕龙》,尽管都是以"文质彬彬"为理想,他却试图以"文心"之质来均衡"雕龙"之文,认为既然存在就具有其成文之价值②。于安澜不赞成扬雄之论而认可刘勰之思,认为篆刻虽小至方寸,在艺术上却可以有大作为。而早在1928年,于安澜作七绝诗《摹印》,就谈及这个问题,他写道:

嬴秦炎汉去如川,遗録摩挲认昔贤。
十载空怀投笔意,聊刊拳石代燕然。③

从书法创作上来说,摹印作为秦传八体之一,自秦流传下来后,便受到历代书法家的喜爱与推崇。摹印,也称缪篆,是汉代摹制印章使用的一种篆书体。形体平方匀整,饶有隶意,笔势由小篆的圆匀婉转而演变为屈曲缠绕。缪篆在间架构成和笔画姿态上的特征是平方正直、匀满缜密。看似是扬雄所排斥的矫揉造作之形,确在屈曲之中有正直之势。于安澜引用这两个典故,就是要表达自己对于摹印书体的看法。尽管诗文重心在论书法篆刻之取舍与偏好,又何尝不是对"文"与"质"的再次阐释。

总之,于安澜的书画审美认识观点鲜明,他注重传统基础,认为书画艺术应有所出、有所依,古人的探索实践是珍贵财富,当代人学习继承是节约时间,是向高处看齐,不能认为是走老路,是旧瓶装新酒。老祖宗几百上千年前都已经说明白、做到位的东西,我们学习就好了,没有这个传承过程,艺术会走入狂、野、怪,就不入正路。一味创新、求新不可取,守正创新才是正途。守正,不是粗头乱服,不是拿捏作怪,不是哗众取宠。艺术有正路,也有歪门邪道。要有所选择。"不歪",也能吃得开。于安澜在开封中国书画函授大学成立时题词云:"古今万法无不具,指点优异处,莫叹寻师难。提要钩玄,已把金针渡。"又引用韩愈《进学解》"记事

---

① 全诗见P147所引于安澜自填词《临江仙》。
② 参见魏鹏举《"雕虫"与"雕龙"的故事——兼论扬雄与刘勰的文学观》,《文化与诗学》2008年第1期。
③ 李学斌主编:《河南当代诗词选》,河南文艺出版社2012年版,第10页。

者必提其要,纂言者必钩其玄",意在表示在艺术创作中,应当精辟而简明地表现出主要内容,将上下古今、将学问掌握在手中,另出新意。

同时,于安澜认为,艺术家既要懂理论,又要能实践,在创与思的过程中寻找自己的风格路线,偏于一方或舍去一面都有缺陷。他认为,书法艺术中造型是基础,中国画应当与时俱进,既然它在造型方面有先天的不足,就应该吸收西方绘画的造型手段,年轻人要学习素描、透视、解剖等基本造型方法。"以中为体,以西为用"并不过时,不是空洞的口号,中国画的发展不能故步自封。

从于安澜诗词、书法、题记、信函中透露出来的这些审美思想,有时虽然只是只言片语,但是生动、形象、深刻,折射出老一代艺术理论工作者的艺术偏好与审美思考,更是他在画学文献整理研究过程中的理解与现实运用,其重传统、守正创新的认识,始终如一,格外清晰,非常值得重视。于安澜在艺术上的这些偏好选择,既有前人的影子,更是其读书思考、亲力亲为的结果。尽管有些观点会被一些激进的艺术家视为落伍、陈旧,但是,艺术发展的规律证明:艺术是循环式、螺旋式上升的,一些定律性、基础性的东西,千古不易。

五、于安澜的艺德艺道

于安澜无意成为艺术家,其主要身份是学者、教授,专业领域是语言文字学,是我国20世纪名副其实的重量级学者。艺术对于他只是一种爱好,是无心插柳。正是这种无心插柳,正是各种理论的强大支撑,才使于安澜在艺术上别具一格,将爱好提升到了专业水平。于安澜的艺术成果主要集中在书法、绘画、诗词、篆刻等几个方面。如果按成就大小高低论,其排序应该是:书法第一,诗词第二,篆刻第三,绘画第四。

(一)于安澜的艺术创作

于安澜的书法成就是有目共睹的,这主要得益于他的文字学语言学专业基础,也由于旧时代毛笔工具的普遍应用,同时因为于安澜从小就对书法有极大的兴趣,并且经常临池习练,有意而为。直到晚年,无论写信、备课、为文，他都坚持用毛笔书写。一生的坚持和对美的追求，使他自然而然地成为一代书家。于安澜曾在1939年编写了一本《中国文学家传选》，是他时任北京汇文中学国文教员时为学生准备的辅助学习材料。扉页上有他赠给别人的题字，工笔小楷，略带欧体风味，显露出一定功夫。

在80岁以前，于安澜也仅仅是善写、能写，写字对他来说就是一种工具，他力图写好、写漂亮，并不以书法家、艺术家闻名，其主要精力也没有放在艺术方面。他致力于学术、学问，日积月累，成果频出，巨著撼世，所以很早就成了学界名耆。于安澜书法篆刻艺术的真正跃升是在他80岁以后。此时他年岁渐高，学术研究告一段落，才有精力、有时间从事书法艺术的研究与创作，其大多数作品正出自20世纪80年代以后。于安澜的一个特点是无论做哪门学问、哪种艺术，都一定要弄懂、搞通，知其源流，胸有成竹。就以书法而言，当他兼职为书法爱好者讲授理论时，竟编纂了一部《书法名著选》，既便于学生学习，又提升了自己的理论认识水平。

于安澜所擅长的书体主要有两种：篆体和行楷体。篆体书法是建立在古籀基础上、形似小篆的独创性书体，略近吴大澂，喜欢作对联儿长条，间有竖幅中堂，有少量横卷。又以篆书题榜闻世，匾额、书斋室名，甚至他人画作、书作题字，多用篆体。其篆书艺术主要体现为篆法准确，用笔沉稳，风格古雅，清洁无尘，一如其人。这些在前文中已经有所阐述。用此书体创作的竖幅中堂曾入选全国首届书法篆刻展。之后，于安澜还参加过两届全国书法篆刻展，都是以篆书为主，得到了社会的高度认可。他擅长的另一种主要书体是行楷书，尤其以小行楷、手写体为上。这些作品大量保留在信件、手稿当中，十分珍贵。这些手写体小行书，流畅，工整，笔法简练，上牵下带，呼应自如。又不拘纸张，信笺、稿纸、粉签等拿来即用，不一而足。他喜欢以传统方式书写，左起竖行，文后落款信息完整，并习惯钤印。文稿信函常常数张通联，布局讲究，字法统一，格调不俗。

于安澜的篆刻和他的书法艺术相辅相成。青年时期他就非常喜欢篆刻艺术，这可能与他的古文字学研究有很深的渊源。于安澜不仅具有扎实的篆刻实践，给许多人刻印（其中包括名人大家、普通百姓、同行同事），还竭力弄通弄懂篆刻理论，自20世纪80年代起，他在篆刻上用功颇多。

他不仅具有很强的篆刻鉴赏能力,还具有深厚的理论知识。他与方介堪经常在书信上讨论当下篆刻创作风格、走向问题,深孚后者之心。于安澜具有自己独特的篆书艺术认识,曾经投书给文化部,极力推动西泠印社等出版单位印刷篆刻学古籍,以普及篆学知识,满足广大青年篆刻爱好者学习的要求与愿望,这是一般学者、艺术家不能达到的境界。

于安澜的绘画能力与水平为许多人所未知。人们都知道他是一位画论学家、美术史家,很少见到他的画作。其实,于安澜与绘画渊源很深,前文我们介绍过他早年接触、学习绘画的经历,与豫北地区当时流行的画扇风俗及他的中学美术老师仝伯高不无关系。于安澜擅长画蔬果花卉,工笔间小写意,色彩明丽,带有恽派花鸟画的影子。此外,他喜作山水画,倡导写生,力主"走万里路"。20世纪六七十年代是他绘画创作比较集中的时期,他创作了不少关于黄山题材的山水画,如《黄山人字瀑》《黄山风光》《从狮子林望黄山北海宾馆》等。于安澜的山水画风格简净,清新古雅。在技法上,皴、擦、点、染,一板一眼,传统手法应有尽有,工整,匀净,墨色中和,充分体现了他的绘画审美取向。也许因为主要精力不在于此,对绘画技法没有更多探讨,其绘画水平远不及书法。

于安澜由于一生大部分时间在研究传统中国画论,包括绘画技能、绘画史、绘画评论等,所以他的绘画理论修养深厚,眼光独特,他知道何种题材、技法、风格取向才最恰当,最符合时代要求,所以对绘画偶然为之,就是站在一个恰当位置,让理论落在实处。由于他画论研究名声大、影响深,书画界许多名家愿意与之往来,像前文提到的余绍宋、萧谦中、魏紫熙、李剑晨、齐白石、张大千,以及后来的启功、赵朴初、王力等,有些还是一生至交,平时人员、书信来往不绝。这种交往会或多或少地影响于安澜的绘画实践。像画家魏紫熙早年在开封工作,与于安澜相熟,后来在南京,曾多次前来开封与于安澜相见相商,还曾请于安澜为自己的画作题额,足见敬重。

总体来看,于安澜的绘画作品数量不多,创作年代多集中在20世纪六七十年代,题材样式相对单调,影响不大。但是作为一名卓越的中国画学家,有如此成就、如此实践,实属难能可贵。

于安澜所取得的艺术成就中,值得一提的是他的诗词。于安澜一生创作了大量古体诗词,由于是老牌文字学家、语言学家,其诗学、词学、音

图 3-27　于安澜《黄山人字瀑》，中国画，1976 年

韵学、训诂学功夫都堪称专业，这为他的诗歌创作提供了坚实基础。尤其是《诗学辑要》一书的出版，即可见出他在这方面的功夫。于安澜的诗词创作从年轻时候就已经开始，1930 年在信阳任职时写就《信阳城楼晚眺》[①]诗一首。是年夏，入燕京大学读书时，初到北京，心潮澎湃，即兴创作组诗，来表达自己的心情，其一曰：

> 鑫盖周轮罗翠茵，琉窗不识绕街尘。
> 廿里凤城如飞过，半是何郎半美人。

不仅对仗工整，诗韵雅致，还很好地表达了自己的心境。

于安澜一生喜诗，80 岁以后还与同城好友组建了诗歌协会，以诗会友、

---

① 详见本书第一章"政治冲击下的学术岁月"一节所引。

以诗为乐。上文述及，于安澜一个最大的特点是无论做哪种艺术，不止于皮毛，必须弄通弄懂；不仅要知其艺，而且要识其道。比如，为书他研究书论，为画他精通画论，搞篆刻他通晓篆学，同样，赋诗填词他要弄懂诗学理论，这是学者型艺术家的典型思维：不止于表面现象，力求穷根溯源。《诗学辑要》一书即为典型。

该书分体制、源流、作法三大部分，从诗的起源、评论、章法、修养等方面着眼，汇集了历史上清代以往关于诗歌理论的种种经典言论，多达45万字，堪称巨著。有如此丰厚的理

图 3-28 《诗学辑要》（四川人民出版社 1992 年版）封面

论修养，再加上他对诗歌创作的浓厚兴趣，于安澜的诗歌创作可谓独步一时，无论是祝贺、祝寿、聚会、感兴，他常常用诗歌来表达。据不完全统计，于安澜的诗词至今保留下来的仍有数百首之多。20世纪80年代初还是文学一统天下的时期，为其他艺术类型之冠。于安澜80年代中期离休，基本上告别了大学讲坛，时间充裕，身体康健，精力仍充沛，平时除了进行书法篆刻创作之外，写诗也是他生活的重要内容，他与诗歌爱好者一起组建诗社，不时讲授诗学知识，以提高诗友们的认知水平与创作能力。同时，于安澜对青年诗社也倾力扶持。1983年，河南大学中文系成立大学生社团组织——羽帆诗社，于安澜赋诗一首并用毛笔小篆体誊录写出来，以示祝贺与鼓励。诗云：

> 自古垂名训，语言是心声。
> 发而为诗歌，语言之菁英。
> 商周遗篇在，三百传范经。
> 古诗十九首，作者无姓名。
> 建安出七子，曹氏有弟兄。
> 唐诗超六代，李杜树典型。

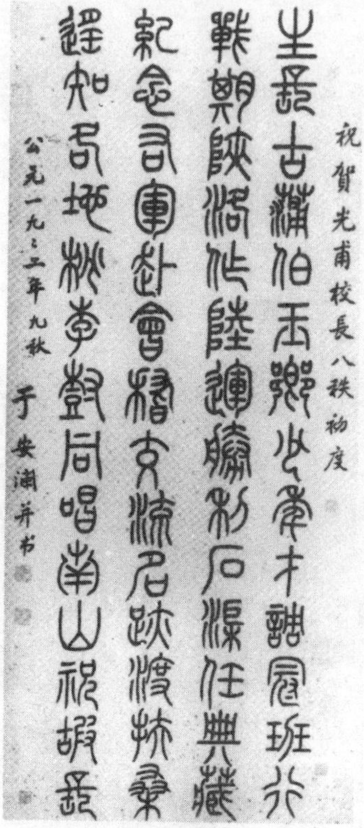

白诗重通俗，读与老妪听。
迨我毛主席，振彩四海惊。
胸怀高一世，健笔擅纵横。
诸生承传统，结社抒性灵。
名为羽帆社，编辑作嘤鸣。
羽取凌霄汉，扬帆万里征。
歌颂新事物，四化早完成。
行贵洛阳纸，诗教益恢弘。
老夫虽迟暮，喜闻雏凤清。

这首150言的长诗从古诗起源开始，述及历史上诗界各代名家，又以当代领袖毛泽东的诗人情怀为标杆，鼓励青年学子怀抱负、展宏图，争取做新一代诗人，听闻他们清雅的诗篇。这一诗书双璧的作品，激励了许多青年文学爱好者。更为难能可贵的是，于安澜许多诗作是为书画艺术家及其作品而作，又经其手转换成了书法作品，自作自书，堪称艺术双璧，尤为

图3-29 于安澜诗书，
为牛光甫八秩而作，1992年

人们所珍爱。

如上所述，于安澜所在的时代，文学作品还是艺术的中流砥柱，是人类艺术生活、精神生活的主要环节，而诗歌无疑是其中最为普及、最为人们所津津乐道的题材。于安澜在此方面所展现出来的诗歌创作才能，既是时代风貌的展现，也是他各种修养综合作用的结果。值得一提的是，后人的诗集中显然将他列为当代诗人，可他以诗为乐，从来没有把自己看作一个诗人。在他看来，诗歌不过是他平常生活的一种精神调剂。

（二）于安澜的艺品

可以看出，于安澜在书法、诗词、绘画、篆刻等方面均有一定造诣，基本功扎实，品位不俗，堪称门类齐全的文人艺术家，在当时尽管无相应名分（中国书法家协会会员、中国美术家协会会员除外），却有相当的影

响。难能可贵的是，于安澜并不以艺术家自居，近一个世纪的人生经历使他养成处变不惊的品格，无论苦难、坎坷，还是幸福、安康，抑或是艺术、学术上的成就，他都欣然接受，视若平常。其深厚的传统道德修养、扎实的专业学术基础、丰富而充满艰辛的人生经历，使他对待自己的学术与艺术成就，为而不恃，成而不骄。古人云"艺，小道"，于安澜也许有这种认识，他那种自娱自乐、娱人娱己的观念比较浓厚。一生当中，他对艺术充满兴趣，甚至是生活的一部分，但是从来没有想过要做职业书家或职业画家，也没有采纳到美术系做教授的建议；似乎他总在向苏轼、董其昌这些古代文艺名流看齐。正因如此，他才从不把自己的作品当作有价的商品，从来不去经营自己的艺术市场，甚至不要起码的润笔、材料费，这就是众所周知的"分文不取"。这或许是于安澜思想境界的至高至远之处。由此，也发生了不少趣事。比如，有人向他索书索印，有的自备宣纸、印石，有的两手空空。于安澜经常倒贴笔墨、纸张、石材，甚至邮寄费。远在外地的书法爱好者有时寄来宣纸，请他创作书法，有的还附寄一些小礼品，他一向拒绝。如果礼品稍微贵重一些，他写好书法作品之后，都要退回。有一次，一位江苏省的书法爱好者慕名求字，由于与于安澜素不相识，不仅寄来了宣纸，还附寄一对绣花枕头，以致谢意。于安澜觉得太贵重，就叫家人退寄回去，还附上自己认真创作的书法作品。不惜物、不爱财，不惜时间和精力，只有别人满意，自己才心安理得。这就是于安澜特有的书道、艺品，一种他人无法达到的境界。

对于前来索字求书的同事、亲戚、好友、学生，于安澜不在乎形式，不论高低贵贱，常常是别人捎句话，或命题，或独创，他都会记在心上，录在本子里，按照轻重缓急，一人一人地去创作。于安澜创作书法，从不马虎，不应付，往往是深思熟虑、反复多次之后，直到自己满意了再送交别人。有时为了弄准一个篆字字形，他还要查阅资料，甚至上下款的题写文字内容都再三斟酌，一是尊重，一是避免重复。有一次，同事张如法教授受人之托想让于安澜题写一个书斋名，只有简单的几个字。由于和于安澜比较熟络，张如法的意思是当场写好就完事了。于安澜却很认真地说："你这是让我出丑啊，书法可不能这样写。"一个星期以后，他才将认认真真、反复琢磨后写成的作品交给同事。

于安澜每年送出去的书法作品不计其数，当然是分文不取，因此求书

图 3-30　于安澜题签"雪泥鸿爪"，篆书，1990 年

索书的人越来越多，有的还不止一次，于是，送来、寄来的待写的宣纸常常堆满案头，于安澜感受到了压力，也经常向同行"诉苦"；苦中有乐，他戏称这是"书债"，并说这种"书债"古人也有。他还有个习惯，决不让这些"书债"积压太久，一是怕求字的人等得太久，一是自己也有还完"债务"的轻松。于是他给自己规定，每年的年中和年末要清一次书法"欠债"，在"清债"那个时段，他是最忙碌、最辛苦的。

前文提及，1984 年于安澜与新乡青年书法篆刻爱好者王海结识，两人相差四五十岁，于安澜欣赏王海的才气和基础，成了忘年之交，二人常常书信往来，王海还不时登门求教，以老师相称。几年以后，王海有机会报考河南省专科干部培训专业班，于安澜很希望他能报考河南大学，来开封读书，这样交流更为方便。因此，于安澜不仅给他提供大量复习资料，写信教他学习复习方法，甚至将中国历史线索一一理出。还在王海考试成绩出来之后，多次到学校有关科室咨询、查询，嘱咐工作人员一定要费心关注，这在于安澜有生以来还是第一次。于安澜求人也仅仅停留于此，他不会走歪门邪道。从两人书信中得知，他前后六次登门打听消息，但是最终王海还是没有如愿考取河南大学，而是在新乡本地就读。于安澜的失落甚于王海，可也无可奈何。我们不禁感叹，一位资深老教授、著名学者的影响力仅此而已。这也恰恰说明了于安澜的为人和品格。

于安澜的为艺之道，值得借鉴的还有一点，就是谦逊、低调、乐学。正是因为他见多识广、积累丰厚、认识深刻，才成为一位处事和善、平静无争的学者。据他的同事讲，于安澜平时很平和、很家常，待人接物从不摆资格、不端架子、不说过头话；没有戒心，毫无恶意，他对待朋友、熟人十分真诚，相见如故；和人攀谈起来就像一个"话匣子"，滔滔不绝，坦坦荡荡。如此了不起的学者，那么丰硕的成果，在别人可能就是一种资本、一种招摇的本钱，而于安澜从来不把它们当回事，甚至认为不值一提。

于安澜热爱艺术，绘画、书法、篆刻、诗词伴随他一生。虽然从事的是语言文字学研究，却始终把书画艺术放在心上，即使在燕京大学搞音韵学研究，他都能将绘画派上用场，这也许就是学术"通会"吧。在中州大学读大三的时候，他组织了一个叫"巴歈剧社"的学生剧团，除主持各种事务外，人手不够时还亲自粉墨登场，饰演角色。大学三年级时，著名美术家陶冷月来到中州大学讲学，在陶冷月提议下成立了"画学研究会"，于安澜任会长，足见其美术功力之强。新中国成立后，也就是20世纪五六十年代，由于无法重登讲台，业余时间于安澜重拾画笔，开始作画，创作了不少花鸟画、山水画。"文化大革命"以后，改革开放，文化振兴，于安澜也重获自由和尊重，于是，他又与自己的同好们组建起老年诗社。同时还应邀为开封市中国书画函授大学学员教授书法技能、书法理论。虽然是义务奉献，没有分文报酬，他却非常认真，备课、写教案，还让家人陪同，步行往还。

至于前文所述他在晚年投身传统文化艺术名人纪念场馆项目建设，不辞辛劳、不图名利、甘于奉献的事迹与精神，更为人们津津乐道。河南漯河市郾城区许慎纪念馆、许慎墓园，河南禹州吴道子纪念馆，河南商丘虞城木兰祠，江苏常州市金坛区段玉裁纪念园，河南滑县清代廉吏暴方子纪念园等，策划、推动这一系列纪念场馆建设，耗费了于安澜大量心血。做计划、写报告，上通下联，落实资金、用地，亲自与名家好友联络捐助事宜，处理复杂的学术考证及由此产生的社会矛盾等，这些举措让年轻人都叹为观止。这些文化项目不仅留下了于安澜艺术活动的足迹——处处都有他无偿捐赠的书法艺术作品，也为当地文化事业增添了丰富内容。这些记载着于安澜老年印迹的文化纪念场馆，许多已成为当地的文化地标或重要的文化旅游景点。① 至于他应邀为上海、北京、武汉、长沙等地文化艺术活动所创作的书法作品，更无从统计，目前仅能从他当时所写的书信中窥知一二。

---

① 详见本书第一章"夕阳余照与公益壮举"一节。

图 3-31　江苏常州市金坛区段玉裁纪念馆大门

　　于安澜一生与艺术结下不解之缘,并且用朴素、纯正的认识视角诠释了真正的德艺双馨文化精神。而且这种诠释不刻意,不故弄玄虚,发自内心,自然而然,展现了老一代学者那种正直、严谨、认真、主动、乐于奉献的精神风貌。这种不图名、不图利、甘于奉献、甘当老黄牛的人文精神、学者风范,是优秀传统文化、优秀艺术滋养的结果。于安澜属于整个20世纪,横跨众多截然不同的年代,因此,这种优秀品格不能完全归之于时代造就,只能说是个人修为、文化积淀的综合作用。斯人已去多年,而其精神风貌、艺术之道,仍然值得今人铭记、温习。

第四章　于安澜的人文学养

于安澜一生致力于多种学术与艺术研究，勤奋治学、严谨细致，著述宏富，其影响波及国内外。能取得如此大的成绩，是多方面因素综合促成的，研究分析于安澜为艺治学当中的人文精神、价值观念、政治立场与学术方法等，足以为后人提供有益的借鉴。

国内名家对于安澜学术、艺术之评价，主要着眼于他的两部代表性著作——音韵学类的《汉魏六朝韵谱》和画学类的《画论丛刊》。这两部成果都具有开创意义和填补学术空白之价值，学术性与实用性兼备。而这些成就的取得得益于他扎实务实的学术方法、学术精神、文人品格，即是说，于安澜能够准确定位、专博结合、学科互通、述作结合，再加上慎择笃行、淡泊名利、坚持学术先行等文人气质，共同造就出其大师风范。

作为学者型教师，于安澜业余指导、影响了一批书法、篆刻、绘画、诗词艺术爱好者，他言传身教，充分运用自己深厚的学术积淀与理论修养，卓有成效，并在指导、交流过程中展现出独到的艺术认知和审美修养。尽管于安澜在学术与艺术上的直接传承后继乏人，而其甘为人梯、乐于奉献、严谨不苟的学人品格一直被传颂、被弘扬。

一、大师的铸成

于安澜与20世纪同行，从某种程度上讲，这个世纪是"于安澜们"的世纪。如前所述，他与其他学界大师如陈寅恪、王力、俞剑华等一样，是我国现代学术史上的奇迹，其学术成就横跨语言学、音韵学、诗学、文学、书学和美术学等多个学科领域，并且是实力派艺术大家，其诗词、书法、篆刻以及绘画创作都有很高的品位，尤其是篆书、篆刻艺术，成了今天人们争相收藏的珍品。

1924年,坐落于当时河南省府开封、几经整合的中州大学①开门招生,于安澜成为它的第一批学员,尽管是预科生。1927年,中州大学更名为河南省立中山大学,此时的于安澜已经是大二学子。1930年于安澜修满学分毕业时,河南省立中山大学在中原地区已然站稳脚跟,校名也更改为"省立河南大学",不仅是中原名校,全国闻名,还是许多名师、学子向往的地方。毕业以后的于安澜并没有彻底离开学校,他经常回母校修习自己关注的课程。比如,当听说邵次公来校教授语言学课程时,于安澜像先前一样走进教室,虚心做起了学生。课余,二人的交往十分融洽,在邵次公的指引下,于安澜报考了燕京大学研究院,并于1932年顺利成为其中的一名研究生,从事语言文字研究,开启了他一生中学术研究的新篇章。抗战期间的1942年,西迁洛阳嵩县潭头镇(今属栾川县)办学的河南大学给这位昔日高才生发出入职邀请,于安澜也十分兴奋,但是由于战乱和道路阻隔未能成行。1945年抗战胜利后,多年流亡异地办学的河南大学终于迁回开封原址。②1946年夏,稍做安顿,时任文史系主任的嵇文甫教授再次向于安澜发出邀约,于安澜第一时间赶赴开封,正式成为回迁开封后的河南大学的一名教员,从此扎下根来,不离不弃,终生守候。从进入河南大学就读,到执教于河南大学,再到他辞世,前后历经70多年。半个多世纪的不解之缘,使于安澜不仅成为河南大学办学历程的见证者,也成为典型的"铁塔牌"河大人。

许多人心生疑问:这位世纪老人、著名学者、学术大家,这位默默无闻的艺术家,是如何做到的?他是如何被塑造的?他的成功与成就对我们当前的高等教育、学术研究有什么样的启示?带着这些疑问,我们有必要巡检一下于安澜不平凡的人生历程,以及他是如何完成自我塑造、自我蜕变的。

从1902年生于豫北滑县一个偏远农村至1999年逝世于河南大学南门外专家公寓,于安澜几乎经过了整个20世纪。终其一生,可以用一句话概括:生于动荡,成于艰辛,殁于安乐。之所以能获取巨大成就,与其良

---

① 此时的河南中州大学即今天河南大学的前身。
② 抗日战争爆发后,河南大学先后辗转于河南洛阳嵩县潭头镇、南阳淅川荆紫关、镇平、陕西宝鸡等地办学,抗战胜利后于1946年由宝鸡回迁至河南开封。

好的家庭环境、不懈的自身努力、学术大师的影响提携、对学习环境的利用营造，以及专于一科、打通学科壁垒的能力和眼光等，有极大关系。此外，坎坷逆境中的坚守与执着，平和、风趣、乐观以对的生活态度，淡泊、奉献、乐于助人的文人品格，也是促成于安澜学有所成的重要因素。

（一）慎择笃行与学术突破

于安澜生于清末，一生经历了风雨飘摇的清朝末期、军阀混战的民国时期、抗日战争、解放战争和新中国成立等几个大的历史时期。他的生存环境十分险恶，国家多灾多难，个人多难多艰。在他出生的年代，中国政治、经济凋敝，民不聊生，列强欺凌，战乱频仍，可以说，社会并没有给于安澜营造一个良好的生活成长背景。幸运的是，于安澜出生在黄河中游北部一个偏远的农村（离黄河大约30公里），他的家乡——滑县牛屯镇的鸭固集村，处于几个区县的边界地带，是各种军阀势力、外敌侵略者不易渗透的地方，尽管有乡匪横行，还算得上动荡时局下比较安宁的地方。其祖上并非豪富，也不是书香门第，在他之前，家里没有知识分子。于安澜的父亲只读过几年私塾，没有考过秀才，在农村搞各种小本经营，信贷、开中药铺子，挣下300多亩土地，在那个只有几十户人家的小村庄，算是小康。但是其父亲注重知识，全力供养子女读书，使他从小受到良好教育。家中先是为他聘请私塾老师进行旧式教育，又聘请新式教员进行新式教育。进入中学时于安澜已经到了婚育年龄，但家里并没有终止他读书。在清末、民国之交，新式学校教育比较普及，旧式私塾并未完全退出历史舞台，在这个特殊时期所学的"四书五经"，为他以后迅速进入语言学、文字学、中国画学研究，熟练掌握与运用各种文献资料打下了坚实基础。而在新式学堂所受的熏陶，使其思想境界超越了旧时代局限，能够以先进的学术视野对待自己的学术之路。其时，流行于豫北农村的画扇风俗，是于安澜最早的美术启蒙，他青少年时期结识的一些画扇艺人，对他日后对美术专业的特别关注，以及对绘画文献的整理研究影响至深。

兄妹三人中，于安澜居中，却是最喜读书而经营乏术的一位。在中州大学读书期间其父去世，家务交由长兄照管。其兄喜好交际，挥霍无度，家道随之衰落。至1930年从河南大学毕业，于安澜不得不先后赴河南信阳省立三师、沁阳第十三中学任教，以养家糊口。1932年考入燕京大学研究院后，靠优异成绩多次获取奖金以自养。①毕业后滞留北平整理书稿，至 1936 年、1937 年自费出版《汉魏六朝韵谱》《画论丛刊》两部著作，前者收回成本略有盈余，后者因战争骤起负债难偿，新中国成立后方逐渐还清。1938—1939 年滞留北平期间，兼任北平汇文中学国文教员，1939 年秋返回故里，家道败落，他清理、变卖家产为长兄还清债务后，仅能维持生计而已。

这样的条件使于安澜虽出身富足而生活节俭，并懂得如何珍惜学习机会，如何争取上进。他有着学习上的天赋和潜质，在小学和中学阶段，积极主动，特别有自己的主见和追求，加之以前牢固的文字、文化基础，学习成绩优异。从在汲县中学师从范文澜学习国文起，其学术志向基本确定为文字学研究，景仰大家、"攀缘大师墙垣"的愿望油然而生。中学毕业有机会进入大学深造，亦有赖老师范文澜之功。

中州大学的前身是在 1912 年成立的河南留学欧美预备学校，是当时全国仅有的三大留学欧美预备学校之一②，坐落于省府开封东北隅，著名的北宋太平兴国年间兴建的佛塔（因其通身镶嵌的琉璃砖呈铁红色，又称铁塔）就在这学园之中，微风吹拂，在校园各处皆能听到塔铃叮铃，非常适宜读书。再往前追溯，此地为河南贡院，1904 年、1905 年，清朝最后两届科举考试因受义和团运动与八国联军侵华影响，移此举办，由是全国闻名。1930 年更名为省立河南大学，1942 年整合为国立河南大学，其教学体系、师资管理、学术结构、学科定位等，不输国内其他名校。由于名望日增、地位日隆，一度被国民政府命名为"国立第五中山大学"，与当时广州的中山大学、南京的中山大学（主体即今东南大学）、北京的清华大学、湖北的武汉大学并列，合称"中山五院"。在这所大学里受教是于安澜的幸运，更是他学术腾飞的起点。

---

① 于安澜在诸多国学大师的教诲下，潜心于古代汉语、古音韵学、古文字学的研究，1932 年写出了处女作《诗学总论》，该项成果获 1933 年河南省教育厅颁发的甲等学术奖金 400 元。此后，他又转入了《汉魏六朝韵谱》的撰写，1934 年下半年完成初稿，再获本年度河南省教育厅颁发的学术奖金 600 元；该书稿同时获燕京大学哈佛学术奖金 500 元。

② 另外两所留学欧美预备学校分别是清华学校（清华大学的前身）和南洋公学（西安交通大学、上海交通大学的前身）。

图 4-1　开封铁塔，位于校园北侧，北宋太平兴国年间建造

当时的中州大学名家荟萃，范文澜、冯友兰（哲学兼文科主任）、李笠（文学兼中文系主任）、郭绍虞、嵇文甫、董作宾、刘盼遂、段凌辰等先后于此任教，另有临时聘请的文字学家邵次公、画家陶冷月。名家大师云集，使中州大学办学水平登上新台阶，大学生们受益匪浅，成为日后学有所成的基础。1926年后，直、奉军阀及国民革命军逐鹿中原，中州大学在财政、时局等压力下朝不保夕，时或停课停学，直到1930年年末，于安澜才修满学分，大学毕业。

在大学学习的六年，是于安澜学术境界、学术眼光和学术思维成长、成熟、定型的重要阶段。正是受到国内诸多著名国学大师，尤其是语言大师的学术吸引，他才一步步坚定地走向语言文字学专业研究。更重要的还不是学术、知识上的收获，而是这些名家大师的人格魅力。读大学期间，于安澜在学术上"攀缘大师墙垣"的志向已然坚定不移。

1932年，于安澜负笈北上进入燕京大学研究院，这是他步入高端学术殿堂的重要台阶。当时的燕京大学是旧中国学术界的制高点，名流云集、大师接踵。于安澜在三年的学习和研究阶段悉数接触到了当时最著名的语言学大师,如钱玄同、容庚、刘盼遂、闻宥、王力等。燕京大学良好的学习氛围和优越的文献条件,又非昔日的河南大学可比,三年学习研究,其学术境界、学术方式和学术眼光又有极大提升。由于之前的悉心积累,在研究生阶段于安澜就已着手学术研究,边学边创,学创结合,毕业时他已经成为一位名副其实的专业学者。在此阶段,他积累了许多宝贵的学术资源,又活学活用,融会绘画与音韵学研究,创造性地解决了音韵学复杂无绪、常人无从下手的谱系问题[①]。至1935年从研究院毕业时,他主攻的汉魏六朝韵研究论文已赫然成书,为此校学术委员会还专门讨论过是否付印的问题。[②] 不久,中华印书局将之列入出版计划,1936年5月《汉魏六朝韵谱》正式出版,引起国内语言学界的极大轰动。他又向该出版社交付了另一部多年积累而成的书稿——《画论丛刊》,经过半年多排印,于1937年5月正式出版,举世震惊。这部画论文献著作以其严谨、经典、实用而为广大学者、美术爱好者爱不释手,由此于安澜又成为蜚声中外的画学大师。

这两部著作都有划时代的意义。《汉魏六朝韵谱》填补了国内语言音韵学在这个时期的学术空白,解决了当时该专业领域里的大师们都望而生畏的一项巨大学术难题。《画论丛刊》一书的出版,是继黄宾虹、邓拓所编《美术丛书》和余绍宋所著《书画书录解题》之后的又一部传统画学巨著,较之这两部著作,更是站在了时代的前沿与艺术的制高点,其学术价值和实用价值都远远超越了前著,用什么样的语言来赞美都不为过[③]。

由此可知,于安澜并没有良好的学习环境,是在逆境、乱局中一步步走向学术高地。在学术起步阶段他比较幸运,得遇不少大师,而动荡不安甚至黑暗凶险的社会环境,练就了他坚持、坚韧的性格,他以自己的刻苦和勤勉开始攀上"学术大师的墙垣"。

[①] 于安澜受绘画的启发,将行箧中的画笔色碟用于音韵研究,"用一色勾勒一韵,一勾到底录之另册。俟全部勾出录毕,再观其与邻部混合之迹,又严格与宽泛之殊,则各部面目尽呈毕露矣。经时月又全部录出。各时期真相,判若列眉"(张生汉编《于安澜先生纪念集·〈汉魏六朝韵谱〉重印跋》,河南大学出版社2009年版,第16页)。

[②] 《容庚北平日记》:"(一九三五年)十一月八日,星期五,早授课。下午三时半往学校,讨论于海晏论文刷印事,议决不付印。"(中华书局2019年版,第437页)

[③] 参见贾涛《于安澜〈画论丛刊〉学术价值管窥》,《美术观察》2003年第8期。

（二）大师提携与自我塑造

学术大师的提携、奖掖是于安澜学术成功的一大要素，尤其是在青年时期。再高的学术水准，如果没有大师的推许举荐，影响力也会受限。专著《汉魏六朝韵谱》的出版，对青年学者于安澜而言非比寻常。为此，他先后求教于刘盼遂、容庚、钱玄同、罗常培、段凌辰、冯友兰等业界、业外大师。他们对这位年轻学者做出的巨大成就惊叹不已，并不失时机地向外推介举荐。钱玄同亲书信函以为序文，洋洋千余言，全面评价，不吝赞美之词。闻宥这位著名的文字学大师一丝不苟地为之撰写序言，总结说"凡斯之类，其足以理旧说，启新知"①，予以很高评价。刘盼遂在序文中说："安澜之思精力果，能利用科学方法之考证法，盖足起人惊异也。"②时任清华大学语言学教授的王了一（后名王力），与于安澜从未谋面，得观是书，欣然命笔，投书天津《大公报》予以详评，从得失两方面全面分析，称是书"瑕不掩瑜，三期之分，尤见恰当，如能再加董理，将成传世之作"。此后，二人成了学术至交，他们的学术友谊一直存续到20世纪80年代王力逝世。如果没有这些学者专家不遗余力地重视推荐，也许人们对该书价值的发现还是个问题。

比及《画论丛刊》一书出版，同样有多位专家、名公为其助力，其中包括已经驰名中外的美术史家、画家黄宾虹，在美术界举足轻重的史论学家郑午昌，在书画与政商界同时闻名的余绍宋。他们为该书写序言、做宣介，甚至连名重一时的国画大师齐白石也为之题签，于安澜的学术至交、北平艺专国画教授萧愻也为该书题签。此后同样如此，无论于安澜在哪个方面做出成就，都会有国内外举足轻重的本行业专家、学者为其助力，哪怕仅仅是题写一个书名。1963年，当于安澜《画

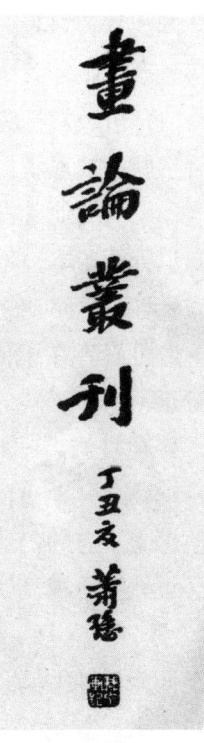

图4-2 《画论丛刊》萧愻题签，1937年

---

① 于安澜：《汉魏六朝韵谱·闻宥序》，中华印书局1936年版。
② 于安澜：《汉魏六朝韵谱·刘盼遂序》，中华印书局1936年版。

史丛书》出版时,为其题签者是著名画家潘天寿,这本身即是一种无声的支持。1972年,于安澜编辑的《书学名著选》书稿内部油印,著名书家沙孟海、诸乐三分别题签。1982年,被誉为"画学三姊妹"之一的《画品丛书》出版时,题签者是画界元老刘海粟;1992年,他的最后一部学术力作《诗学辑要》出版时,题签者是当代两位重量级人物:一位是著名书法家赵朴初,一位是蜚声中外的语言学家王力。大师为大师支持助力,其影响情势可想而知。

另有篆刻家方介堪、画家黄苗子等都在不同时期、不同场合大力推许于安澜。这些外在因素固然重要,其前提是自身确有这样的实力。大师们的出场是象征性的,真才实学才是根本。从另一角度看,大师名家们看重的是学术自身,是专业水准,是结果;他们的携助仅限于此。作为生活中的个体,甘苦自处。于安澜的人生岁月并没有那么幸运,20世纪30年代两部名著出版之后抗日战争全面爆发,在战争面前,一切学问、学术都显得苍白,出版发行应有的收益付诸东流,学术影响力锐减,直到新中国成立后它们才被重新提起。然而,高端的学术成就不仅没有给于安澜带来新机遇,反而使他备尝苦楚:在那个讲究出身、政治挂帅的年月,如他一样的知识分子基本被边缘化了。好在于安澜眼光长远,没有放弃,他坚信未来需要学术学问,并克服困难,坚持不懈。

最可贵者在于他的笃定与坚守。于安澜有一颗平常之心、平静之心,以身正不怕影子斜的人生信条,默默承受着各种不公,包括被剥夺教学资格,甚至被调离学校。经历新中国成立初期国内高等院校大规模调整之后,动荡多年、重回河南大学的于安澜只能做教辅工作、管管资料而已,但他念念不忘的仍然是学术、专业,相信总有一天社会风清气正,知识学问会重新被重视,回归它应有的价值。他并未消极沉沦,以古人为例,自我解嘲。于是,白天受批斗,夜深人静时他常常挑灯夜战,思考学术问题,悄悄整理书稿,不舍得徒费时日。就这样,日复一日,在被批斗的悲苦与学术研究的快乐中于安澜坚持了十几年。正是这种长期坚守和坚持,1963年,长达百余万字的重要美术文献《画史丛书》由上海人民美术出版社出版发行。该书是《画论丛刊》的姊妹篇,辑录了历史上画史类著作几十种,凡重要篇章尽收其内,这在那个资料文献相对匮乏的年代,无疑是学习研究中国古代绘画及绘画史论的得力之书、必读之书。"文化大革命"

结束后不久,当学术认识一回归,他先后拿出了三部令人瞩目的重量级书稿:《画品丛书》《书法名著选》和《诗学辑要》①。其中《画品丛书》是之前出版的《画论丛刊》《画史丛书》的又一姊妹篇,这三本著名著作构成了中国画学体系的基本框架,于安澜用系列文献著作的形式,构建起现代中国画学学科的基本学术体系,这是他对现代美术研究最了不起的学术贡献——尽管因年事过高第三部书稿《画品丛书》止于元代,只出一册,并未最终完成。这些书稿合起来有数百万字,虽然出版时间有先有后,可它们几乎全是动荡浩劫岁月中积累起来的。于安澜的学术智慧、学术成果引起国内外专家学者、艺术爱好者的极大关注,反响强烈,其著作发行量巨大,包括之前出版的《汉魏六朝韵谱》、画论类著作等一版再版、重印,并为中国香港、台湾地区,以及日本等外国出版商所重视,或影印或原版出版。

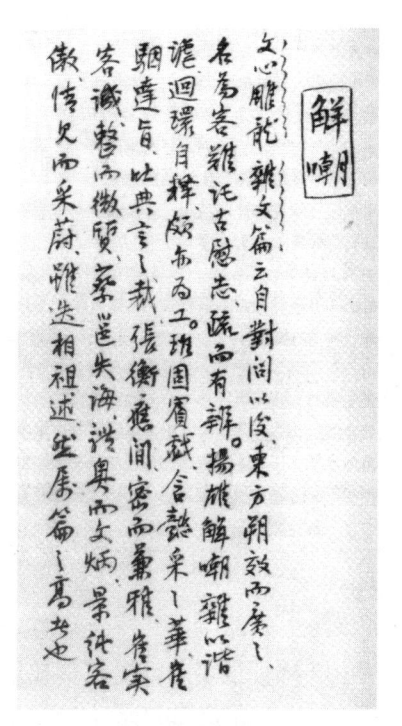

图 4-3 于安澜手稿《解嘲》,年代待考

---

① 《画品丛书》一书 1982 年由上海人民美术出版社出版。《书法名著选》写成于 20 世纪 70 年代末,作为内部资料印行,2009 年河南大学出版社正式出版。《诗学辑要》一书 1992 年由四川人民出版社出版,曾得到中央宣传部前领导人胡乔木的关注与举荐。

显然，于安澜的学术成就与他的执着与坚守有极大关系。特别是"文化大革命"结束后，他认为浪费的时间太多了，还有许许多多的事情没有做完，因此特别珍惜时光，尽管年事已高，仍然只争朝夕，许多年轻人都很难做到。

以此观之，社会环境并没有给于安澜提供一个从事专业研究的理想场所，其成就的取得不能不归之于他早年所受到的良好教育，尤其是他在中州大学、燕京大学求学时期的学术熏陶。那种浓厚的学术氛围，那种孜孜以求的治学精神，那种大师名流的高尚胸怀，使学术研究的种子在他心里生根发芽，融入血脉，让他在日后半个多世纪的风云动荡中矢志不渝，无论环境多么恶劣、条件多么艰苦、岁月如何改变，都没能动摇他做学术、搞研究的决心，没能更改其"攀缘大师墙垣"的学术志向。

（三）由"专一"到"通会"

通常，一个人一生能够在一个领域有所作为、有所贡献，能够成为专家学者，就是了不起的成就，而于安澜竟然在多个领域都做到了，成了几个学科里共同承认的大师，这又是为什么？

总结于安澜的学术生涯，我们认为，在专业研究方面，极为重要的就是他能够打通各个不同学科，让这些相邻、相近、相关的学科相互支撑、为我所用，使一科的成就波及、扩展到其他领域，互相影响，古代书论中称之为"通会"。唐代孙过庭在《书谱》中说："至如初学分布，但求平正；既知平正，务追险绝；既能险绝，复归平正。初谓未及，中则过之，后乃通会。通会之际，人书俱老。"①从中可知，"通会"是学习书法的最高境界，用于学术、艺术与人生同样贴切。于安澜将各专业融会贯通起来，互为成就，就可以用"通会"来形容。

由上可知，于安澜最早以音韵学、文字学著称，不久又戴上了画论学家的名冠。其实，这两个学科有很多关涉。比如校勘，它是所有古文献学共同的领域，无论文学、文字学、音韵学或中国画学。古代画论篇章全是文言文，还有众多抄本，版本低劣、传抄错误等现象十分普遍，一字之差

---

① 〔唐〕孙过庭：《书谱》，载华东师范大学古籍整理研究室选编《历代书法论文选》，上海书画出版社1979年版，第129页。

谬以千里，所以版本学、目录学、文字校勘学在中国画论研究中都是很重要的学术领域。恰恰于安澜对文字学、音韵学十分精通，因此他在辑录、编纂中国画论著作时能得心应手，游刃有余。《画论丛刊》一书的"校勘记"多达数万字，勘正了历史文献中的很多谬误，有些甚至是流传数百年、习以为常的错误。如果没有深厚的文字学、语言学功底，这些问题很难发现，更何谈纠正。

对这类文献的校勘、订正，同时需要特别的绘画专业知识，并非语言文字功夫高就可以做好。如果没有一定的绘画实践和专门的绘画理论，校勘此类文献只能是纸上谈兵，无法做到深入、做到专业。我们时常见到类似的著作，错误百出，不堪卒读。因此，语言学、文字学、中国画学，甚至绘画创作实践的相通与相互支撑，都非常必要，而于安澜恰恰数者兼备。

当时画学学科并不明晰，今天所谓画论文章，在古代往往与散文、诗词、笔记、杂感等混杂在一起，不分彼此。尽管从明代开始已经有人将画论篇章纂辑成册，也只是初步分类。因此，画论文献与文字学、文学等文献相互混杂的现象比较常见，对它们进行分析、甄别、研究，是专业范围，也需要其他学科的知识。于安澜在诗学、文学方面颇有建树，是地道的诗人，从年轻到年老，诗情浩荡几十年，这是一大便利。同时他又精于书法和篆刻。如此"通才"，去做画学文献，其利莫大焉！

学科互通其实就是学科交叉，它是现代学术创新发展的重要领域，于安澜接受过20世纪初期西方科学教育的熏陶，又深知文人学者全面修养的重要性，因此，对各学科的融会沟通成为一种自觉，虽然所研究的是古代文献，但不古板，有眼界，有魄力。打通学科壁垒说起来简单，做起来却并不容易。每一个学科都有其深厚的传统积淀，都有它高深的专业基础，甚至是实践与理论的双重结构。如果只是一知半解、浅尝辄止，没有深入具体的专业研究，很难提升到学术高度，与其他学科的"打通"更是一句空话。学术"通会"最先具备的是本专业知识的精通，甚或是须为本领域里的专家；其次是融会贯通的能力，以及学术的敏锐和境界，要明白自己的强项是什么，从哪些地方通联，在哪些地方突破，在哪些领域提炼，等等，都需要智慧和眼界。于安澜恰恰有这样的基础和能力。从他自小所受的教育以及后来所受名家大师的影响来看，深入其骨髓的就是文字学、音韵学，他期望在自己喜爱的语言学、美术学领域寻找突破口，有立足之地。他的学术初衷不过是做学术研究的基础工作——文献的价值恰恰如此——方便自己，也方便他人。因此，从读大学开始，于安澜除语言学专业外，就计划在古典文献整理、编纂方面有所作为，认为这是最适合自己、最得心应手的一个领域。事实证明，这条路他选对了。

同时，他不囿于所学专业，又兼及艺术。艺术有多种门类，于安澜同样不从一而终，而是门门都有尝试，想一究其理，互通互用。他不是要成为艺术家，只是想弄清艺理，做一个艺术的内行。先理解再实践，可能事半功倍。这也许是他们那一代知识分子共同的性格，或时代使然，著名学者像郭沫若、钱锺书、赵朴初、启功等，在学术上无不一专多能，在艺术上无不境界高蹈。于安澜除精于书画、篆刻、诗词外，还喜爱戏剧，在大学期间组织过剧社，离休之后写过剧本，稿本至今仍有珍藏。他又酷爱音乐，在其八九十岁高龄时，多次邀请河南大学著名古琴演奏家丁承运等到家中演奏，一起讨论、切磋。这样的学养与艺术修养，一方面助推着他的理论研究与艺术创造；另一方面，在艺术审美的愉悦氛围中，不仅长寿，并且学术与艺术之树常青。

（四）淡泊名利与安之若素

于安澜为什么选择学术与艺术？他也曾有青春岁月，有激情澎湃，有未来向往，也有晚年安详，为什么他能够自始至终初心不改，将文献整理一以贯之，将书法追求作为年迈后的事业，并且做出了非凡成就？为什么在他青壮年时期，当抗战初起，多少爱国志士投笔从戎、舍身报国之时，他选择退居家乡，而没有投身革命洪流，做更为惊天动地的事业？这恰恰因为他能够充分认识自己，能够量力而行，不凭一时冲动行事。于安澜性格稳重，凡事深思熟虑，有分寸、有原则；他知道自己的强项与弱点，认为自己不是那种驰骋沙场、披坚执锐、振臂一呼应者云集的人物，他做不了这样的英雄；他看过官员审案，认为自己也不是做官的料[①]。他能做到的，就是用笔墨去为国家的文化事业做自己力所能及的事情。

可以说，于安澜的头脑始终清醒，他的人生选择明智、坚定，他了解自己，了解国家，了解社会现实，从来没有把自己当作一个特殊的人，因

[①] 他青少年时看官府问案，其中充满了狡诈与欺瞒，认为自己干不了那个行当。

此才会用一颗平常心去对待平凡的人生,对待所取得的学术成就,并安之若素。由此他从来不喜阿谀之词,一生谦和、淡泊。据同事回忆,于安澜是一个"话匣子",他和街坊、同事闲聊,一聊就是半天,一谈就是半夜。他健谈,正是因为知识渊博,满腹经纶,有无尽的话题,有说不完的文化。他在交流攀谈中获得了乐趣。如果病了、住医院了、没有人聊天,他就会觉得无趣。而他那种助人之心、成人之美、宽宏之量,更是传为佳话。总之,于安澜的平和在于,他没有把自己当成特殊的人,没有高高在上,认为自己就是一个凡人,所有别人认为存在于他身上的高尚品格,在他看来都理所应当。

今天,我们将于安澜誉为大家、大师、大学者,如果他活着听到这些,会很不安。于安澜从不把自己当成什么了不起的人物,甚至认为教授也只是工作上的称呼,不是荣誉。在他学习、生活多年的河南大学中间流传着许多"误会"或故事。比如说,他衣着朴素,有人把他当成了普通的工人。有一次别人问他在哪个单位工作,他说在河南大学,别人不假思索地说:"哦,看大门还是很辛苦的。"他一笑了之。也有备受尊重的时候。20世纪80年代中期,河南大学的标志性建筑大礼堂,也是周末的电影院,教师、学生都会到固定窗口排队购票。有一次,于安澜站在长长的队伍后边,一位他教过的学生[①]在队伍前边,回头看到于安澜,便说:"于先生,您年纪大不用排队了,到前边来吧。"师生听闻是于安澜教授都肃然起敬,自觉地给他让开一条道。于安澜却笑着摆摆手,用家乡口音平静地说:"大家还是排队吧,还是排队吧,我不着急。"

既然持有一颗平常心,那么即使身处险难,也会心如止水,处变不惊。生活中于安澜时常表现出普通人难得的乐观和豁达。总之,于安澜术业有成,健康长寿,是人生赢家,除上述因素外,还得益于他广交朋友,尤其是广交学术界的朋友,并且一直保持着良好的交游关系,如前文所述。在于安澜的一生中,和他有书信来往的学者不下百余,平时来往频繁、交情深厚者亦有数十人,而且不论年龄、身份、地位。无论是外出开会、学习还是参观,只要有机会,他都会去拜望老朋友、老同行,多走多谈,从中受益。他即使八九十岁高龄,还喜欢出差、旅游、写生,也曾计

---

① 该生名郭奇,现为河南大学新闻与传播学院教授。

划出国访问，堪比青壮年。其目的很单纯，就是在走动、交流中长知识、开眼界、增友谊。他的学术至交多数是国内名流，涵盖了语言学家、画家、书法家、诗人等，领域横跨语言文字学、文学、艺术学。他们之间的书信往来成了后人珍藏的文献史料。无论给谁写信，或赠诗，或题签，于安澜均一丝不苟，讲究笔法与行文，追求美观，是文献，也是艺术品。正是众多友人与他相互支撑，才使得他能够在困境中坚定，在逆境中屹立，安心学问，从而走向学术的顶端，并走向淳厚谦和的人生至境。

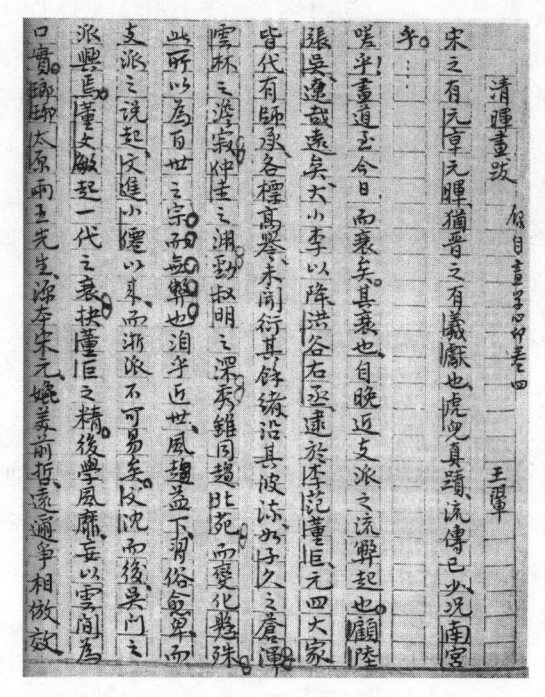

图 4-4 于安澜《画论丛刊》手稿，1936 年

于安澜的学术成就不是一朝一夕、单纯的哪一种因素造就的。铸成这样一位国内外著名的学术大师，既有内在原因，比如，个人努力、天赋、智慧、勤奋、坚守；也有外在原因，比如，时代、机遇、背景、长者提携、各种环境影响等。于安澜的学术经历给我们很多启示，它说明，个人的努力最核心、最关键，没有那份执着和坚守，没有对未来的期盼和向往，没有一颗善良平常的生活心态，很难做到。同时，还要能够适应复杂的环境变化，谨择笃行，安心学术，惠己及人。无论做什么事情都要有

一颗平常心,既不能妄自菲薄,也不必沾沾自喜,只有"一瓶不满、半瓶晃荡"的人才会夸夸其谈;真正有内涵、有学养、有成就的大家,只会淡泊名利,沉静而谦逊,平实而无华。同样,学术交往也非常必要。做学问自古以来都反对闭门造车。学术交往既是一种环境营造,也是一种学习路径,是人生的大学问,它不仅能增加知识,还能提振信心,增加机遇,给人力量。于安澜一生在有益的交往互动中获得了无尽的启示和收获。

因此,从学术成就上看,说20世纪是"于安澜们"的世纪,一点都不为过。

二、于安澜的学术定位与方法

于安澜的学术方法和学术观念应该做整体考量。事实也是如此,一个人的方法手段与他的学术认知密切相关,与他的日常生活及为人处世亦有关联。有什么样的学术认知,就有什么样的学术观念;有什么的人生态度,就会采取什么样的学术方法。于安澜之所以能够取得如此高的学术成就,著作等身,影响遍及海内外,就在于他有自己的独特的学术主张、学术意识,并坚守自己的学术信仰,采用适合自身、切实有效的学术方法。

(一)定位准确,着眼基础

如何选择学术研究方向,走什么样的学术道路,主要跟自己的学术认知有关,也就是所谓学术定位。有人喜欢创新,追求时髦,勇立潮头前沿;有人甘于寂寞,去做一些基础性文献性工作,为了考证、考据一个字、一段话、一个概念,煞费苦心。前者风风火火,风鹏万里,潇洒不羁;后者苦心经营,穷首皓经,寂然无声。也有人不温不火,走中正平和一路,既不远离时代,也没有抛弃故纸堆,在学术界既不是风云人物,亦非落寞无群、无人问津。于安澜的学术方法首先是定位于基础性、文献性研究,他所选择的就是那种出力不讨好、花时间费功夫难见成效的学术领域——文献考据,但是它利己利人,堪称传统学术文化的奠基事业。

当代美术史家王伯敏曾就文献整理工作总结分析,认为"选编并校勘古文献,是一种扎扎实实的艰苦工作。""郑振铎早年说过:'从事古文献考证的学者，都具有做无名英雄的精神。有时一字一句，要翻阅许多古籍来查对……'"①于安澜恰恰认准了这个领域，甘于寂寞、乐于奉献。他认为语言学是一切学术学问的基础，做不好，功夫差，其他都是空中楼阁、无稽之谈。语言文字学不仅是学术研究的起点，还是学科进步、深化的阶梯。一个连语言文字都不过关、不过硬的学者，很难在数学、物理学、化学等科学领域取得什么成果——因为语言文字是进行科学思维的基础，是科学研究的工具。常言说，工欲善其事，必先利其器。于安澜认识到了这一点，所以从其读私塾、上中学开始，就特别注重语言文字方面的基本功训练，并对中国语言文字，尤其是古音韵学产生了浓厚兴趣。

我国人文学科研究大多建立在古代文献基础之上，而古文字、古汉语又是学习、了解、弄通弄懂这些文献的根本。于安澜在学习实践中深切地感受到了古代语言文字的基础性和重要性。因此，对这一学科领域特别注重，从大学起就坚定了语言学研究的信心。除此之外，还有两个主要影响因素：一方面，在20世纪上半叶的中国学术界，语言文字学是一门显学、热门学科，是许多专家学者倾力打造的领域。这与我们的国学传统有关系。我国的经学、小学里最主要的就是语言文字学研究，20世纪初，许多学术大师，像王了一（王力）、钱玄同、刘节、范文澜、刘盼遂、郭绍虞等，在这个领域里皆有所成就、声名显赫。另一方面，于安澜在读中学时就遇到了对他影响至深的国文老师范文澜。范文澜对语言文字的理解和解读，尤其是在国文课上的生动讲述，深深打动和吸引了年轻的于安澜。前文提到，他在讲述"暴"这个字时，解说得那么形象生动，让于安澜兴奋不已，这也成了他之后立志语言学学习、搞文字学研究的重要契机。可以说，范文澜是于安澜从事这个专业的启蒙者、引领者。

在范文澜的推荐协助下，于安澜进入刚刚成立的河南中州大学文史系读预科，专业恰恰是中国语言文字学。也正是在这个阶段，他又遇上了在此任教的冯友兰、郭绍虞、董作宾、嵇文甫等著名语言学家、国学大师，这就更加坚定了他从事语言文字学研究的学术定位和决心。从此于安澜在这个专业领域里学习、探索、钻研，又在大学毕业后不久考入燕京大学研究院，进一步从事音韵学研究。由于他基础牢固、学术扎实，立志于"攀

---

① 于安澜：《画论丛刊·总序》，张自然校订，河南大学出版社2009年版，第5—6页。

缘大师学术墙垣"，加之名师指点提携，更由于燕京大学浓厚的学术气氛、良好的学习条件，于是在他从研究院毕业之际就完成了震惊学术界的语言学巨著《汉魏六朝韵谱》，随着该书的出版发行，于安澜理所当然地成为该领域年轻的学术大家。

这些成就和光环在于安澜看来并不值得一提。国难当头，学术无绪，温饱无着，之前的学历与成就都无关紧要。之后，随着抗战胜利，他才从家乡的蛰居生活中走出来，任职于河南大学中文系，想继续施展自己的所学，至此，他一直把语言文字学研究作为专业、正科，坚定不移。在此后长达半个多世纪的研究历程中，无论能否登上讲坛、执掌教鞭，于安澜始终没有停止对该学术领域的关注和探索，出版有多部专业著作，成为我国文字学、训诂学、音韵学领域最知名的专家之一。在于安澜的带领和影响下，河南大学中文系于1983年获批汉语史硕士学位授权点，在国内独领风骚。从此，他开始担任文字学专业研究生导师，有机会指导研究生学习，并且在耄耋之年培养出一批优秀毕业生。这些学生基础扎实，学有所成，不少人成了当代著名的古文字学家（后文有详述），真正做到了薪火相传、学术永继。

即使是年事渐高，于安澜也没有放弃自己的学术理想，仍然用自己的所知、所学和学术影响力，强力推动语言文字学领域里的文化艺术建设，如前文所述由他提议、推动建造的许慎纪念馆、段玉裁纪念园等。这些活动集中体现了他以学术回报社会、关注文字学专业、关心国家文化事业的赤诚之心。

同时，语言文字是一切文化、科学、学术学习和进步的基础，而文献资料又是基础中的基础。于安澜早就认识到了这一点，所以在确定从事语言文字学研究这一专业领域之后，其具体学术目标则定位于汉魏六朝时期的韵谱研究。汉魏六朝韵谱一直被誉为中国古代语言学界的"哥德巴赫猜想"，可见其难度之大之高，许多大师大家常立志攻破这道学术难题，但是始终收获甚微。到底这一学术问题难在哪里？用于安澜自己的话说，这一长达800余年的历史时期，社会大动荡，人口大变迁，遗留下来的文献丰富而支离，可资参考的作家众多，作品浩繁，音韵复杂，莫衷一是。对这个阶段的音韵进行整理研究，非单人独骑所能奏效。而当时的于安澜壮年气盛，志向满满，希望能凭一己之力一窥这一艰深的"学术涯略"。① 为标明汉魏六朝时期诗文的韵脚材料，于安澜共摘录了 20 余册的笔记，然后用平时作画用的不同色阶的颜色，标出各个韵脚及变体，再以同色相合，提取规律，最终完成此项浩繁的工程。著名语言学家罗常培看到于安澜的这一学术成果后非常惊讶，当时罗常培供职于中国语言研究所，该所有许多学者共同整理这段音韵已经多年，竟然没有于安澜一人所用方法科学有效，令他十分震惊。清华大学教授、著名语言学家王了一（后名王力）见到此书兴奋不已，虽然与于安澜素无交往，依然投书天津《大公报》，撰文极力推赏。当时的语言学界共同认为，于安澜的学术研究解决了学术界的一大难题，填补了这一时期的音韵学空白。于安澜这个选题本身既具有语言学音韵学的基础作用，又具有贯通作用，将业已定型的先秦音韵与隋唐之后的音韵连接起来，形成了一个有序的序列，这种学术功绩已经载入学术史册。

（二）注重史料，独钟文献

于安澜的学术定位与学术基础研究，更多体现在他对古代文献资料的记录、整理、校勘与编纂方面，并且做出了突出贡献。其中又分为几个学科领域：语言文字学、中国画学、诗学、中国书学、印学等。

除了上述语言文字学领域，于安澜涉足的另一个重要学术领域就是中国画学。他从小钟爱绘画，有良好的绘画基础，但是一旦抱定将语言文字学作为主攻专业，对书画艺术的热爱就成了一种兴趣爱好或精神调剂，他是趁手、顺便、有意无意地收集整理相关资料，将语言文字学的学术研究方式应用于中国画学研究。经过一定时期的积累和钻研，竟然于 1937 年出版了画学文献巨著《画论丛刊》，令人意外。该书的发行与影响由于战乱受限。新中国成立后，人民美术出版社鉴于该书的品质与重要性，加之索书者甚多，决定重印，于安澜及时回应，认为确实有修订的必要，修订后再版。这本 20 年前的旧作再次震动了新中国美术界。由于需求量大，又于 1960 年、1962 年再版重印，美术专业的研究生、青年教师、专家学者，几乎人手一册；中国香港与台湾地区，以及日本、俄罗斯等国外书商也纷至

---

① 《于安澜学术纪念文集》，河南大学出版社 2013 年版，第 15 页。

沓来，商谈购买版权及发行事宜，需求之旺盛前所未有，影响不可估量。国内外是书的出版，大多以人民美术出版社1960年版精装两卷本为底本。

这部文献著作的成功之处正在于于安澜的学术定位精准、选题恰当。对20世纪上半叶乃至中叶以后的中国美术界来说，缺少正规、严谨、经典、实用、符合时代需求的中国画论文献著作，之前或之后的此类作品虽然各具特色，但是都没有于安澜编纂的这一套如此精当、如此学术。他所选取的从古至今54种著名画论篇章，集中国古代经典画学论著于一体，并有一些珍贵的、未经刊行于世的抄本，在当时印刷业并不发达、学术资料相对奇缺的年代，该著确实有久旱逢甘霖之况。因此，这一基础性、文献性学术著作一经再版，就广受关注和欢迎。

受此鼓舞，于安澜继而将平日积累而成、规模更大的另一部画论文献《画史丛书》推向社会，1958年交稿，出版却是五年后的1963年——周期虽长，可见用心特细。该书被视为《画论丛刊》的姊妹篇，其实，于安澜的宏大画学研究计划还没有结束，另一部相关著作正在酝酿之中①。

1982年，也就是《画史丛书》出版的第20个年头，他的第三部画论文献著作《画品丛书》又面世了。该书尽管只出版了第一册，没有如愿出齐，留有遗憾，但是其学科价值反而更加突出。它一方面昭示着于安澜画学思想的科学性、完整性、稳定性，即将绘画理论、绘画史和绘画批评作为一个学科序列勾勒出来，为后世的中国艺术学理论研究提供了十分珍贵的借鉴；另一方面，也确确实实弥补了20世纪初期至80年代中国美术研究中文献欠缺、资料匮乏、来源驳杂、参差不齐、校勘不谨、以讹传讹等等乱象，真正起到了基础文献的奠基作用。

这种基础性学术视野对于安澜来说是一以贯之、行之有效的，画论如此，语言文字学如此，诗学、书学、篆刻学皆是如此。于安澜自小喜欢古体诗词，加之语言文字学研究的基础和成果，对诗词的热爱，可以说既专业又超出了专业本身。作为诗歌的有心人，他从青年时期就开始积累关于中国诗学的著名观点资料，以为己用，以为他用，方便自己，也方便别人。经过几十年积累，他编著的《诗学辑要》一书于20世纪80年代初期脱稿，由于出版事宜的周折，直至1992年于安澜年逾九旬时，才正式出

---

① 《画史丛书》的具体编纂思路前文已有论述，此处从略。

版。这部诗学著作同样是诗学界的基础性文献。全书分为体制、源流、作法三大部分,几乎穷尽了诗歌艺术从认识到实践的所有古代理论问题,其名言、名篇、名句、著名观点囊括殆尽,是学习中国古代诗歌艺术的入门之作、基础之作和系统之作。

显然,对基础性文献的研究成了于安澜的学术习惯,并由此延伸到书法学与篆刻学等艺术领域。前文提到,"文化大革命"末期,文化艺术百废俱兴,开封市的书画爱好者参加了由市群众艺术馆主办的书画培训班,苦于没有可用的学习资料,于安澜利用自己丰厚的学术积累,编纂了一部《书学名著选》,很快就作为内部资料开始印行、使用。与此同时,他又将书法的发展脉络进行梳理,用图表的形式显示,使人一目了然,名为《历代书法源流表》,这两件书学文献在当时的书法界广为流传。

作为书法篆刻爱好者的于安澜,亦深通篆刻理论与篆刻技法,并主动与国内诸篆刻名家、出版单位书信联系。从20世纪80年代起,于安澜就极力推动传统篆学名著的重印再版工作,先后给当时的文化部、西泠印社,还有一些有影响力的篆刻家去函,说明情况,全力促成此事。当事情有了眉目之后,还拿出自己珍藏的篆刻名著稿本,先行校勘核对,再交出版社编辑出版。其学术目的,不外乎让广大的青年爱好者能够购买到、阅读到传统经典,以指导他们的创作学习,其学术精神可见一斑。

图 4-5 于安澜推荐篆学名著书目之一顾湘编《篆学琐著》目录(部分)

由此可见，尽管于安澜学术视野宽阔，爱好广泛，但是他有自己的学术主线和学术定位，有自己明智的选择，知道自己能做什么不能做什么，做什么样的学术研究更有价值、更有意义，哪些学术成果功在自己、利在他人，功在当代、利在千秋。所以他基本上会选择基础性、学科文献性范畴作为自己的学术目标，孜孜以求。这种明智的学术选择、学术视野和学术方法，确实值得我们借鉴。

（三）专博相济，学科互通

通过上述，我们能够清楚地认识到于安澜的学术定位有一个明显特点，就是主次分明，专业与业余爱好并济，以此处理、分配时间和精力。由于于安澜在中国画学界的特殊成就及影响，很多人一直认为他是从事中国美术史论专业的专家，而语言学界的个别人也认为他这样做有些"不务正业"，就连河南大学美术专业的领导、老师都认为他做中国画论、中国美术史论更为合适，还曾鼓动他调往美术专业。但是，于安澜在不同场合多次明确表示，他的专业是语言文字学，美术史论研究、画学文献研究仅仅是爱好。从中可以看出，语言文字学和中国画学虽然分属不同的学科领域，却有着许多相通、相似之处，尤其在文献资料的收集整理、编纂校勘等方面，更是异曲同工。于安澜借助自己绘画所用色彩色阶勾勒复杂的六朝韵谱，使复杂难辨的学术问题一目了然、一清二楚，解决了许多语言学家梦想解决的大问题，更是一种直接的借鉴和互补。反过来，于安澜用研究汉魏六朝音韵学的方式，整理、编校中国古代画论名篇，在学术方法上同样是共通与共济的。同理，在诗学、书学、篆刻学等学术文献的整理和编纂工作当中，这种学术方法得到了扩展和切实应用。可以这样讲，于安澜一方面坚持专业与非专业、主与次的学术定位，知道自己应当先做什么，以什么为核心；另一方面又不拘泥于一门、一科、一类，而是兼济互通，以一当十。

因此，在于安澜的学术经历中，"互通"是一个非常醒目的关键词。这一点上文已经有所讨论。需要强调的是，于安澜还有一种明确的学术方法和学术思维，那就是学术要专、要有深度，同时要博、要有广度，专博结合才相得益彰。只有专门、专心、专业，才可能做到具体深入、厚重细致，才可能走出这一领域，成为大师。但学术的高处实际上是文化的高地，是各种知识的汇集之处，有时候过于精、专反而是一种局限，存在视野狭窄、知识缺陷等问题，因此于安澜从一开始就正确处理了专业与非专业、专门与广博的关系，使之收放自如。在近百年的人生历程中，于安澜爱好广泛，知识渊博，凡是人文领域，历史、地理、社会等几乎无不通晓。1985 年，他的忘年交、青年书法篆刻爱好者王海有机会报考河南省专科干部培训专业班，于安澜大加勉励与指导。在指导王海复习的信函中，他将中国历史清晰、完整、简洁、明了地勾勒了一遍，读后令人叹为观止。这从一个侧面印证了于安澜知识的广博性。上文多次提及的学术广博，更多地体现在他不仅在自己本专业领域以内有所建树，而且在其他诸多学科领域都别具影响力，尤其是中国画学。于安澜在众多学术领域里做得那么专业、那么有成就，人们甚至不能肯定到底哪些才是他的专长！

图 4-6　于安澜梳理的历史知识，1985 年 5 月 10 日与海岑信札

（四）述作结合，技艺双修

于安澜的一个学术理念是理论与实践结合，在注重技术修养的基础上深入研究，弄通弄懂，做艺术理论的内行而非纸上谈兵。20 世纪以来，在艺术上有人只说不做，进行纯理论研究，结果是眼高手低，理论空洞，说教严重，不能为艺术家们所认可。于安澜深通其理，深知其弊，作为文人

学者，他有自己的定位，要通过技术实践、切实感受来认识艺术、创造艺术。他在艺术上主动作为，虽然有爱好、自娱的成分，更多的还是着眼于艺术规律，并非要成为一名地道的艺术家。前文已有论及，此不赘述。

概言之，于安澜的学术方法、学术认识与他的性格、为人处世紧密相连。他传统文化根基深厚，认同传统：既知其然，必知其所以然。人品与学问一般都密切相关，通常说"文如其人，字如其人，画如其人"，其实就是这个道理，学术、学问、艺术都是一个人内心的折射，是整体反映，人品如何，学术就如何。宋代画史学家郭若虚在《图画见闻志》中说："人品既已高矣，气韵不得不高。气韵既已高矣，生动不得不至。所谓神之又神，而能精焉。凡画必周气韵，方号世珍。"①即是

图 4-7 于安澜篆书联《右角欧禽》，1984 年

说，一个人只要人品好，他绘画中的气韵及气韵生动问题可以迎刃而解，否则不然。于安澜的人品、人格与学问、学术的关系，再一次印证了这样的道理。②

由此，可以进一步探讨于安澜艺术方面的爱好、兴趣与学术成功的关系。这是一个非常有趣的话题。不难发现，于安澜的一生贯穿始终的有两样东西：一样是学术学问，一样是艺术创作。孔子曾说"君子述而不作"。生活在 20 世纪的于安澜并没有拘泥于这一古训，而是因时而变，述而且作。在他的学术历程中，始终相伴相随的就是书法、篆刻和绘画等艺术、技术问题。书法是工具，也被人称为一个人的门面，在于安澜的前半生他只是写好字，并没有突出表现，而 80 岁以后才水到渠成，将一生的积累提升为书法艺术。让他牵肠挂肚、割舍不下反而是绘画艺术。即使是在北京读研期间，他仍然是画具在身，不离左右，而且对绘画文献的研究终其一生，这正是他能在中国画学方面有所成就的根本。

---

① 郭若虚：《图画见闻志》，载《画史丛书》（第一册），上海人民美术出版社 1963 年版，第 9 页。
② 本书本章"大师的铸成"一节已经有详尽阐述，可参见。

于安澜的人生中期阶段，也就是从50岁到80岁，是他经历相对坎坷、起伏跌宕、命运不定、多灾多难的时期，他之所以在磨难、坎坷当中能够有坚定的生活信心，从事学术研究笔耕不辍，必定有坚强的信念作支撑，也许还跟他的艺术爱好不无关系。

实际是，20世纪五六十年代，于安澜不能登台执教，只能从事教辅工作，却有一定的自由时间。于是他一面做学术研究，一面又重抄画笔，登临黄山，写生、作画、构思、描绘，创作了一批山水画作。而且在之后的岁月中，他与国内众多著名画家、篆刻家有多方面的来往，或者是书信，或者是面晤，谈美论艺，艺术可谓他生活中的重要部分。

正是对艺术的挚爱和执着，才使得于安澜精神富足，一心只扑在艺术和学术上。可以说，是艺术吸引、支撑着他走过了重重艰难，走向了学术的高地。80岁以后的近20年间，于安澜由原来的学术与艺术研究转向了艺术创作，真正地动起手来，书法、篆刻成了他生活的主题。他一方面自我充实，以自己的笔墨作品惠及别人，满足他人的艺术需求；参加各种书法创作交流，奔赴各地参与笔会、交流会，以书会友，以书交友，还及时推动各种文化艺术名家纪念场馆建设，把晚年生活打扮得丰富多彩、有滋有味。另一方面，他又以自己的所学、所长和知识积累去启迪、教导广大书法爱好者、绘画爱好者、青年学者。他发现书画方面的好苗子都会悉心培养，不计代价、不计时间、不求回报，他与青年书法爱好者王海的交往一度被传为佳话。可以说年逾耄耋的于安澜找到了新的生活与艺术支点，充实丰富，赞誉颇高。晚年的于安澜思想依然很单纯，他只想将自己的所学、所长发挥出来，就像太阳的晚霞和余晖，尽可能地照亮一片天地。可见，从青年、壮年到晚年，于安澜的一生艺术研究和艺术创造始终是联系在一起的。

研究于安澜的学术方法和学术思想，涉及艺术与技术、艺术创造与知识修养之间的关系，特别富有价值。从中不难看出，学术与艺术之间有着天然的联系，二者相互促进，共同提升，难怪历史上许多思想家、文人乃至科学家都对艺术兴趣盎然，不离不弃，甚至还在艺术上取得了卓越成就。

于安澜的学术方法和学术思想给我们提供了很多有益的参考，留下了许多启示，尤其在专业与余业、精专与广博的关系上，于安澜处理得恰到好处，堪称典范。在基础研究与文献资料研究的选择方面，于安澜量力而行、知己知彼，做得十分完美和成功，也由此博得了盛誉；在艺术与学术的相互关系中，其学术认知和实践又一次证明了二者密不可分、共进互生的天然联系。恰如其后学马小泉教授所总结的那样：于安澜的一生就像一本厚厚的书，内容丰富，妙趣横生，学术思想熠熠生辉，是我们取之不尽、用之不竭的精神资源、学术资源和艺术资源。

三、于安澜的学术与艺术传承

于安澜本人在学术和艺术上取得了卓越成就，而其学术传承却不尽如人意。在他获得成功的两大学术领域——语言学与中国画学，前者虽然培养的弟子数量有限但堪称优秀，后者则后继乏人，引以为憾。在书法篆刻创作领域，多为校外、课余授徒，与其教授身份不相匹配，而其扎实、实用的艺术教育理念却值得重视。

（一）三尺讲台不平坦

教书育人、做学问是于安澜毕生的追求和事业。他自以优异成绩考入北平燕京大学研究院国学研究所后，便开始致力于国学研究；从1946年被聘为河南大学文学院教授一职起，一生没有离开教育事业。直到1999年去世，于安澜除了因新中国成立后院校调整短暂离开过河南大学，其他时间都在这所中原名校工作。编纂学术著作，搞学术研究、艺术创作，大多是私底下的事。而他的学术才华终会被发现、被重用，如20世纪60年代上半期由河南大学中文系主任李嘉言教授组织的唐诗研究工作组，他就是一名主力研究人员。

新中国成立之前的河南大学直属于当时国民政府教育部，号称国立第五中山大学或国立河南大学，是名副其实、为数不多的国内名校，能在此工作对许多学者来说是一种荣幸，抗战胜利后于安澜选择入职母校正出于此意。然而，入职两年后，即1948年开封解放前夕，河南大学部分师生南迁苏州①，许多人在政治大变局面前迷失方向，做出无奈的选择。于安

---

① 只有一少部分坚守开封。留驻开封的河南大学师生在中共中原局领导下临时成立中原大学，1949年河南大学整体从苏州回迁后恢复河南大学之名。

图 4-8 《全唐诗》校订组师生合影（于安澜在二排右四），1962 年

澜当时也随学校举家迁往苏州，一年后没有像其他同事一样留在江南，而是选择返回开封。新中国成立后数年，河南省人民政府所在地由开封迁往交通更为便利的郑州，河南大学在开封原地未动，但是它的几个重要院系被分离出去，以之为主体在郑州、武汉、江西等地组建新的高校，后人形象地称之为"开枝散叶"。如其医学院、农学院、行政学院等独立后，在新省会郑州组建成河南医学院（后改为河南医科大学，今并入郑州大学）、河南农学院（今河南农业大学）、河南行政学院（后更名为河南政法管理干部学院，今合并为河南财经政法大学）；其水利系调入武汉大学，财经系调入中原大学（在新乡），畜牧兽医系调入江西农学院，植物病虫害系调入华中农学院。[1] 随后平原省撤销建制，1953 年，平原师范大学（在新乡）并入河南大学，河南大学开始在开封、新乡两地办学。几经分割、调整、改组，综合性很强的河南大学被掏空，最后定性为师范性质，1956 年又更名为开封师范学院，原来赫赫有名的国立大学最终演变为地方性师范院校。直至 1980 年才恢复河南师范大学校名，又于 1984 年恢复河南大学校名。[2] 如此周折，学校教师难得安宁，他们在院校分合、调整过程中来回迁转，于安澜本人则奔波于开封、新乡、武汉等地，直到 1956 年重返开封，从此安顿下来，再没有离开过。

---

[1] 参见李经洲、许绍康主编《河南大学百年纪事》，河南大学出版社 2012 年版，第 74 页。
[2] 随后，原新乡师范学院申请更名为河南师范大学。

但是，1956 年以后，受时代影响，他没法登台授课、教书育人，只能做些边缘化工作，只有一些必不可少的专业研究才允许他参加。他不甘于浪费生命韶华，于是利用一切机会、时间私下展开学术研究。

"文化大革命"结束后，于安澜这位老教授才重回讲堂，再执教鞭。20 世纪 70 年代末，重返讲台的于安澜为本科生教授文字学课，这门课是中文专业的选修课，多数学生学习兴趣不高，很多是冲着学分来的。于安澜很了解学生心理，第一节课就风趣地说，文字学比较枯燥、乏味，真正喜欢的人不多，你们来上课不过是尽些心意而已，我是知道的。他接着说，从前有一头大象，不小心掉进猎人的陷阱里了，陷阱很深，根本出不来，其他大象都陆续走到陷阱边上来，看了看，随后就掉头走了，这些大象也不过尽些心意罢了。你们来上这门课是否也有此意？幽默的话风、有趣的课堂、广阔的学术视野反而激发了不少学生的学习兴趣，他的选修课人数越来越多了。

（二）教育后学有境界

"文化大革命"结束后，国家第一次推行干部离休、退休制度，年近八旬的于安澜自然在离退之列。然而由于当时学校计划申报中国语言学方面的硕士学位点，作为核心成员的于安澜却不能离休。经过几年的准备和努力，1983 年由于安澜主导申报的汉语史硕士学位授权点成功获批，这在国内尚属罕有。

硕士点获批时，于安澜已八十开外，学校考虑他年事渐高，让他只做学术上的顾问、指导，不再针对性地指导研究生。恰恰在这一年，平顶山师范专科学校一位名叫王蕴智的考生报考汉语史专业研究生，写信向于安澜询问相关情况。该考生家学深厚，专业极强，对文字学有特殊兴趣，但是英语基础差，心里没底。于安澜对他十分关注，多次回信予以鼓励。王蕴智中文专科毕业，因有艺术专长，在平顶山师专任美术教师，教书法、绘画等课程。为了报考研究生，他先是离职，但是连续两年都因外语不合格未被录取。1985 年再次报考，其外语成绩仍然未能达标。于安澜很惜才，觉得这样的人才不录取太可惜，因此特地向上级招生部门打报告，希望能破格，上级批准了于安澜的建议。如愿考取研究生的王蕴智一定要跟随于安澜学习，由是，王蕴智成了唯一一位于安澜亲自指导的文字学专业研究

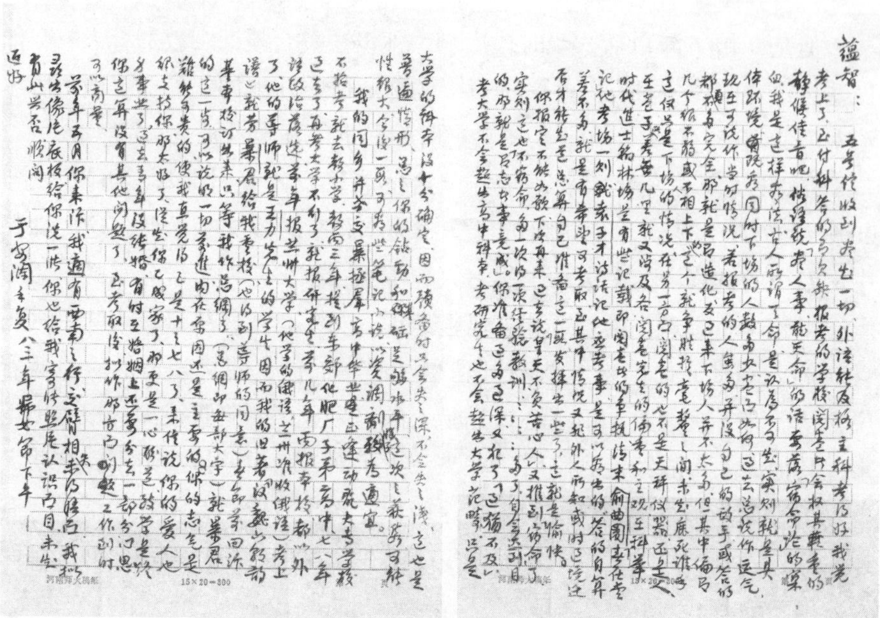

图 4-9　于安澜给王蕴智的书信，1983 年

生。1988 年，王蕴智以优异成绩硕士毕业，留任河南大学中文系，真正接过了老师的教鞭，于安澜也安然离休了。随后，王蕴智打算继续深造，又报考了吉林大学的语言学博士，为此于安澜十分欣慰，多方鼓励。在王蕴智考博期间、等待录取过程中，二人经常有书信来往，师生的忐忑心情、命运与共的心态流溢于字里行间。可喜的是，王蕴智如愿以偿继续攻读博士学位。读博期间，于安澜与之仍然书信不断，他的去信既有生活关切，也有学业提携，可谓亦师亦友、如父如子，这些信函王蕴智视为至宝，珍藏至今。

于安澜对王蕴智寄予厚望，对他的学而有成，专门写诗予以褒奖，并用毛笔录出赠予，可谓诗书双璧，尤为珍贵；那种为弟子而自豪的喜悦心情溢于言表，展现了一代老学者的学术胸怀与殷切期望。王蕴智亦不负老师厚望，淡泊名利，潜心做学问，在之后的教学、研究工作中一如其导师的风范。

受于安澜学术志趣的启发，读博期间，王蕴智主攻殷商古文字，尤其对甲骨文着力最多，他对以甲骨文为主体的早期文字资料进行了结体、文字演化等方面的探讨。1990 年博士毕业以后，王蕴智的就业去向有多种选择，陕西、辽宁等考古大省都发出了热情邀请。他征询于安澜的意见。于安澜认为，从专业研究来讲，王蕴智的专业是甲骨文与甲骨学，甲骨研究的基地、土壤在河南，以往该领域出现了罗振玉、董作宾、孙作云等大家，虽然成果丰富，也只是在考古学方面，文字研究尚属初步，还有许多亟待开拓的研究领域和空间，留在河南会大有作为，去其他地方不是最佳选择。最后王蕴智听取了老师的意见，毅然决然回到家乡河南。为此，于安澜特意向河南省委负责同志写信推介，并从河南文化艺术建设的角度阐明利害，其文化高度、社会责任感流溢于字里行间。

王蕴智最终落脚于河南，其甲骨文研究大有用武之地。经过多年涵养与历练，王蕴智早已成就卓著，堪称青出于蓝。[①] 他是河南省上岗较早的博士生导师及学科带头人，主要从事古文字与古代文明方向的教学研究，尤致力于甲骨学与殷商史、商周文字考释及字源学等学术领域研究。其后的治学，以整理、考释出土古文字资料为基础，结合考古发掘和文献记载，着重从语言学、历史学、民族学、汉语史及思想、礼仪制度等方面探讨华夏民族文化的渊源。先后主持国家社科基金重点课题"甲骨文语料数据库开发及其文字释读研究"等5项；主持省部级重要课题12项，出版《殷商甲骨文研究》《字学论集》《殷周古文同源分化现象探索》等专著7部，发表《商代葉族考》《释甲骨文"市"字》《毓、后考辨》等学术论文130余篇，称得上真正的著述等身、成果皇皇。可见于安澜的眼力很准，其文字学研究后继有人。

值得一提的是，王蕴智秉承师志，同样致力于中原历史文化项目建设。由他倡议并参与论证的"中国文字博物馆"建设项目，于2009年11月落地河南安阳并正式开馆，如今已成为安阳市的文化新地标。基于在该博物馆建设中的巨大贡献，他被推选为"感动安阳2009年度人物"，授予"汉字文化传播杰出贡献奖""首届王懿荣甲骨学奖"。王蕴智还受漯河市政府聘请，撰写《关于全面开发许慎文化资源的规划》报告，2010年初步

---

① 从1998年起，王蕴智即担任郑州大学中国古代史省重点学科及博士点学术带头人，后又分别担任考古及博物馆学、历史文献学、古典文献学等专业博士生导师，河南省特聘教授。现为河南大学甲骨学与汉字文明传承发展研究中心主任、河南大学教育部人文社科重点研究基地黄河文明与可持续发展研究中心首席专家、"甲骨文与古代文明"交叉学科博士点牵头人。同时兼任河南省文字学会会长，中国殷商文化学会副会长，中国文字博物馆专家委员会委员，漯河市政府许慎文化研究与资源开发特聘顾问，许慎文化学院名誉院长，台湾中国文化大学、逢甲大学客座教授等职，名满学术界。

建成以弘扬许慎精神、传承汉字文化为核心的"许慎文化园"。他还接替其师，成功召集主办了第四届许慎文化国际研讨会，促使漯河市政府确立以字书博物馆、许慎文化学院等项目为引领，创建中华汉字文化名城的建设方案。目前，"许慎文化国际研讨会"已经成为河南省汉字文化的一张学术名片，漯河市"许慎文化园"成了该市的文化旅游新景区。

图 4-10　中国文字博物馆，河南安阳

图 4-11　许慎文化园

虽然王蕴智学术成果丰富，可是他没有获得过一个奖项。问起原因，他说是于安澜先生影响的结果："于先生为人低调，做事踏实，不慕虚名，不图私利，只做实事，从不参与评奖，永远是我的楷模。"有其师必有其徒。王蕴智高调做事，低调做人，口碑那么好，师承很鲜明。

王蕴智不仅在学问上向老师看齐，在治学与治艺关系上亦是如此。他说，中国文字是以形美、声佳为本色，因此主张研究文字学要把字写好、写美。他强调书法艺术一定要基于文字学；书法家一定要懂得文字的来源与流变，不能写错字、别字，不能说白话。同时他批评现在的书法创作，尤其是篆书创作，"基本上没有写对的"。这是一个很值得关注的现象。从事书法创作不研究文字，没有文字文化方面的学养，就如盲人走险路，不出问题才怪呢。王蕴智认为，有些学者、书法家闹出笑话，还得从文字学修养方面找原因。① 他说："当你不懂的时候，更要谦逊一点、低调一点。"的确，我们发现，满腹经纶的王蕴智，只说自己专业内的事，只谈自己懂的道理；从不口若悬河，遇到自己不太懂、不愿讲的东西，反而显得有些"口拙"。

图 4-12　王蕴智书法作品《闻粟雨斋》，1998 年

以此，王蕴智经常习练书法，其技术水平也日臻精到。他青壮年时期就有很高的书画修养，曾担任大学美术教师，之后又研究文字学，力图把文字与文字艺术紧密结合在一起；再加上于安澜的示范与谆谆教诲，因此，他平时在书法上下不少功夫，获得了很好的效果，很早就成为中国书法家协会会员，多次组织、参与书法展览，不图名利却颇受业内敬重。

一句话，于安澜在文字学、书法领域最直接、最得力、最有影响的传人无疑是王蕴智。另外，任继昉等也成就斐然。于安澜曾骄傲地说："宋朝

---

① 如近年闹得沸沸扬扬的"刺史"与"剌史"不分事件。王蕴智说，从字源上看，在春秋时期"刺"就与"剌"互通，"夾"（夹）与"剌"字的左偏旁"束"是一个意思，都是两肋下夹着个东西。到了唐朝，颜真卿这种写法很普遍，颜真卿所写的"剌史"就是"刺史"，这是他本人的官职名头，当然不会写错。"束"和"夾"和"夹"（夹是夾的简化体）的混淆，是篆文隶变过程中出现的，所以汉代碑文中已经常见到"剌"的写法了，颜真卿不过是沿用了汉碑以来流行的写法而已。

图 4-13　王蕴智篆书《贾湖祭酒》，许慎文化园碑刻，2013 年

苏东坡有'苏门四学士'的名堂……我的门下有五王，比苏还多一个。"①于安澜所说的"五王"弟子，除王蕴智外，多是校外业余跟随他学习书法篆刻的学生。尽管于安澜的入室弟子有限，而课余崇拜、追随者众多，自称是于安澜弟子者无以统计。其中有两人值得一提，一位是本书经常提到的青年书法篆刻家王海，一位是郑州大学教授祝仲铨。

　　王海与于安澜交往近20年，其书法、篆刻得于安澜亲授真传，于安澜还不失时机地提携、推荐，其技艺进步很快，影响渐广。王海的艺术作品，尤其是大方印作颇具特色，被称为实力派青年书家，2003年因病去世，惜享年不永。王海在20世纪末期的河南篆刻界已经比较活跃，尤其让于安澜称赏的是1984年他获得了上海文汇报社举办的全国书法篆刻展二等奖。②于安澜每次参加学术活动、笔会，总以此为由携王海同行，加以推荐，由是更加闻名，是为"说项"③。于安澜自认为他与王海是师生关系，既有师生教学之实，也有师生之分，每次书信，末尾常署"老师安澜"字样。于安澜对这个特殊学生不仅耳提面命，还随时随地、不讲条件地提携、帮助，只要王海提出要求，比如，刻印、写书法、作诗、参加学术活动，于安澜都会慨然应允，及时兑现。于安澜曾给王海及夫人、儿子王川、女儿王冰分别作诗，手书录出，足见其亲密。王海在新乡创办"嵩晖印社"，自任社长，定期举办印事活动，印行篆刻刊物《印坛》，红红火火。于安澜特作词一首，祝贺嵩晖印社成立，以鼓励青年一代的书学发展；又利用在安阳召开甲骨文国际书法研讨会的机会，为王海布局结识业内名家，王海因此喜获沙曼翁、萧娴、黄苗子、王个簃、潘主兰、沈鹏等人为印社的题额、题字。

　　此外，王海还创办了"随缘堂"私立博物馆，馆藏以书法篆刻作品为主，兼及名人字画，时有来访者参观。1993年，王海以艺术家的身份随

---

　　① 于安澜所谓"五王"，即文字学研究生王蕴智、书法篆刻学生王今鸿（安徽霍邱人）、王治安（开封人）、王松安（湖北襄阳人）、王启贤（？河南长垣人）、王海（新乡封丘人）。于安澜还提到另外一个学生叫王蕴珊。参见王冰编《于安澜先生致海岑札》，香港天马图书有限公司2002年版，第131页。
　　② 此次展览参赛的书法作品多达5万余件，河南省仅有四人获奖，王海为其中之一。
　　③ 说项：唐代项斯，字子迁，江东人。始未闻名，因以诗卷谒杨敬之，杨苦爱之，赠诗云："几度见诗诗尽好，及观标格过于诗。平生不解藏人善，到处逢人说项斯。"未几诗达长安，明年擢上第。后用为称道人的典故。

团到日本参观访问,其作品与现场制作获得国际友人的极大赞许。由于其杰出的艺术成就,王海后从新乡市群众艺术馆调入新乡师专任书法专业教师,兼任新乡市书法家协会副主席。于安澜与王海的师生友谊几乎是河南书法界人人尽知的佳话。

在本科生之中,祝仲铨是于安澜"亲封"的篆刻弟子。祝仲铨20世纪60年代就读于开封师范学院(今河南大学)中文系,酷爱艺术,在于安澜的指导下有很大提升,尤其在篆刻领域。于安澜曾为他专门刻印一方,名"安澜篆刻弟子",并附边款,这是一种褒奖,也是认可。

祝仲铨[①]是河南省长垣县(今长垣市)祝寨村人,与于安澜老家邻近。祝仲铨爱好艺术,在上大学时就自刻印章。机缘凑巧,祝仲铨在上学期间得以结识于安澜,于安澜虽然没有教过他们课程,而祝仲铨在书法篆刻方面有幸得到于安澜的亲自指导。祝仲铨曾买到一册旧版《汉碑范》和新版线装《吴昌硕印谱》,很高兴地拿给于安澜看。于安澜认为学篆刻师范要正,要先古后今,既能入古又能脱古,自成面貌。他说:"《汉碑范》当然不错,不过,你正在学篆刻,不如先多读印谱、临秦汉玺印,练写小篆。可临《说文》上的小篆、王福庵的《说文部首》和一些篆书碑帖。"于安澜还拿出他珍藏的《士一居印存》让祝仲铨学习。经过几年习练,祝仲铨的篆刻水平大有提升。一次,祝仲铨把给北京电影制片厂导演谢添先生刻的"自得其乐"白文印给于安澜看,于安澜很高兴,连声说好。于安澜仔细审查了篆法,再次确认是一方好印。过了不久,祝仲铨去见于安澜时,于安澜竟拿出一方印送给他,说是专为他刻的。这就是上文所提到的"安澜篆刻弟子"印。祝仲铨视此印为珍宝,自此以先生相称,而这方印,他只在最重要的作品或书籍上使用。

[①] 祝仲铨,生于1944年,字弘君、红军,别署福田耕夫、耕夫。1962年考入开封师范学院(今河南大学)中文系,1966年毕业,先后任《中岳》杂志编辑部副主任、百花园杂志社副编审、黄河大学宣传部部长、《黄河大学报》主编、郑州大学宣传部副部长、《郑州大学报》主编、郑州大学机关党总支书记等职,2004年退休。出版有《中国企业文化概论》《集邮学》《图说集邮》《开封年画见闻录》等著作。

图 4-14　于安澜篆刻《安澜篆刻弟子》（附边款），1983 年　　　图 4-15　于安澜篆刻《祝仲铨印》，1985 年

　　类似祝仲铨这样的"编外弟子"对于安澜来说不在少数。如王刘纯（曾任河南大学出版社社长、大象出版社社长）、张宗海［曾编辑出版《近现代河南书画名家作品选集》（两卷本）］、张建林、朱宝雷，还有上文提到的"五王"中的另外四王。这些弟子多数热爱书法篆刻，于安澜亲自指导、授课、示范，甚至赠予书法篆刻作品、应约赠诗。于安澜在信札中曾提到张建林给他刻过几方印，他经常使用的"民国前十年生人"闲章就是张建林的作品，他对张建林的篆刻十分认可。张建林有时请于安澜为他题诗、题签、写书法、做示范，常来常往，亦师亦友。作为编外弟子，他们也从于安澜身上学习到低调、谦逊、乐于助人等高尚品格。因为研究需要，笔者多次与这些编外弟子接触，在他们身上，处处可见于安澜慷慨、无私、淳朴、乐于助人的影子。至于于安澜在开封市中国书画函授大学授课培养的书法人才，更是不计其数，有不少后来成长为当代书坛的佼佼者。

　　从上述可见，于安澜文字学方面的传人少而精，画学方面后继乏人，书法篆刻学方面传承较广，影响面甚宽。需要特别指出的是，于安澜的画学文献研究尽管在现当代美术学界登峰造极，但是，由于他为人低调，又不以之为主业，所在本单位关注度不够，并没有直接受教的学生，因此，其画学观念、研究方法、学术认知等，没有很好地传承下来，不像国内其他美术史家自成派系，相关宣传、研究更寥寥无几。于安澜编纂的《画品丛书》第一册出版时已年逾八旬，自觉力不从心，其弟子王蕴智又非画学专业，因此他非常期待有后学能承其心志，继续下去，编纂完成规划中的

《画品丛书》第二册、第三册……并在该书前言中特别呼吁，还举顾颉刚著作被续写一事，殷切呼唤继承者。但是，苦于时代更易，后继乏人，这一心愿最终没有实现，成了他的终生之憾。笔者当时正傍在于安澜之侧就读中文，苦于无缘结识，且未预料到以后会从事画学研究；待看到他的这一呼吁时，早已时过境迁。

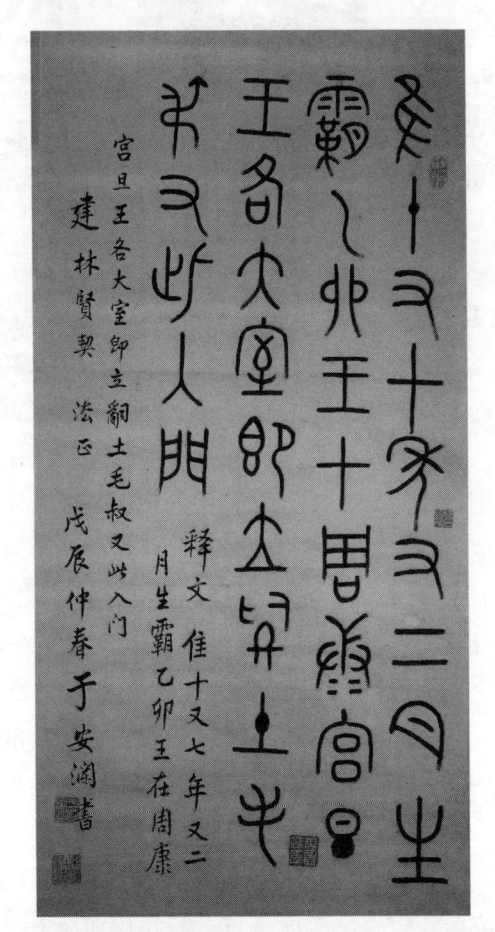

图 4-16　于安澜篆书"隹十"中堂，1988 年

（三）教学引导有良策

于安澜身为大学教师，执掌教鞭时间并不长，大多数时间在从事学术研究和书画创作。但是正如前文所述，于安澜有他自己独特的思想方法去

指导学生，他以自身的学术与艺术素养，言传身教，在潜移默化之中影响了一大批学生，甚至有许多在日后成就颇为卓著。

论及于安澜的学术与艺术教育方略，首先是因人而异、因材施教。这是我们自古以来的教育传统，家喻户晓，于安澜能够结合学术与艺术实际很好地践行之，并取得良好效果。其典型例子就是对王蕴智的培养。他根据王蕴智的文化基础、爱好、兴趣，为其选定研究方向。于安澜认为王蕴智可以在殷商古文字方面多着力，当时的学术界这部分研究力量比较薄弱，学术前景广阔，完全可以做深入探讨。经过几十年积累，王蕴智不负老师厚望，在该领域做出了巨大成绩，成了殷商古文字研究的顶级专家，不少成果填补了国内外学术空白。上文提及的安阳"中国文字博物馆"，是他将学术研究与社会应用相结合的典范。这一点与于安澜晚年极力推动国内艺术文化项目建设异曲同工，是对导师治学、应用理念的直接继承。

于安澜因材施教教育理念的另一个直接体现，即在指导学生学习书法篆刻时一人一策，针对性极强。他会根据学生的性格特点提供学习思路与范本，选择不同的书体书风。

其次，无论是谁，无论学什么，于安澜都主张要走正路、打基础，一句话先守正，再创新，先入古，再出古。他经常给自己的学生讲，创新不是无水之源，不能乱来一气；如果没有扎实的基本功，创新基本等于瞎创胡创，制造声势唬人。比如，在书法学习方面，他曾经指导过王刘纯。据王刘纯回忆，早年在河南大学读中文时，热爱书法，但是在很长一段时间内没有明确的书法学习方向，十分迷茫。于安澜教导他说，学书一定要从楷书学起，要把基础打牢，没有楷书正书的底子，很难在行草书方面有所成就。于安澜举例说："现在……很多年轻人一上手就写行书、草书，没写几天就忙着搞创作，办展览，急功近利，不好。楷书是基础，根基没打好，不会站就要跑，是不行的。学书法光练字还不行，还要读一些书法理论的书，任何人水平再高，一会儿说这样写，一会儿说那样写，发现这了，发现那了，自吹自擂，没有内修，白吹白擂。翻翻古代书论，古人早就说过几百年了，后人还是无法超越，老老实实去学就是了，不要急着出名。"① 于安澜的这种书学教育观念到今天仍然正确无异。王刘纯受益匪浅，

---

① 王刘纯：《学书纪事——问学于安澜先生》，《大学书法》2021年第4期。

之后切实践行，其行书创作颇受好评。

在篆刻方面，于安澜同样以这种原则去教导学生。他认为："一切学术技法，要求'后来居上'；但是也不尽然，后来的都比前人高。但在道理上，后人能吸收前人的优点，避免前人的缺点，应该胜于前人。"① 所以他主张先认真追摹古人、前人，然后超越。而前人不是都适合自己，有些当学，有些不当学，要善于选择。在篆刻上于安澜就不主张学生开始就学齐白石那一路，认为吴昌硕、士一居、王福庵、王禔、茅大容等浙派篆刻更高古一些，而齐派最好先不学，学齐白石的多数是急于出名、卖作品而已。他曾批评河南的篆刻现象，说不少刻家只会模仿，"只是走白石翁之路，甚至比白石还白石，'气死白石'"，这是没有什么出路的。总之，要走正路，西泠派的篆刻就是正路之一。于安澜本人就是从汉篆临摹入手的，他对篆刻学习有深刻的体会，认为初学从秦汉篆刻入手，之后再小篆，才能厚重、大气。如果上来就是齐白石一路，很容易走向狂怪。齐白石在谈到自己的篆刻时很自豪，号称"三百石印富翁"，至于篆法，他曾说自己篆刻很特别："我刻印，同写字一样。写字，下笔不重描，刻印，一刀下去，决不回刀。我的刻法，纵横各一刀，只有两个方向，不同一般人所刻的，去一刀，回一刀，纵横来回各一刀，要有四个方向。"② 于安澜认为，齐白石这一路不是篆学正法，对雕花木匠出身的齐白石来说可以，他有那个用刀的基础，但对初学者来说不适合。初学如此，很容易误入歧途，等于还没有学会走路就开始奔跑。

于安澜在给王海的信中多次提到，他的大字篆刻是特色，但是路数过于狂野，说："你把篆字放大到如大八砖，也算得你在篆刻上的解放。"这种解放，于安澜说他做不到，也不欣赏。别人怎么创作自有考量，作为他的弟子，于安澜还是要求他走正路，避免狂怪。王海谨记教诲，在篆刻风格上确有所改观。于安澜在指导祝仲铨学习篆刻时曾说："不如先多读印谱，多临摹秦汉的玺印，多练习写小篆，《说文解字》上的小篆就可以临写，王福庵的《说文部首》和一些篆书碑帖都是学习的良好范本。"这些都体现了于安澜篆刻艺术的审美思考和学习路径。

---

① 于安澜信札，1985年4月12日（原件抄录）。
② 齐良迟主编：《齐白石文集》，商务印书馆2010年版，第114页。

图 4-17　王海篆刻《安澜私印》等二方，1984 年

于安澜的这种治学原则和创作原则是一致的。他本人的书法与篆刻创作就是走雍容大度、稳重平正一路。

再次，无论书法创作还是篆刻创作，一定要有所本、有所依据，不能乱创，随意结构。每当学生创作出比较满意的作品时，于安澜都赞不绝口，甚至欢欣鼓舞。他从不吝惜对学生的鼓励与赞赏，但是又非常谨慎，对每方印作、每幅篆书书作都要仔细核对，验看有没有问题，尤其是在篆法、结构上准不准确。有时还要去查找资料，他想让学生明白，写正确是篆书、篆刻最基本的要求，否则就是"硬伤"。弟子王蕴智很好地继承了这种观点，认为现在很多书法家如果不去认真做文字学研究，很容易写出错误的篆字。因此，他在篆书创作，包括指导研究生过程中，都依然本着有所本的原则，非常强调规则意识。

最后，于安澜坚持有教无类的传统原则，凡是有兴趣、热爱书法篆刻艺术的，只要向他学习，只要向他求教，无论是不是自己的学生，无论外于什么样的学历层次（哪怕是没有读过大学的爱好者），他都会耐心、认真、细致地加以指导指点。因此有许多人受教于他，自认为是于安澜的学生弟子。于安澜指导学生不问出身，一视同仁，而且不惜时间、不怕花精力。于安澜家经常访客不断，有谈历史文化名人项目建设的，有求书求字的，有讨教学问的，也有无事闲聊的，于安澜都一视同仁，耐心陪谈，虽然耽搁了时间，他却觉得充实。

教育的灵魂是心灵培育，以身示范，德美兼济，才能获得好的效果，赢得学生的敬重。常常有学生比喻与于安澜的关系是"亦师亦友"，其中包含着于安澜教育方式与结果的对应关系，富有深意。

四、名家后学评于安澜

于安澜以其在多学科、多领域取得的卓越成就,成为20世纪不可多得的学术大师,影响波及国内外,其学术遗产成了今天十分宝贵的文化艺术财富,赢得了广泛赞誉。恰如第十届全国人民代表大会副委员长许嘉璐所说:"先生道德文章学者共仰。"① 从国内名家大师评价于安澜这一角度出发,用真实直观的语言来看待其学术成就、艺术贡献、学人风范,或许更有助于全面认识于安澜其人。这些评价大致可分为三个方面:对其学术及艺术的评价,对其学术及艺术精神的评价,对其文人品格的评价。又可分为两个类型:大师直评和同行心声。

(一)大师直评

在学术上,于安澜的一生收获丰满,赢得了业内专家学者的交口称誉。于安澜最早以语言音韵学著作《汉魏六朝韵谱》登上了学者的荣誉殿堂,当时他才34岁。实际上,书稿在1935年即已完成,由于排印周期较长,将近10个月,至1936年5月才正式出版。正值壮年、意气风发的年龄,许多人还在积淀、探索的路上,而于安澜一跃而成为学术巨匠,立刻引来业内专家们的一致赞誉。钱玄同、刘盼遂、闻宥等国学大师极力推崇,为其著文作序,萧谦中、刘凌沧等国画大家赶着作《谱韵图》《校书图》,力图再现于安澜勤奋治学的风貌。

为什么人们如此推重这部著作?除了20世纪30年代国学热潮的回流因素之外,最重要的还在于这部著作本身具有极强的开创性和先驱意义,具有填补学术空白之价值。20世纪上半叶,中国学者在文字学研究领域基本不涉及汉魏六朝以来的韵部研究,清代以来的文字学学者大多重视先秦,秦以外很少考量,就算涉及两汉,认为只是先秦之附庸而已。至于上古韵部,早已有大家研究,是乾嘉学派研究的重点部分,经顾炎武、江永、孔广森、章太炎等前辈探讨,已相当透彻,中古韵部则有《切韵》《广韵》在。然而先秦古韵如何演变到唐韵,其间的汉魏六朝是一大段空白,无人知晓。对此,钱玄同曾做过深入分析:

---

① 于安澜编著,孟云飞校订:《书学名著选》,河南大学出版社2015年版,第626页。

廿年来在各大学讲述《国音沿革》一课，感到最无办法者，即为汉魏六朝之一段。此段材料之多，过于先秦远甚，只因未经前人整理研究，故未知其与前之先秦及后之隋唐异同若何，且未知两汉到晋宋以下当分两期抑三期，更未知各期之部类若何。①

钱玄同曾有意发愤研究这一段音韵，却由于种种原因未能着手，后来深觉无能为力，"自念此后衰朽余生，恐不能从事于繁冗之工作于深湛之思考，此一段古音，我将毕生不能明了矣！"②既有如此之遗憾，当看到《汉魏六朝韵谱》出版时，其欢喜、赞叹、由衷称誉可想而知，于是他说："先生对于古音之贡献，多发前人所未发"，"大著真堪续顾、江以来未竟之业矣"。③

与钱玄同所说无异，汉魏六朝期间的资料复杂，难以理清，要想完成须付出大量精力。当时清华大学教授、语言学家王了一（王力）初读《汉魏六朝韵谱》，大为惊讶。虽二人素不相识，但王了一立即在天津《大公报》上专门撰文评论，首先称赞于安澜的学术毅力，说语言学、训诂学"是呆板的工作，同时也是难能可贵的工作。于先生费三年的时间，独立以成此书，其毅力非常人所能及"④。同时认为，《汉魏六朝韵谱》的内容分类完全合理，正是自己想要达到的效果，而在众人一筹莫展之际，于安澜做到了，可谓"学术先驱"，名副其实。王了一评论说：

> 于先生韵部分合表以侵真分立，界限显然；与鄙意正相符合。此外蒸登分立、职德分立，其偶然通用者视为例外，都是很合理的。……三期之分，尤见恰当，如能再加董理，将成传世之作。
> 首先令人佩服的，是于先生有判断的眼光，由韵文里研究韵部，该下些判断的功夫，不能因一二字偶然相通而把两个韵部的畛域泯

---

① 于安澜：《汉魏六朝韵谱·钱玄同序》，中华印书局1936年版。
② 于安澜：《汉魏六朝韵谱·钱玄同序》，中华印书局1936年版。
③ 于安澜：《汉魏六朝韵谱·钱玄同序》，中华印书局1936年版。
④ 王了一：《评〈汉魏六朝韵谱〉》，载张生汉编《于安澜先生纪念集》，河南大学出版社2009年版，第98页。

灭；否则三百篇的韵部，必不满十部，而不能分为廿二部或廿三部了。于先生在韵部分合表里，认晋宋的删韵与寒桓为一部，山韵与仙先为一部，又在韵部沿革总叙里，认沈约的鱼虞模独取三韵分立之势，皆与拙著《南北朝诗人用韵考》（见《清华学报》十一卷三期）不谋而合……于先生并不因为这些合用的例子而把删山或虞模的界限泯没，这正是细心的表现。①

王了一接下来举例证实他的看法，并分析了于安澜所归纳出的结论何以在学术界引起极大惊异："于先生整理材料时，甚注意于地域之现象，及归纳结果，此现象实不显著（见钱序）……""陆法言说它们各有乘互，可见未能定于一尊……最近陈寅恪先生考订六朝时代江左文人皆用北语，然后此问题得到满意的解答。"②

通过比较几位学者的学术路径之不同，从而肯定了于安澜研究方法、思路的科学合理性。

著名学者罗常培看到于安澜的这一书稿也甚为惊讶，尽管两人同在北京，彼此并不了解。当时的罗常培是中国语言研究所负责人，可以认为是语言学研究的最高权威，他评论说：

> 我们研究所有几个人也在整理汉魏六朝这一段的韵谱问题，并且是以丁、岩两家的书为基础，先收这个时期……但采用卡片之路，这是常用的方法，却不如于安澜钩色之省便，当并行而不悖也。

因此，于安澜该书甫一出版，中国语言研究所立即就订购了七套之多，给予于安澜以实际的鼓励和支持。北大教授刘盼遂在序文中说：

> 安澜此书，将汉魏六朝群籍诗文中韵字全行胪举，分部就班，条理井井。上承古韵二十六部，下启唐韵二百零六部，而中国音韵全史

---

① 王了一：《评〈汉魏六朝韵谱〉》，载张生汉编《于安澜先生纪念集》，河南大学出版社2009年版，第99、100、98—99页。
② 王了一：《评〈汉魏六朝韵谱〉》，载张生汉编《于安澜先生纪念集》，河南大学出版社2009年版，第99页。

途中于焉接轨，承学者得有所籍以考索，如内贯串泂可谓文字学中参证之要册矣。①

如此等高度评价，不胜枚举。实际上，《汉魏六朝韵谱》自问世以来，早已成为中古音韵研究的必读之书，陈寅恪、周祖谟等著名学者在其著述中多次引用，不仅丰富了祖国的语言学宝库，还有着深远的国际影响。

当有媒体采访于安澜，谈到当年撰写《汉魏六朝韵谱》的动机以及对学术界的贡献时，于安澜说："谈不上贡献……自己方便，与人方便……音韵是中文系的一科。过去没有普通话，不过读书人不能像老百姓那样，都要懂音韵，弄清字的读音，这样读书人之间才能交流，不出笑话，像唱戏一样，不懂音韵不行。"②就是抱着这样的目的，《汉魏六朝韵谱》一书出版后五十年，于安澜才有暇重新"董理"再版，吸纳众多名家建议，修订错漏，加之后学的帮助校理，使之更加完善③。河南大学文学院张启焕教授如此评价此书的校改本："五十年前，此书堪称传世之作，五十年后的今天，经过此次校改，系'续顾、江以来未竟之业'的评语，更为恰当。"并说"于此书，于先生都是受之无愧的"。④

正当人们兴叹于安澜这一语言学成就时，次年（1937）他的另一部学术巨著《画论丛刊》付梓出版，再次引起了美术学界的震动。

《画论丛刊》一书的编撰同样具有开创性，集历史上经典文献五十余种，既有篇目、正文，还有作者事略、书评，另有严谨的校勘，被视为20世纪30年代以后最实用、最具权威的画学文献，前文已经有所评述。

为什么美术界又如此看重《画论丛刊》的出版？大背景是五四运动以来所倡导的"西学东渐"之风有些矫枉过正，经过多年检验、实践与沉淀，证实传统文化艺术有其独特的生命力，非眼光一味向外可以取替。因此重视国学的思潮重新回流，加之从陈师曾、黄宾虹、余绍宋、郑午昌开始，美术史论家们就致力于中国画学论著的编纂评判，但是没有一部能够

---

① 于安澜：《汉魏六朝韵谱·刘盼遂序》，中华印书局1936年版。
② 张啸东：《学问安身心 艺术慰平生——记学人书家于安澜先生》，载张生汉编《于安澜先生纪念集》，河南大学出版社2009年版，第52页。
③ 其同乡暴拯群教授为该书校改，1989年由河南人民出版社影印出版。
④ 张启焕：《校改本〈汉韵六朝韵谱〉评介》，载张生汉编《于安澜先生纪念集》，河南大学出版社2009年版，第103页。

做到既具有学术性又具有实用性。恰如余绍宋所说："(《画论丛刊》)实为从来丛刊所未有。得此一编，于古今画学理论之源流与其要旨粲备无遗，洵可为后学之津逮矣。"①"今于君此编皆各自为卷，所据之本一一注明，并详加校勘，足矫王氏之失②。伪书虽已酌收，然非如詹氏之漫无考核③。"④

我国现代著名文学家孙犁喜读画论著作，曾撰文专评于安澜及其《画论丛刊》，他说：

> 余绍宋的书，还没有读完，就想起了于安澜所辑《画论丛刊》。于是，把人民美术出版社出版的几本书找出来，好在它们都捆在一起。
> ……
> 这部书，据例略所言，专收画法画理之作；不收叙述源流，品第鉴别之著。所收又分为总论及专论二类。编前冠以作者事略，并辑录有关资料，如《四库全书总目提要》及《书画书录解题》等。
> 此书于解放前，曾由中华书局印行一次。一九五八年，由作者重校再印。此丛书，选书精当，眉目清楚，校印审慎，颇便阅读，余甚喜之。
> ……
> 《画论丛刊》，共收书五十余种，长短不一，玄浅各异，作家以逝去者为限。
> 于安澜先生，博学多艺，中华书局早年即为其出版《韵谱》一书。后在北平，七七事变，南返原籍。其家似在河南，抗战期间，乡居杜门者六载。当时，日寇铁蹄所致，知识分子生存甚难，如在河北，则并乡居杜门，亦不可能。
> 书为一九六二年八月版，时国家困难已过，纸质较好，印刷装订均佳，校对亦细，于先生对此书出版，颇为负责，后附校勘记，甚精审。⑤

---

① 于安澜:《画论丛刊·余序》，中华印书局1937年版。
② 指明代王世贞《画苑》。
③ 指明代詹景凤《画苑补》。
④ 于安澜:《画论丛刊·余序》，中华印书局1937年版。
⑤ 孙犁:《读画论记》，载《孙犁文集（下）》（天津日报珍藏版），文汇出版社2008年版，第961—962页。

可见孙犁先生不仅喜读于安澜的《画论丛刊》，并且有所研究，所言书籍编纂情况与作者状况基本准确，足见该书在知识分子当中的影响有多么深、多么广。

资深美术史论家俞剑华其后在编撰《中国画论类编》中说道："最近于氏《画论丛刊》一书出，集《山水松石格》以下五十四种，纯为论画之作，皆首尾完全；且有数种不经见之书，画论精华，略备于是……"①他在所编《国画研究》中又一次给予于安澜以很高评价："中国画法画理画论，原无一定界限，是书取历代画论五十四种，均系极有价值之作……全录原文，且收入不易见之书数种"，更认为"有此一书则画论已可十得八九矣"。② 著名国画大师、美术史论家黄宾虹在《画论丛刊》刚出版不久，就给予"后来居上"的美誉。

画学家郑午昌在该书序文中评价说：

> 辑论画之书难在精选，读论画之书要在静参。安澜先生博学多艺，既著《韵谱》，乃辑画论。自梁以来选录都五十余种，或撮诸丛书，或钞自孤本，举凡画法画理之著作，盖已取精掇英，毕罗于是。吾人欲究绘事，可不必用心择别而有善本，各得从其性之所好、学之所需于焉。深参默会，发其妙解，生其新知，其愉快为何如？则先生述前启后，其有功于艺林又何如！……艺海无边，彼岸何处，欲往渡之，慈航在兹。③

郑午昌1929年即已出版《中国画学全史》一书，较《画论丛刊》早八年。但此时对中国美术史研究来讲，是"改古变古"的开端，自此以后"撰写系统而非片断、有见解而非仅史料的通史，成了反映美术史研究新认识的主要著作方式"④。因而当他读到《画论丛刊》，了解到于安澜对于中国画学的思考与判断，大加赞赏："深知先生用心之苦，立愿之宏，为不可

---

① 俞剑华编著：《中国画论类编·卷首语》，人民美术出版社1957年版，第1页。
② 俞剑华：《国画研究》，商务印书馆1948年版，第145页。
③ 于安澜：《画论丛刊·郑序》，中华印书局1937年版。
④ 薛永年：《20世纪中国美术史研究的回顾和展望》，《文艺研究》2001年第2期。

及，尤望学者得是书而善读之也。"①

历经时代风云变幻、生活磨炼，20 世纪 60 年代、80 年代，继《画论丛刊》之后，于安澜又两度整理出版了《画史丛书》《画品丛书》两套大型画学文献，与前者首尾相属，以实实在在的文献整理，清晰完整地勾勒出中国画学学科的基本架构，奠定了他在中国画学界的学术地位。当代画家、美术史家黄苗子评价说，"安澜先生为我国极有成就之美术史学家，书法篆刻家"，为我国美术理论的研究做出了巨大贡献。②

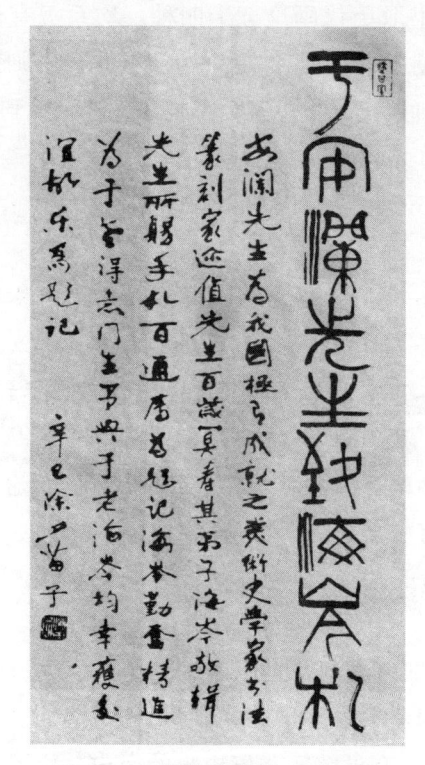

图 4-18　黄苗子手迹，2001 年

当代美术史论家王伯敏认为："于安澜先生是我国著名的美术史论家，对中国书画学史的研究，尽毕生之力，作出了突出贡献。"③

他还以自己的切身体会为例，说明于安澜的画学文献著作对自己学术

---

① 于安澜：《画论丛刊·郑序》，中华印书局 1937 年版。
② 王冰编：《于安澜先生致海岑札》，香港天马图书有限公司 2002 年版，据手迹原图。
③ 于安澜：《画论丛刊·总序》，张自然校订，河南大学出版社 2009 年版，第 1 页。

研究的帮助："20世纪下半叶出版的不少美术史论著作，都与他的研究有着密切的关系。……于先生是我尊敬的前辈，出生于1902年，长我22岁，我的专业研究是美术史，出版有《中国绘画通史》等7部美术专史。每撰一史，无不借助先生在画学文献研究上的成果。"①

同时他还阐述了文献校勘之难、之苦、之费时费力："选编并校勘古文献，是一种扎扎实实的艰苦工作。一是一，二是二，对鸡足，不说凤爪。这种工作，有时被人忽视，因为做出来的成绩，素而已看不出它的闪光。郑振铎早年说过：'从事古文献考证的学者，都具有做无名英雄的精神。'有时为一字一句，要翻阅许多古籍来查对；仍然解决不了问题，还得出门，未免受舟车劳顿之苦。"②从专业角度，对于安澜的学术贡献予以充分理解与肯定。

因为编纂积累下来坚实的画学知识，于安澜对中国当代书画创作有自己独特的看法，尽管他很少写文章阐述，但在朋友间交往交谈中时有表达，见解独出，深乎众望，前文已经有所阐述。如他在给广州美术学院原院长郭绍纲的信中谈到诸如形似与传神、素描基础与绘画题材及表现力，对古人、今人的评价等问题，睿智、独特的见解令郭绍纲这位当代著名油画家惊诧不已，郭绍纲评价道：

> 于安澜先生……谈及艺术问题很广……先生的坦诚与灼见，也令我感到欣慰。
>
> 中国绘画传统丰厚与深奥，须要有心志者去挖掘，怎样继承与弘扬，也可以在诸代画论中找到答案，即要摆正师人、师迹、师造化的关系，才能在实践中有所发现，有所创造。
>
> 四十多年来，还没有一本书像《画论丛刊》那样使我爱不释手。
>
> 《画论丛刊》两卷本选入了自宗炳的《画山水序》至蒋骥的《传神秘要》共五十余篇，扼要地集中了中国绘画理论的精髓，各篇作者虽有时代、风格、文理重点的不同，但可以发现在诸多方面的一脉相

---

① 于安澜：《画论丛刊·总序》，张自然校订，河南大学出版社2009年版，第1—2页。
② 于安澜：《画论丛刊·总序》，张自然校订，河南大学出版社2009年版，第5—6页。

承之处，以及作者自己的独特发挥。①

当代每一位名家大师评及于安澜，无不提到于安澜一生"正直为人，淡泊名利，甘于寂寞"。王伯敏说他在中国画史这一领域伏案研究，"不辟寒暑，做了大量的筑基工作"②。这一切皆源于于安澜的治学理想始终是"与己方便，与人方便"。他不媚俗、不趋时，量力而行，孜孜以求，持之以恒。无论什么环境，坚守信念，以自己绵薄之力，为家国、民族贡献力量，顺而"攀缘大师墙垣"。于安澜生于忧患，长于苦难，深切体会到了国家命运与个人安危的关系，因此常怀感激之情、报效之思，且不流于口号。他毕生专注于学术与艺术，离休以后仍离而不息，积极致力于省内外文化艺术建设、家乡文化遗产保护，即基于此初心。

（二）同行心声

河南大学张如法教授是于安澜的多年同事，他曾在《于安澜先生素描》一文中用大幅文字介绍于安澜在学术领域上的成就、在国内及国外的影响："我敢说，知道于安澜先生是艺术史家的，在（20世纪）50年代外国的要比中国的人多，在60年代京、沪、宁、浙、粤的要比河南的人多……"③

这一方面说明了于安澜学术研究的辐射力、穿透力，另一方面也说明了于安澜淡泊、坦荡，不图虚名。作为20世纪30年代即已名满京城的画学专家于安澜，至60年代，他所任职的中文系主任竟闻所未闻，原因是什么？比之"一瓶不满，半瓶晃荡"的假学者、唯恐天下不知的流量明星，老一辈学人的沉潜与厚重，的确令人叹服。

还有让人不胜感慨之处在于，于安澜一生创作书画篆刻作品数千件，却全部送给了别人，自己不存一幅，甚至应急的展览还得借送出去的作品，这又说明了什么？他提携奖掖后学，业余指导青年书法家，不计时

---

① 郭绍纲：《文艺师友 学者风范——记于安澜先生与我的忘年交》，载张生汉编《于安澜先生纪念集》，河南大学出版社2009年版，第21、20、18、19页。
② 于安澜：《画论丛刊·总序》，张自然校订，河南大学出版社2009年版，第5页。
③ 张如法：《我所知道的于安澜教授二三事》，载张生汉编《于安澜先生纪念集》，河南大学出版社2009年版，第32页。

日，不计报酬，这种无私无我、甘于奉献的精神又有几个人能担当得起？

中国书法家协会原主席张海评论说："于安澜是我崇敬的大家，其学识人品一直为河南书界所尊重。于老给王海先生的信，不仅书法精彩，更重要的是字里行间洋溢着对前辈后生的悉心呵护、扶持和严格要求，对事业的执着和热爱，以及朴实无华的高尚情操，实乃吾辈之楷模。"

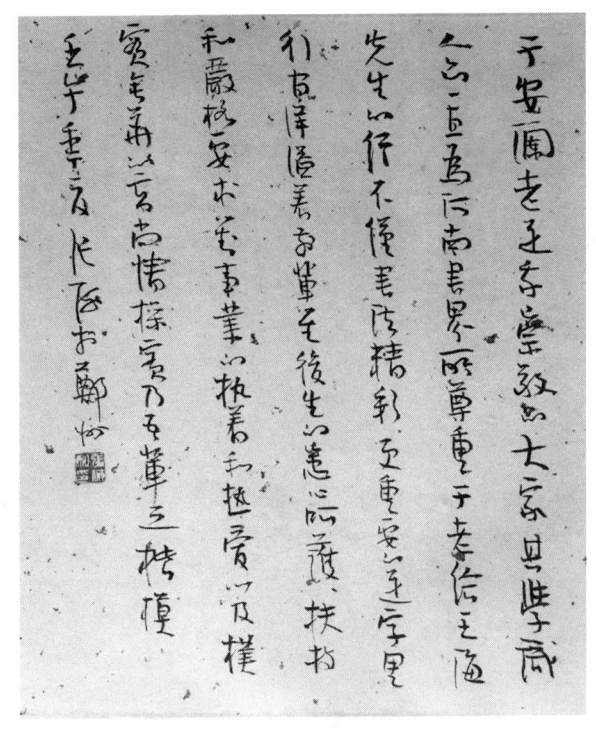

图 4-19　张海手迹，2002 年

中国书法家协会原副主席王澄评论说："安澜于老乃著名学者，有《汉魏六朝韵谱》《古文字易解》《说文类编》《论语类纂》《诗学辑要》《画论》《画品》等著作泽及后学，余亦受益良多。今读于老之书信，更多感触，字里行间处处可见其对学生之关爱、对学问之严谨、对艺事之不苟。"

于安澜生前好友、书法家桑凡对于安澜执弟子礼，于安澜去世后，展读其书札手卷，感慨万千，说："（20世纪）60年代于慕姚武公寓所获接先生謦欬，嗣后时聆高论。先生为著名学人，授课著述之余，雅好书画印刻，以余之鲁钝、浅陋……不敢妄赞一词。而展读斯卷，往事如昨，不胜人琴之感……追忆仰慕之慨。"

因此，名家大师及学术同行的评价可能只针对其所知所闻，而于安澜丰富厚重的一生中尚有许多不为人知的品德支撑，旁人自然无所置评。这并不能埋没于安澜平凡高蹈的一生。至于名家所评其不足的一面，尤其在专业领域，那是一种提升与进一步探讨，完全可以理解，前文中已经论及。

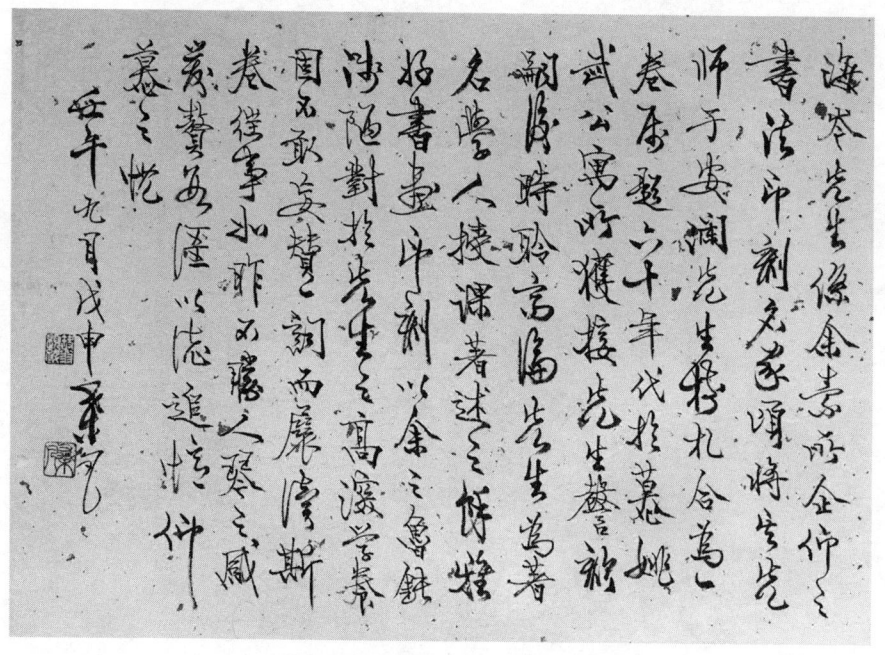

图 4-20　桑凡手迹，2002 年

我们看于安澜，学术可以探讨，学问人品毋庸置疑。更何况时代更易，历史轮替，物是人非，一切都在发生着改变。于安澜一生著述等身，涉及领域众多，有失误、有争议是正常现象，这些都不影响他成为 20 世纪中国学术界理所当然的大家、先驱。因此，《美术观察》杂志社原社长、美术评论家阎正说，于安澜是我国当代"古文字学家、美术史论家、书法篆刻家、学界泰斗"，应当之无愧。

最后，可以以于安澜同事、著名学者宋景昌教授在于安澜百年诞辰之际所作的一首缅怀诗作结：

谱史通经学识优，文渊艺海更探求。
诗歌训诂称高手，雕刻丹青列上游。
特擅篆书传九域，精编韵谱足九秋。
一生十部皆鸿著，明兴山河万古流。
最是难能性乐天，胸如大海广无边。
一生得失长忘却，万事风云总泰然。
愿书心神唯翰墨，看轻富贵似云烟。
先生可谓仁人寿，享有高龄到百年。①

---

① 该诗作于 2003 年河南大学中文系举办的"于安澜诞辰 100 周年暨全国学术研讨会"期间，来源于于安澜后人毛笔手录。限于资料，名家同行评于安澜这一部分还不完善，书中所引评价尽量避免与前引重复。一些重要评论搜罗未全，是为余憾，期待合适时机再做补充。

附 录

一、于安澜年谱暨百年中国画学、中国美术、中外历史大事记对照表

年份	于安澜大事记	中国画学大事记	中国美术大事记	中外历史大事记
1900	出生前二年。		《求是斋画报》在上海创刊。 2月10日,《申报》循照旧章,刊印中西合璧月份牌一种,朱绿相宜,描绘精细,随报赠送。 9月,《双管阁画报》创刊,连史纸石印,封面封底彩色套印。	八国联军攻占北京。 八国联军火烧圆明园。
1901	出生前一年。	梁启超作《赠别郑秋蕃兼谢惠画》,将"诗界革命"与"画界革命"相联系。	7月18日,《古今士女画谱》由吴友如绘,古香阁刊行,石印四册,盛以布函。 11月,《国画演说报》创刊。月出一册,内容分宗教、内外史、时事、城市建设、皇宗生活、逸闻、物理诸栏,兼录歌谣。但绘图质量较粗劣。	义和团运动失败。 《辛丑条约》签订。中国完全沦为半殖民地半封建社会。 清廷下"兴学诏"。 诺贝尔奖开始颁发。

233

续表

年份	于安澜大事记	中国画学大事记	中国美术大事记	中外历史大事记
1902	11月22日（农历十月二十三日）出生于河南省滑县牛屯镇鸭固集村。	《蒙学读本》，上海文明书局，被誉为书画文三绝。	陈师曾留学日本。 4月15日，《飞影阁中西大观画报》（旬刊）创刊。 6月23日，北京出版《启蒙画报》（半月刊），木版印刷。 9月6日，《集益书画报》（旬刊）由集益书画报馆创刊。	梁启超创办《新民丛报》在日本横滨出版发行。 张之洞创立湖北师范学堂。 京师大学堂停办两年后于1902年12月开学。
1903		[日]富山房：《美术新书》（范迪吉译），上海会文学社。	清廷制订订学堂章程，后称"癸卯学制"，图画成为中小学堂必修课。 李毅士赴日本留学，进入法律学校学习。因不好仕途，一年后转赴英国。	孙中山在国外创立"中华革命军"。 上海商务印书馆设置编译书局。 在河南安阳发现的甲骨文，不少被英美人低价买走。 列宁主义诞生。 美国莱特兄弟发明飞机。
1904		王国维著《红楼梦评论》并发表。	康有为写《欧洲十一国游记——意大利游记》，美学的文章中开始使用"美术"一词。 《北洋官报》第476期发布《各省新闻：提倡美术》 金石篆刻家丁仁、吴隐等创办西泠印社。	《东方杂志》创刊。 天津创办有轨电车交通系统。 历史上最后一次科举考试在开封河南贡院（在今河南大学校内）举行。

续表

年份	于安澜大事记	中国画学大事记	中国美术大事记	中外历史大事记
1905		李叔同：《图画修得法》，《醒狮》第2、3期。	《时事画报》创刊。 李铁夫移居纽约，从约翰·萨金特学习肖像画。 王国维：《论哲学家与美术家之天职》，《教育世界》第99期。 4月，李叔同东渡日本，翌年进东京美术学校学习西洋绘画。 2月23日，国学保存会创刊《国粹学报》，由邓实任总纂，以"发明国学，保存国粹"为宗旨。 小川银次郎：《近世美术史》、《世界美术史》博文馆出版。	中国同盟会成立，孙中山提出"民族，民权，民生"三大主义。 科举停止，兴办学校。 中国第一部电影《定军山》诞生。
1906		严复译［英］倭斯弗《美术通诠》连载于《环球中国学生报》。 李叔同：《水彩画法说略》，《醒狮》第4期。	王国维：《论教育之宗旨》，《教育世界》第56卷。 南京两江优级师范学堂开设图画手工科。 高剑父东渡日本学习绘画。	

235

续表

年份	于安澜大事记	中国画学大事记	中国美术大事记	中外历史大事记
1907		苏曼殊弟子何震为其纂《曼殊画谱》，苏曼殊作序；刘师培：《古今画学变迁论》，《国粹学报》第26期；《论美术与征实之学不同》，《国粹学报》第3卷第8期；《中国美术学变迁论》在《国粹学报》连载。	四川通省示范学堂按照西方绘画教学方式进行图画教育。中国留法女学生姚蕙在巴黎编辑《世界》画报，是我国最早采用铜锌版印制的画报。3月，《醒俗画报》在天津启文阅报社出版，初为旬刊，后改为五日刊。4月2日，《神州画报》由上海《神州日报》社创刊，为五日刊，故又名《神州五日画报》。秋，江西新武学堂创办美术工艺学堂，有美术工艺12种。扬州创办邵伯镇美术工艺传习所。金一：《文学之上美术观》，《国粹学报》（分类合订本）第3卷第5期。东京府：《东京劝业博览会美术馆出品图录》，东京：审美书院。	美国决定退回庚子赔款以用于中国文化教育事业。
1908		黄宾虹：《滨虹论画》，《国粹学报》第七册美术篇；陈师曾：《画梅歌》，《南通师范校友杂志》。	上海画家芝术芝轩以私费生资格进入日本京都市立美术工艺学校图案科学习。许啸庐：《海州美术书目志》，《蒙学画报》（半月刊）创刊，读者以儿童为主。4月30日，《蒙学画报》第1期。第4卷第1期，《国粹月报》创刊，由中华学会主编出版，读者以儿童为主。	鲁迅《摩罗诗力说》发表。王国维《人间词话》在《国粹学报》连载。《新朔望》创刊。爱新觉罗·溥仪即位，改年号为宣统。上海开设出线电台。

续表

年份	于安澜大事记	中国画学大事记	中国美术大事记	中外历史大事记
1909		庞元济《虚斋名画录》成书。《吴有如画宝》12集24册在上海陆续出版发行。	"豫园书画善会"在上海豫园得月楼成立。《时事画报》主办的第2期"美术展览会"举行。齐白石结束历时7年的远游。12月，中国同盟会纽约分会成立，李铁夫担任该会常务书记。水钧部《万国保护文艺美术版权公约》在《商务官报》连载。	京张铁路通车。南社成立，以诗文"鼓吹新学思潮，标榜爱国主义"。冯如制造成第一架飞机。
1910	进入私塾学习，跟随未修吾、老秀才黄子开等学习国文、历史、地理、生物、数学等各科知识，直至1920年。	[日]大村西崖：《中国绘画小史》，东京：审美书院。	4月，中国第一次博览会南洋劝业会在南京举行，设美术馆。"上海书画研究会"成立，李平书为研究会总理。刘海粟在常州开办布景画传习所。李铁夫受孙中山委托，设计革命起义国旗图样（武昌起义后为民国军政府采用）。陈师曾在南通师范学校任博物教员，在吴昌硕指点下研习绘画。	同盟会发动广州新军起义。《国风报》在上海创刊，梁启超主持人。《小说月刊》创刊。《日韩合并条约》，日本吞并朝鲜。
1911		黄宾虹：《论北宋画学之盛》，《真理画报》第14期。	黄宾虹、邓实编：《美术丛书》，上海：神州国光社。《艺术丛刊》由上海广仓学会出版。两广优级师范学堂开办了第一届"图画手工专修班"。青漪馆书画会成立，该会专以讨论书画，保存国粹为宗旨。	同盟会发动黄花岗起义。四川保路运动。武昌起义，辛亥革命。《中华民国公报》创刊。

续表

年份	于安澜大事记	中国画学大事记	中国美术大事记	中外历史大事记
1912		王国维改写《中国名画集序》。王国维发表《二田画觚记》。凡民《西洋画法》在《太平洋报》连载。	3月，蔡元培任南京临时政府教育部总长，7月辞职。4月，黄宾虹与宜哲在上海发起成立"贞社"。浙江两级师范学堂增设高师图画手工专科。春，高剑父、高奇峰在上海创办《真相画报》，侧重刊载中国古今传统美术作品和研究论文，并注意探讨中国画创新。6月，鲁迅为教育部发起的"夏期讲演会"做《美术略论》演说。刘海粟等在上海创办图画美术院。《内外时报》刊登于《东方杂志》第8卷第10期。李毅士取得公费留学资格进入格拉斯哥物理学深造。	改国号为中华民国，清帝退位。中华书局在上海创办。京师大学堂改名为北京大学。中华民国南京临时政府颁布《中华民国临时约法》。孙中山辞职，袁世凯接任，迁都北京。《新世界》杂志译恩格斯《社会主义从空想到科学的发展》。河南留学欧美预备学校成立，是为河南大学的前身。
1913	《新芥子园画谱》（初编—到四册），上海：神州图书局。		鲁迅：《拟播布美术意见书》，《教育部编纂处月刊》第1卷第1期。2月，教育部向各省发布《重视国文、手工、图画、音乐文》。浙江省立第一师范学校校友会创办《白阳》杂志，创刊号封面由李叔同设计，全部文字由他用毛笔书写石印。《研究美术故当如是》，《神州女报》第1卷第2期，推选吴昌硕为社长。西泠印社在杭州举办美术展览会，展出古今书画金石作品，并选编为画册。浙江两级师范在杭州艺术大学学习肖像画和雕塑。李铁夫人纽约艺术大学学习肖像画和雕塑。《通俗教育杂志》第1期发布学界要闻《美术急宜研究》。	袁世凯刺杀宋教仁。"善后大借款"。袁世凯发布《通令崇孔圣文》，"尊孔复古"思潮猖獗一时。"二次革命"失败。罗振玉将所收藏的甲骨文汇编成《殷虚书契》出版。

续表

年份	于安澜大事记	中国画学大事记	中国美术大事记	中外历史大事记
1914		[塞尔维亚]史德匿:《中华名画·史德匿藏品影本》,上海:商务印书馆。	罗振玉、王国维:《流沙坠简》(永慕园丛书),东京:上虞罗振玉宸翰楼。《教育部通咨各省请饬师范及小学校注重国文、手工、图画、音乐文》,《教育杂志》第5卷第11号。2月4日,古物陈列所正式成立。10月11日正式对外开放。4月,教育部举办"全国儿童艺术展览会",鲁迅、陈师曾为筹办人。	袁世凯颁行《报纸条例》,限制言论自由,颁布《中华民国约法》,改内阁制为总统制。康有为在《不忍》杂志发表《以孔教为国教配天议》。第一次世界大战爆发。
1915		[清]陈烺(署名"王狮老人"):《读画辑略》,上海:商务印书馆。黄宾虹:《古画微》,上海:商务印书馆。	现代中国第一个美术社团"宣南画社"成立。由乌始光、俞始光、丁悚七位、陈抱一、汪亚尘、沈泊尘、丁悚七位上海图画美术院的教师筹划组织的"东方画会"在上海成立。北京高等师范学校增设国文、手工、图画、教育专修科。汪亚尘赴日留学。上海商务印书馆公开征集五彩画稿。5月,刘海粟任上海图画美术院院长。该院接受建议,开始采用石膏模型写生和男性人体模特,徐悲鸿入上海图画美术院学画。	颁布《教育要旨》。袁世凯接受"二十一条"。上海掀起储金救国运动。陈独秀在上海创办《青年》杂志,提出民主和科学。袁世凯复辟称帝。护国运动。

239

续表

年份	于安澜大事记	中国画学大事记	中国美术大事记	中外历史大事记
1916		景氏（P. S. King）：《景氏收藏名画录》，自刊本。	蔡元培：《赖斐尔》，《东方杂志》第13卷第8、9号。徐悲鸿被明智大学聘为画师和讲师。《金石丛编》双月刊由上海广仓学会出版。朱元善：《艺术教育之原理》（教育丛书），上海：商务印书馆。黄宾虹：《中国名画集》，上海：有正书局。留日习画的中国留学生在东京组成"中华美术协会"。秋，李毅士回国，应蔡元培之邀任北京大学理工学院教员。	《民国日报》创刊。独立各省取消独立，服从中央命令。爱因斯坦提出广义相对论。
1917		康有为：《万木草堂藏画目》，北京：长兴书局。罗元黼：《蜀画史稿》，成都：存古书局。俞锟：《论中国写意画于美术上之价值》，《北京高等师范学校校友会杂志》第3期。	姜丹书：《美术史》《美术史教材》，上海：商务印书馆。蔡元培：《以美育代宗教》，《新青年》第3卷第6号。7月，陈独秀发表演说，主张育儿童美术图画教育的目的应是培养儿童的创造力和想象力，而非培养艺术家。上海女子美术图画专科学校成立。5月，徐悲鸿东渡日本东京。王琴：《论文字为天然之美术》，《国文周刊》第4期。浙江省立师范学校在丰子恺的组织下，创办了"桐荫画会"。	蔡元培任北京大学校长，倡导"兼容并包，思想自由"。《新青年》编辑部由上海迁至北京。胡适《文学改良刍议》发表于《新青年》杂志，主张白话文代替文言文，新文化运动由是勃兴。孙中山"护法运动"失败。中美参加第一次世界大战。俄国十月革命胜利，世界现代史开端，第一个社会主义国家苏俄诞生。

续表

年份	于安澜大事记	中国画学大事记	中国美术大事记	中外历史大事记
1918		徐悲鸿：《中国画改良之方法》，《北京大学日刊》，5月23—25日。贺履之：《中国山水画谈》，《东方杂志》第15卷第9期。刘海粟：《写生画之实测与比例（附图）》，《美术（上海）》第1期。唐熊：《国粹画源流》，《上海图画美术学校杂志》第1期。	2月，北京大学画法研究会成立。 3月，受蔡元培之邀，徐悲鸿到北京大学画法研究会担任导师。结识了贺良朴、汤定之、李毅士等画家。 4月15日，国立北京美术学校成立。 9月，中国第一种美术专业性综合杂志《中华美术报》在上海出版。周湘任主编。 10月，江苏省教育会组织美术研究会成立，沈信卿当选会长，刘海粟当选副会长。 鉴于我国美育继续发展而人才缺乏，上海图画美术学校派毕业生出洋留学，8月24日，毕业生赴日本东京美术学校西洋画科学习。 吕澂：《中国画与西洋画之异同》（演说稿），《中华美术报》第1、2期。 钝庵：《论吾国美术之沿革》，《中华美术报》第3、4、5期；《西洋画之概要》，《中华美术报》第5、6期。 邓天平：《论中国之美术》，《中华美术报》第5、6期。 张学古：《美术文与应用文之根本谈》，《南开思潮》第2期。 10月，上海美术研究会成立，恩孚任会长，刘海粟任副会长。	鲁迅《狂人日记》发表在《新青年》杂志，首次发表白话小说。 苏俄国内战争爆发，战时共产主义政策开始。 列宁遇刺。 德国十一月革命。 第一次世界大战结束。 陈独秀创办《每周评论》。 12月，周作人提倡写人的文学。

附录

241

续表

年份	于安澜大事记	中国画学大事记	中国美术大事记	中外历史大事记
1918		张庚：《画征录》，上海：有正书局。刘海粟：《画学真诠》，上海：商务印书馆。刘海粟：《画学上必要之点》，《美术（上海）》第2期。黄宾虹：《古画出洋》，《时报·美术周刊》，10月10日。《吴昌硕先生花卉画册》，著者不详，上海：商务印书馆。王木伟：《图画理论及教授法》，上海：商务印书馆。	11月，上海图画美术学校创办《美术（上海）》杂志。以登载中外古今美术史、画家论、画派论、美术教学研究等专论和报道国内外重要美术活动为主。李毅士开始担任北京大学画法研究会黑白画导师。王雅南编：《新图画教科书》（第三编图案）于北京个人自费出版。	
1919			1月，徐悲鸿赴法留学。吕澂：《美术革命》，《新青年》第6卷第1号。陈独秀：《美术革命——答吕澂》，《新青年》第6卷第1号。8月16日，《时报》新设《美术周刊》，黄宾虹被聘为主编，至1921年6月，共出80多期，撰文数百篇。10月23日，天马会在上海美专礼堂成立，举行第一次作品展。江新（江小鹣）、丁悚、刘雅农、张辰伯、杨清磬、陈晓江发起。蔡元培：《在北京大学画法研究会上的演说》，《北京大学》月刊，10月25日。冬，吴梦非、丰子恺、刘质平、刘海粟等于上海艺术专科师范学校创建中华美育会。蔡元培：《文化运动不要忘了美育》，北京《晨报》副刊。大清、李毅士兼任北京高等师范图画手工专修科西画教授和北京美专西画科主任。《美术于人生之价值》，《美术（上海）》第2期。	巴黎和会召开。列宁创立共产国际。五四运动。胡适提出"问题与主义之争"。李大钊：《我的马克思主义观》，《新青年》第6卷第5号。孙中山改组中华革命党为中国国民党。孙中山提出《实业计划》。

续表

年份	于安澜大事记	中国画学大事记	中国美术大事记	中外历史大事记
1920	秋季，考入河南省省立汲县中学（今卫辉市第一中学前身），学制四年，就读期间，受国文老师范文澜影响很大，对文字学、音韵学产生浓厚兴趣。同时向恽传人全伯高学习绘画。同年与夫人赵心清结婚。	徐悲鸿：《中国画改良论》，《绘学杂志》第1期。贺履之：《中国山水谈》，《绘学杂志》第1期。冯耜家：《通论：书画同源论》，《绘学杂志》第1期。郑锦讲演录》，《绘学杂志》第1期。金城：《金北拱讲演录》，《绘学杂志》第1期。陈师曾：《中国人物画之变迁》《清代花卉画之派别》《绘画源于实用说》，《绘学杂志》第1期。俞寄凡：《我国历代的绘画》，《美术（上海）》第2卷第3号，上海图画美术学校。汪亚生：《绘画根本上的观察》，《美与美术》第2卷第2期。	3月19—21日，北京美术家举办美术展览会。4月，中日美术协会于上海成立。4月20日，中华美育会创办中国第一本美育学术刊物《美育》杂志。初为月刊，后成为不定期刊，总编辑吴梦非。5月29日，中国画学研究会在北平成立。6月，北大画法研究会《绘学杂志》创刊，1921年停刊。周玲荪：《新文化运动与美育》，《美育》第3期。8月，北京艺专聘请蒲华法鼎为教授，按照欧洲美术学校教学方式进行西洋画教学。中国之正规西画教学，由此开始。10月，闻一多撰《征求艺术同门的同业者的呼声》。11月23—30日，中国画学研究会在北京主办第一次中日绘画联展。蔡耀增：《品评美术品要具审美的眼光》，《美育》第5期。沈怡：《理想的美术教育》，《少年世界》第1卷第3期。须戒已编纂：《新体写生水彩画》，上海：商务印书馆。	国际联盟成立。《凡尔赛和约》生效，第一次世界大战正式结束。李大钊在北京创立"马克思主义学说研究会"。陈独秀在上海创立"马克思主义研究会"，并创立第一个共产主义小组。《共产党》月刊创办。陈独秀主持起草《中国共产党宣言》。第一次护法运动。

续表

年份	于安澜大事记	中国画学大事记	中国美术大事记	中外历史大事记
1920		孙壆:《中西画法之比较》,《美术(上海)》第2卷第2期。黄卓然:《保存国粹画要从改良入手》,《美术(上海)》第2卷第2期。曾兆芹:《写生和精神上的关系》,《美术(上海)》第2卷第2期。许士骐:《我对于国粹画的观念》,《美术(上海)》第2卷第3期。庞士龙:《常熟书画史汇传》,常熟庞氏兰石轩。	杨桂松:《美术要怎样提倡?》,《美术(上海)》第2卷第2期。胡佩衡:《通论:美术之势力》,《绘学杂志》第1期。丁肇青:《通论:美术片谈》,《绘学杂志》第1期。李毅士:《专论:西画略说》,《绘学杂志》第1期。黄卓然:《我国美术不能发达的缘故》,《美术(上海)》第2卷第1期。唐隽:《什么是美感》,《美术(上海)》第2卷第1期;《美术与人生(附表)》,《美术(上海)》第2卷第2期。俞寄凡:《造形美术的沿革》,《美术(上海)》第2卷第2期;《艺术教育家的修养》,《美术(上海)》第2卷第3期。许士骐:《美术的价值及影响》,《美术(上海)》第2卷第2期。蔡元培:《美术的起源》,《绘学杂志》第1期。	

续表

年份	于安澜大事记	中国画学大事记	中国美术大事记	中外历史大事记
1921	继续在省立汲县中学读书。全年两学期考试均名列第一。	陈师曾：《文人画之价值》，《绘学杂志》第2期；《专论：中国画是进步的》，《绘学杂志》第3期；《中国人物画之变迁》（在北京八校学术讲演会讲演），《东方杂志》第18卷第17期。胡佩衡：《中国山水画气韵的研究》，《绘学杂志》第2期；《专论：中国山水画写生的问题》，《绘学杂志》第3期。王观仁：《新体铅笔画写生》，上海：商务印书馆。陆旋编：《新体铅笔画解说》，上海：商务印书馆。陆养晦：《古画大观》，上海：国华书局。元照：《论山水位置采辑诸家说》，《绘学杂志》第2期。	《美术世界》由重庆美术会于上海出版社编辑出版。1月，晨光美术会于上海创立，由萧公权、朱应鹏、陆宗兰等人发起。其宗旨是振兴中国的西画美术。东方艺术研究会在上海艺术师范大学内创办，负责人为汪亚尘。蔡元培在上海美术学校举办"十周年纪念展览会"。4月，梁启超在北京美术专门学校演讲，提出希望中国有"科学化的美术"和"美术化的科学"。黄宾虹任商务印书馆美术部主任。李毅士与北京大学画法研究会西画导师吴法鼎、中国台湾地区画家王悦之组织阿博洛学会。蔡元培：《美学的进化》《美学的研究法》《美学与科学的关系》，《绘学杂志》第3期。俞锐：《通论：艺术谈话》，《绘学杂志》第3期。杨朴之：《专论：美术家之修养》，《绘学杂志》第3期。俞寄凡：《印象派绘画和后期印象派绘画的对照》《图画手工科的价值和目的》，《美育》第6期。吕澂：《未来派画家的主张》《艺术批评的根据》《美术品和美术家的人格》《晚近西洋新绘画运动之经过》，《美术（上海）》第2卷第4期；《美学导言》，《美术（上海）》第3卷第1期。	7月，中国共产党成立。苏俄国内战争基本结束。爱因斯坦因光电效应获诺贝尔物理学奖。

续表

年份	于安澜大事记	中国画学大事记	中国美术大事记	中外历史大事记
1921		盛博宣：《画诀：花卉略知（续前）(附虫鸟)》，《绘学杂志》第2期。 钱稻孙：《通论：画形》，《绘学杂志》第3期。 来焕文：《杂俎：历代画家汇考》，《绘学杂志》第3期。 俞宗杰：《专论：写生底我见》，《绘学杂志》第3期。 张威廉：《专论：机械的写生》，《绘学杂志》第3期。 汪亚尘：《个性在绘画上的要点》，《美术（上海）》第2卷第4期。		

续表

年份	于安澜大事记	中国画学大事记	中国美术大事记	中外历史大事记
1922	继续在省立汲县中学读书。全年两学期考试仍名列第一。	陈衡恪：《中国文人画之研究》，上海：中华书局。陈师曾根据讲义撰成《中国绘画史》。唐隽：《写生的意义》，《美术（上海）》第3卷第2期。村田良策，南吕：《绘画上的表现主义》，《美术（上海）》第3卷第2期。	梁启超在上海美专做"美术与生活"之演讲。1月，刘海粟画展在北平举行。3月1日，《中日美术月报》发行。5月2—15日，中国画联展在日本东京举行。9月25日—10月5日，国际美术会召开，高曙青作为中国代表参会。其会议纪略在《北京大学日刊》从第1011期开始连载。吕澂编译：《西洋美术史》，上海：商务印书馆。[日]黑田鹏信著，俞寄凡译：《艺术学纲要》，上海：商务印书馆。蔡元培：《美育实施的方法》，《教育杂志》第14卷第6号。李竹子《艺术之根本调和》，《美术（上海）》第3卷第2期。俞寄凡：《艺术起原问题》，《江苏省立第二师范学校校刊》第11期。	中共领导第一次工人运动高潮。山东问题解决并部分废除陈"二十一条"。中共二大制定《革命纲领》。苏维埃社会主义共和国联盟成立。

续表

年份	于安澜大事记	中国画学大事记	中国美术大事记	中外历史大事记
1923	继续在省立汲县中学读书。全年两学期考试仍名列第一。	江铭忠：《清代画史补录》，北京：俄国北馆。潘衎：《山水画诀》，上海：中华新教育社，上海世界书局。诸宗元：《中国画学浅说》，上海：商务印书馆。《宾虹画语》，《民国日报·国学周刊》第2、5期。谢公展：《我对于改造国画的意见》，《南美杂志》第1期。刘海粟：《石涛与后期印象派》，《时事新报·学灯》，8月25日。刘海粟绘，上海美术用品社编：《海粟之画》，上海：美术用品社出版。	[英]布舍尔（S. W. Bushell）著、戴岳译：《中国美术》（世界丛书）：上海：商务印书馆。滕固：《艺术学上所见的文化之起源》，《学艺》，第4卷第10期。吕澂：《美术成形之经过》，《山西省教育会杂志》第9卷第1期。《艺术》周刊由东方艺术研究会编辑出版。北京美术学校发生学生风潮。北京大学造型美术研究会成立，蔡元培兼任会长，邓以蛰留学结束后，在北京大学和北京艺专讲授美学。河南新郑李家楼郑国大墓出土"莲鹤方壶"两件。1月，中日美术协会改为会员组织，康有为任会长，刘海粟和正木直彦任副会长，并制定《中日美术协会会则》。[英]波西尔（S. W. Bushell）著、戴岳译：《中国美术》，上海：商务印书馆。5月，雷家骏：《新制小学美术课程教学的理论和实际》，《教育杂志》第15卷第1号。俞寄凡、何苾：《新学制初级中学课程纲要草案：图画课程纲要、手工课程纲要（附图表）》，《教育杂志》第15卷第5号。	孙中山发表《中国国民党宣言》。英美报商在上海创办第一个广播台。中共三大确定建立国共合作统一战线的策略方针。

续表

年份	于安澜大事记	中国画学大事记	中国美术大事记	中外历史大事记
1923		伍联德、陈树洪编:《新绘学》（合订本），上海：商务印书馆。商务印书馆编译所编《名人书画》。俞寄凡:《表现主义的小史》，《东方杂志》第20卷第3期。	秋，西湖有美书画社成立。大村西崖为发起人，由吴昌硕、王一亭、唐吉生等在西子湖畔设立，意在促进中日美术交流。俞寄凡译述:《近代西洋绘画》，上海：商务印书馆，12月出版。东方杂志社编《艺术谈概》，上海：商务印书馆发行。李毅士:《我们对于美术上应有的觉悟》，《晨报五周年纪念增刊·觉悟》第12月期。吴梦非:《清宫大火与中国的美术品保管问题》，《民国日报》第7卷第24期。周继鎏:《水彩画的实际研究》，上海：商务印书馆。	
1924	夏季，由汲县中学毕业，因学习成绩优异被保送至河南中州大学（今河南大学前身）深造。	金伯伯:《国朝画识》，上海：中华书局。叶瀚编:《中国美术史》，西北大排印版。《金石家书画集小传》，西泠印社。高奇峰:《画学不是一件死物》、《高奇峰先生荣衰录》。	乌以锋:《美术杂话》、《造形美术》第1期。滕固:《艺术与科学》、《创造周报》第40期。滕固:《文艺批评的素养》、《狮吼》第2期。《造形美术》（百科小丛书），上海：商务印书馆。汪亚尘:《看画与评画——第一届省展给我的印象》，《时事新报》。雷家骏:《艺术教育学》，上海：商务印书馆（师范丛书）。3月9日，江苏省美术展览会开幕。	新三民主义。苏联第一部宪法把联盟用法律形式确定下来。黄埔军校建立。冯玉祥北京政变。列宁逝世，斯大林上台。

续表

年份	于安澜大事记	中国画学大事记	中国美术大事记	中外历史大事记
1924	在中州大学预科(两年制)文科部就读,师从冯友兰、李雁晴、嵇文甫、董作宾等名师。	郭元梁:《画理新诠》,上海:商务印书馆。俞寄凡:《现代之美学》,《东方杂志》第21卷第2期。胡佩衡:《中国山水画的点苔法》,《造形美术》第1期。	4月24日—5月3日,中国画学研究会主办的第三次中日绘画联展,在北京、上海举行。邓以蛰:《中日绘画展览会的批评》,《晨报副刊》5月1日;《续评中日现代的艺术》,5月10日;陶冷月在江苏无锡举办个人画展,展出"新中国画"、水彩画、油画等作品。7月4—10日,上海美术专门学校的教师和毕业于该校的画家,以中华教育改进社为中心发起举办"第一次全国教育展览会"。周鼎培:《美术之解剖及其在教育上之价值》,《革新(广东)》第1卷第5期。刘海粟:《古典主义与浪漫主义之美术及其批判》,《东方杂志》第21卷第22期。9月15日,中华民国美术实业展览会于美国开幕。李毅士应刘海粟邀请,去上海美专接替刚亡故的吴法鼎任教务长,透视学教授。	

续表

年份	于安澜大事记	中国画学大事记	中国美术大事记	中外历史大事记
1925	同年大女儿于采蘅出生。	陈师曾：《中国绘画史》，济南：翰墨缘美术院排印。黄宾虹：《古画微》，上海：商务印书馆；《中国画学谈——时习趋向之近因》，《小说世界丛刊》。黄宾虹：《鉴古名画论略》，《东方杂志》第3、17、21卷。傅抱石：《国画源流述概》，上海：商务印书馆。汪亚尘：《宗炳画论评判》，《时事新报》9月28日。俞剑华：《主观表现之艺术》，《翰墨缘半月刊》第10期。	吕澂：《晚近美学思想》，上海：商务印书馆。俞寄凡：《近代艺术教育上之三大见地：艺术教育之社会的见地》，《江苏省立二师提议案件》，《时事新报》。汪亚尘：《美育组怎样教学》，《艺术》周刊第2期。刘海粟：《图画应该怎样教学》，《艺术》周刊第39期。刘海粟：《倡国画》，《艺术》周刊第130期。刘海粟：《日本新美术的新印象》，上海：商务印书馆。徐悲鸿：《对于艺术教育之意见》，《晨报副刊》3月1日、7日。在巴黎留学的林文铮、林风眠、吴大羽三人发起并成立海外艺术运动社。翌年，举办以留欧美术学生作品为中心的"中国美术展览会""万国工艺博览会"中国馆活动。9月，国画研究会在广东成立。10月10日，故宫博物院开放，易培基任院长。美国人爱德华·布鲁斯（Edward Bruce）在纽约举办"中华古画展览会"。《鼎脔》，又名《美术周刊》，在上海创办。	孙中山逝世。五卅运动。中华民国国民政府在广州成立。故宫博物院在北京紫禁城成立，并向社会开放。苏联斯大林确定推行工业化方针。

续表

年份	于安澜大事记	中国画学大事记	中国美术大事记	中外历史大事记
1926	转入河南中州大学本科文科部学习。在同学间发起成立学术研究会。	余绍宋编：《画法要录》，作者自刊；《中国画学源流之概观》，《晨报副刊》5月24、26、29、31日，6月2日。潘天寿：《中国绘画史》，上海：商务印书馆。潘天寿：《中国绘画与佛教的关系》，《文艺旬报》，上海美术专门学校。邓以蛰：《从林风眠的画论到中西画的区别》，《现代评论》第3卷第67期。滕固：《气韵生动略辨》，《新艺术半月刊》创刊号，上海艺术学会编辑，5月1日。邓以蛰：《中国绘画之源流及其变迁》，《晨报副刊》5月31日。	滕固：《中国美术小史》，上海：商务印书馆。林风眠：《东西艺术之前途》，《东方杂志》第23卷第10期。赵望云、李苦禅、王森然组成"吼虹艺术社"，出版《吼虹月刊》两期，《苦禅望云画集》两册。2月20日，黄宾虹主编之《艺观》画刊创刊。6月18—30日，中国画学研究会主办的第四次中日绘画联展在日本东京大阪举行。倪贻德：《水彩画概论》，上海：光华书局。9月，开明书店出版《丰子恺漫画》。私立苏州美术馆任沧浪亭建立。12月，北京画家为纪念金城组成"湖社画会"。《新艺术半月刊》创刊，由上海艺术学会编辑，上海光华书局出版发行。李毅士兼任南京高等师范学校工艺科技法理论教授。郭沫若：《西洋美术史提要》，上海：商务印书馆。吴梦非：《西画概要》，上海：商务印书馆，1月初版。	英国贝尔德发明电视。北伐战争爆发，基本推翻北洋军阀统治。

续表

年份	于安澜大事记	中国画学大事记	中国美术大事记	中外历史大事记
1926		滕固:《伟大的艺术》,《新艺术半月刊》第2期;《诗人乎？画家乎？》,第6期;俞剑华:《中国画写生与西洋画写生不同之点》,《鼎脔》第32、33期;《描稿画家之金科玉律》,第34期。	滕固:《艺术之质与形》,《新艺术半月刊》第7期。俞寄凡:《新理想派之艺术观》,《新艺术半月刊》第1期;《表现主义的解释》,第11期;《眼之误识》,第2期。谢育才:《沪江大学月刊》第15卷,第14期。田浩泉:《美术的意义和功能》,《沪大附中季刊》第1期。	
1927	因军阀混战,上半年中州大学停课,遂返乡自修,并照顾病重的父亲。父亲于当年逝世。10月,河南中州大学合并原法律专科和农业专科两校,更名为河南中山大学,凌冰,长张鸿烈,长子静山出生。	吕澂:《国画教材概论》,上海:中华书局。余绍宋:《中国画源流之概观》,南开学校排印本。盛叔清:《清代画史增编》,上海:有正书局。李颂尧:《儿童国画之研究》,上海:商务印书馆。	由中国画研究会主办的《国画特刊》在广州创刊。陈抱一:《油画法之基础》,上海:中华书局。5月,林风眠主持的"北京艺术大会"在北京国立艺专开幕,展期一个月。展出美术作品3000件以上,有中西绘画、图案、建筑、雕刻等。9月10日,中华艺术大学联合上海各艺术团体举办美术联合展览会,大会以提倡纯正艺术并引起民众审美观念为宗旨,展览作品以洋画、图案为主。徐悲鸿:《湖社月刊》,《时事新报·学灯》。秋,徐悲鸿回国。11月,《湖社月刊》创刊,初为半月刊,从第11期开始改为月刊,至1936年3月停刊。11月29日,吴昌硕病逝。	蒋介石南京国民政府建立。日本东方会议,提出"征服满蒙"。8月1日,南昌起义。9月9日,秋收起义开始。10月,井冈山建立革命根据地(开始土地革命)。世界第一部有声电影《爵士歌手》上映。12月,广州起义。苏联确立"农业集体化"方针。

续表

年份	于安澜大事记	中国画学大事记	中国美术大事记	中外历史大事记
1927		丰子恺:《中国画的特色,画中有诗》,《东方杂志》第 24 卷第 11 号。 金绍城:《北楼论画》,《湖社月刊》1—10 期排印本。 贺履之:《论中国山水画之派别》,《湖社月刊》1—10 期排印本。 陈师曾:《清代山水画派别之研究》,《湖社月刊》11—20 期排印本。	林风眠:《艺术的艺术与社会的艺术》,《晨报星期画报》第 2 卷第 85 期。 邓以蛰:《民众的艺术》(《为北京艺术大会作》),《现代评论》第 6 卷第 131 期。 经亨颐蔡元培推荐,李毅士任国立中央大学教育学院艺术科西画教授兼主任。 《教师丛刊》第 1 卷第 11、12 期刊登《艺术之美的方面》《图画与音乐》《艺术教学的范围》《新学制中之小学象形艺术课程纲要》。 黄怀华:《美术概论》,上海:商务印书馆。 滕固:《今日的文艺》,《狮吼月刊》第 1 卷第 1 期。 朱之鹏:《论美术》,《会报》第 27 期。	

续表

年份	于安澜大事记	中国画学大事记	中国美术大事记	中外历史大事记
1928	春季返校，教师稀缺，遂返回故里自修。秋季返校，师从刘盼遂、段凌辰等先生。开始圈点《说文》《尔雅》，阅读乾嘉名著，为文字学打基础。	朱应鹏:《国画ABC》，上海:ABC丛书社。俞剑华:《国画通论》，《真善美》第2卷第3期。徐世昌:《归云楼题画诗》，《艺林旬刊》多期，中国画学研究会。王兆镛:《岭南画征略》，出版社不详。王瞻民:《越中历代画人传》，上海:中华书局。	邓以蛰:《观林风眠的绘画展览会因论及中西画的区别》收入《艺术家的难关》，北京:古城书社。俞剑华:《艺术的生活》，《京报副刊·文艺思潮》，第13期，《艺术生活》，第14期;《单纯化的艺术》，《贡献》第3卷第4期。1月，北平中国画学研究会创《艺林旬刊》，1930年改为《艺林月刊》。1月，南京举办"首都第一次美术展览会"。刘海粟:《举办全国美术展览会案》，《申报》6月5日第12版。7月，[日]大村西崖著，陈彬龢译:《中国美术史》，上海:商务印书馆。9月，国立艺术院编辑《亚波罗》创刊。林风眠:《我们要注意》，《亚波罗》第1期;《原始人类的艺术》第2期。丰子恺:《西洋美术史》，上海:开明书店。萧石君:《西洋美术史纲要》，上海:中华书局。莽苍社编辑部编:《秋林黄叶》，北京:中华书局。陈抱一:《洋画ABC》，上海:ABC丛书社，世界书局。	3月，徐志摩主办的《新月》杂志创刊。朱毛井冈山会师，建立红军。9月，英国生物化学家弗莱明发现青霉素。苏联第一个五年计划开始实行。10月，蒋介石就任中华民国国民政府主席。安阳殷墟开始发掘。

续表

年份	于安澜大事记	中国画学大事记	中国美术大事记	中外历史大事记
1929	与许敬参等参加开封"衡门诗社";与校内同学发起成立"巴黎剧社",任剧社负责人,时常粉墨登场当配角。冬季,上海暨南大学美术系主任陶冷月去华山写生,过许昌看望林一民,应校长黄际遇之请来校主持美术讲座,遂向陶先生请教,学习绘画。响应陶冷月号召,在学校发起成立画学研究会,任会长。	马克明:《论画辑要》,上海:商务印书馆。郑午昌:《中国画学全史》,上海:中华书局。陈东原:《郑板桥评传》,上海:商务印书馆。黄宾虹:《美展国画谈》、《艺观》第3期;《葱岭》、《六法感言》(上海美术专科学校季刊)第1卷第1期;《画家品格之区异》、《美展》第1期。	喜龙仁:《中国古代艺术史》,法文版四卷本。教育部全国美术展览会编辑编辑:《美展特刊》、《美展汇刊》(古、今两册)。陈小蝶:《从美展作品感受到现代国画画派》、《美展》第6期。俞剑华:《从美展的大门说到中河艺术的混合》、《美展》第6期。梁得所编译:《西洋美术大纲》,上海:良友图书印刷公司。4月,中华留法艺术协会于巴黎成立,发起人为在巴黎国立高等美术学校留学的方君璧和当时在法国的刘海粟、汪亚尘等三人。4月10—30日,教育部第一次全国美术展览会在上海举行,展品以新国画(折中派)作品占比最大。6月6日—10月10日,首届西湖博览会在浙江杭州举行,设美术馆。9月,北平故宫博物院创办《故宫》月刊,1938年8月停刊,共出刊42期。徐延年:《艺术漫谈》,沈阳:美术研究社。10月,北平故宫博物院创办《故宫周刊》,1936年4月停刊,共出刊510期。11月1—15日,于上海举办第五回中日现代绘画展览。其后作品移至大连、奉天(今沈阳)展出。11月,西湖博物馆在杭州成立。	5月,胡适等人发起"人权运动"。6月,杭州举办西湖博览会。资本主义世界经济大危机爆发。

256

续表

年份	于安澜大事记	中国画学大事记	中国美术大事记	中外历史大事记
1929		俞寄凡：《新时代与艺术》，《美展》第3期；《六朝时代之宗教画》，《美展》第5期。贺天健：《从学理上估定山水画之价值》，《美周》1929年第2、3、4期；《山水画之内容与外形》，《美展》1929年增刊。	[日]坂垣鹰穗著，鲁迅译：《近代美术史潮论》，上海：北新书局。黄宾虹：《重刊美术丛书序》，《艺观》第2期。邓以蛰：《艺术家的难关》，《戏剧与文艺》第1期。席锡蕃：《书画真迹大全》（第一至十集），上海：文华美术图书印刷公司。	
1930	9月，中州大学更名为省立河南大学。冬季，修满学分，顺利毕业。赴信阳省立第三师范教授国文。暑期，转至沁阳十三中学任教。	黄憩园：《山水画法类丛》，作者自刊。余绍宋：《画法要术论文集》，上海：中华书局。婴行（丰子恺）：《中国美术在现代艺术上的胜利》，《东方杂志》第27卷1号。	《东方杂志》第27卷第1、2期出版专号"中国美术号"。林风眠：《战时艺术论文集》，杭州：国立艺专。新艺术社编：《新艺术全集》，上海：光华书局。鲁迅在上海中华艺术大学做《绘画杂论》讲演。许幸之：《中国美术运动的展望》。王济远，倪贻德：《西洋画法纲要》，上海：中华书局。[日]田边孝次，仓房太郎著：《东洋美术史》，东京：玉川学园出版部。	甘地领导"食盐进军"。红军第一次反"围剿"。

附录

257

续表

年份	于安澜大事记	中国画学大事记	中国美术大事记	中外历史大事记
1930		黄涵秋：《活用透视画法》，上海：开明书店。黄宾虹：《近数十年画者评》，《东方杂志》第27卷第1期。俞剑华：《提倡中国画之理由》，《蜜蜂》第1卷第11、12、13期。	[法]罗丹（A. Rodin）讲，吉塞尔（P. Gisell）译，曾觉之译：《美术论》，上海：开明书店。李铁夫回国。	
1931	准备论文资料，计划报考燕京大学研究院。秋季，因病返乡调养。次子子蕴山出生。冬季，在开封与南社诗人部次公（瑞彭）论学，始有六朝韵首考证之打算。	傅抱石：《中国绘画变迁史纲》，南京：南京书店。滕固：《关于院体画和文人画之史的考察》，《辅仁学志》第2卷第2期。次年在《艺术旬刊》第1卷第9、11、12期发表。刘海粟：《中国画上的六法论》，上海：中华书局。郑午昌：《中国画之认识》，《东方杂志》第28卷第1号。	陈寅恪：《吾国学术之现状及清华之职责》，《国立清华大学二十周年纪念物刊》。李朴园：《中国艺术史概论》，上海：良友图书印刷公司。徐悲鸿编：《初论杰作》，上海：中华书局。第一个全国性中国画团体——中国画会于上海成立。推举孙雪泥、郑午昌、施渊鹏、丁念先、贺天健为常务理事。蔡元培：《三十五年来中国之新文化》，收入庄俞、贺圣鼎编：《三十五年之中国教育》，上海：商务印书馆。[日]木村庄八著，洛三译：《少年艺术史》，上海：神州国光社。	有声电影《歌女红牡丹》发行。九一八事变爆发。中华苏维埃共和国成立。美国兹沃尔金制成电子显像管。

续表

年份	于安澜大事记	中国画学大事记	中国美术大事记	中外历史大事记
1931		金绍城：《画学讲义》，连载于《湖社月刊》。周继善：《野外写生论》，上海：民智书局。林风眠：《国画与西画》，《新学生》第1卷第4期。	[日]坂垣鹰穗著，许达泽：《法兰西近代画史》，上海：文华美术图书印刷公司。3月，北平湖社画会第一次会员作品展。3月，刘海粟受德国法兰克福中国学院之聘，讲演中国画学，并在法兰克福美术馆举办中国现代画展。5月19日—10月4日，南京市教育局在南京主办美术展览会。9月23日，由庞薰琹、倪贻德发起并成立了中国第一个油画艺术团体——决澜社。《亚丹娜》创刊，由国立杭州艺术专科学校亚丹娜社编辑出版。	
1932	春季，继续受聘于豫北沁阳省立第十三中学。暑期，考入燕京大学研究院国学研究所，就学于刘盼遂、刘子植等。开始撰写第一部学术专著《诗学总论》。	姚渔湘编著：《中国画讨论集》，上海：立达书局。余绍宋：《书画书录解题》，国立北平图书馆。滕固：《唐宋画论考》，柏林大学博士学位论文；《诗书画三种艺术的联带关系》，《燕京学报》第27期。	张大千编：《大风堂书画录》，大风堂排印本。傅雷：《现代中国艺术之恐慌》，《艺术旬刊》第1卷第4期。庞薰琹：《薰琹随笔》，《美术旬刊》，上海摩社编辑影印。谢之光创作抗战题材月份牌画《一当十》。上海美专举行"上海美术专科学校第38届学期成绩展览会"，陈列中国画、油画、水彩画、木炭画、素描速写、书法、雕塑、手工劳作等作品千余件。	一·二八事变。苏联提前完成第一个五年计划。

续表

年份	于安澜大事记	中国画学大事记	中国美术大事记	中外历史大事记
1932		刘海粟：《石涛的艺术及其艺术论》，《画学月刊》第1卷第1期。黄宾虹：《画学常识》，《画学月刊》第1卷第1期。陈小蝶：《中国画之将来？》，《画学月刊》第1卷第1期。宗白华、张钰哲：《徐悲鸿与中国绘画，万古之奔波》，《国风（南京）》第4期。林风眠：《重新估定中国的画底价值》，《亚波罗》第7期。	上海美专开设"绘画研究所"。林风眠：《美术馆之功用》，《美术丛刊》第2期。俞寄凡：《洋画之科学的研究》，《画学月刊》第1卷第1期。	

续表

年份	于安澜大事记	中国画学大事记	中国美术大事记	中外历史大事记
1933	开始从事汉魏六朝时期的音韵学研究，撰写《汉魏六朝韵谱》。《诗学总论》（1992年出版的《诗学辑要》之前身）作为学习成果上报，获1933年度河南省教育厅甲等学术奖金400元。	林风眠：《我们所希望的国画前途》，《前途》第1卷第1期（创刊号）。滕固：《唐末绘画史》，上海：神州国光社。余绍宋：《画法要录续编》，上海：中华书局。[瑞典]喜龙仁（Osvald Siren）：《中国早期绘画史》，伦敦：美第奇出版社，英文文本。王云五、李圣五编：《国画面面观》（东方杂志社三十周年纪念刊），上海：商务印书馆。吴辟疆：《有美草堂画学书目》，编线装铅印本，出版社不详。	1月，中国留法艺术学会在巴黎成立，常书鸿任主持人。徐悲鸿：《巴黎中国美术展览会》，《艺风》第1卷第11期；《中国今日急需提倡之美术》，《新中华》第1卷第10期。俞寄凡：《人体之形式的美与表现的美》，《申报月刊》第2卷第6期。赵治琛：《艺海一勺》，《北洋画报》第18卷第899期。汪亚尘：《国画上地理的观察》，常书鸿《巴黎中国画展与中国画前途》，黄苗子《关于民俗艺术》，《艺风》第1卷第1、8、9期。向达等：《东方艺术与西方艺术》，上海：商务印书馆。[日]坂垣鹰穗著，赵世铭译：《近代美术史概论》，上海：女子书店。《艺术旬刊》停刊。马振麟：《中西画学纲要》，上海：新玉书店。5月，李石曾发起，徐悲鸿筹备的中国近代绘画展览在法国巴黎举行。	罗斯福实行新政，国家干预经济。苏联开始实行第二个五年计划。

续表

年份	于安澜大事记	中国画学大事记	中国美术大事记	中外历史大事记
1933	完成《汉魏六朝韵谱》初稿,并获得燕京大学国学研究所哈佛学术奖金500元。其学术事迹刊载于北平《晨报》1934年7月初号。年底获得河南省教育厅学术奖金600元。	陈师曾讲述,苏吉亭编校:《中国绘画史》,天津:百城书局。秦仲文:《中国绘画学史》,上海:立达书局。[美]福开森:《历代著录画目》,金陵大学中国文化研究所。中国画学研究会编:《中国画学研究会第十一次成绩展览目录》。	8月,北平中国画学研究会举行第八次成绩展览会。于敏贞:《现代初中图画科教材教法及设备》,《师大月刊》第8期。黄宾虹:《中国文化发展概况》(演讲稿),《国立四川大学周刊》第1卷第17期。蔡元培主持的柏林中国美术展览筹委会召开第二次会议。决澜社第二次画展在上海福开森路世界社礼堂举行。中国美术会在南京成立。	
1934		蔡金重:《清代书画家字号引得》,北平:哈佛燕京学社。王钧初:《中国美术的演变》,北平:文心书业社。陈之佛:《西洋美术概论》,上海:现代书局。徐悲鸿发表《在全欧宣传中国美术之经过》的演讲,后发表于《美术生活》1934年第8期。傅抱石以江西省派遣留学生的身份前往日本,翌年3月,进入帝国美术学校学习。	红军第五次反"围剿"失败。10月,红军开始长征。

续表

年份	于安澜大事记	中国画学大事记	中国美术大事记	中外历史大事记
1934		洪业辑校：《清画传辑佚三种（附引得）》，北平：哈佛燕京学社。 孙濌：《中国画家人名大辞典》，上海：神州国光社。 郑午昌：《中国的绘画》，《文化建设》月刊创刊号。 滕固：《唐代式壁画考略》，《东方杂志》第31卷第13号。 黄宾虹：《画法要旨》，《国画月刊》连载，1935年重刊于《学艺》杂志；《箴画界政客，致治以文说》（与董史合作），《国画月刊》第1卷第1期；《图画非无益》，《国画月刊》第1卷第2期。 徐澄：《类东太原王氏画系表》，苏州：国学会。 俞剑华：《画论蠡测》，《国画月刊》第1卷第2、3期。	4月，徐悲鸿主持在莫斯科和列宁格勒（今圣彼得堡）举行的中国近代绘画展览。应苏联对外文化交流会之邀，公开演讲《中国美术之近况》。 刘海粟在汉堡美术院演讲《中国画家之思想和生活》，在杜塞尔多夫美术院演讲《中国画和诗》，在阿姆斯特丹美术院演讲《中国画之精神要素》。 孙福熙：《现在的中国艺术如何可以生根着土》，《艺风》第2卷第8期。 9月，北平艺专中国画系与西洋画系合并为绘画系。 教育部颁布《中学及师范学校教员检定暂行规程》，对图画教员的实验科目定为"作画（中国画一幅，木炭画石膏模型一幅），美学概要，西洋画概论，透视学，图画教学法"。 丰子恺：《开明图画讲义》，上海：开明书店出版。一至三期由黄宾虹、郑午昌等任编辑，第四期起，由贺天健主编。 11月，由中国画会主办的《国画月刊》创刊。 中国近代绘画展在苏联国立历史博物馆开幕，徐悲鸿主持开幕典礼。 "艺风社首届展览会"在上海中华学艺社举办。	

续表

年份	于安澜大事记	中国画学大事记	中国美术大事记	中外历史大事记
1934		宗白华：《论中西画法之渊源与基础》，《国立中央大学文艺丛刊》第1卷第2期。	中国女子书画会成立，并举办"第一届中国女子书画展览会"，展出书画作品数百件。年底，梁锡鸿、曾鸣于东京创立中华独立美术研究所，次年发起成立"中华独立美术协会"，成员回国后，此协会在广州举行"中华独立美术协会第一回画展"。宗白华：《略谈艺术的"价值结构"》，《创作与批评》第1卷第2期。	
1935	在燕京大学从事学术研究，毕业。暑期，返乡探视。一个月后，回北平，修改校订《汉魏六朝韵谱》，同时编写《画论丛刊》。	傅抱石：《中国绘画理论》，上海：商务印书馆。[日]梅泽和轩著，傅抱石译：《王摩诘》，上海：商务印书馆。孙振麟编：《当湖历代画人传》，当湖孙氏映雪庐。金原省吾著，傅抱石译：《唐末之绘画》，上海：商务印书馆。	郑午昌：《中国美术史》，上海：中华书局。正论书画研究会编：《正论》特刊，南京正论杂志社排印本。吴作人：《艺术与中国社会》，《艺风》第3卷第4期。刘海粟：《为改革美术教育致教育部书》，《申报》9月24日。徐悲鸿：《三年来之中国艺术教育》，《江苏教育》第4卷第1、2期。刘海粟：《十九世纪法兰西之美术》，上海：中华书局。曾鸣：《现代世界名画集》，中华独立美术协会。	遵义会议召开。电影《渔光曲》首次获奖。华北事变。第一部彩色电影《浮华世界》上映。意大利人侵埃塞俄比亚。中央红军到达陕北吴起镇。

续表

年份	于安澜大事记	中国画学大事记	中国美术大事记	中外历史大事记
1935	汪亚尘：《姚最〈续画品〉内容的检讨》，《民报》9月9日、16日。傅抱石：《中华民族美术之展望与建设》，《文化建设》第1卷第8期；《论顾恺之至荆浩之山水画史同题》，《东方杂志》第32卷第19期；《编撰苦瓜和尚年表缘起》，日本《美之国》杂志，第11卷第3号。滕固：《唐代艺术的特征》，《国立中央大学文艺丛刊》（南京）第2卷第1期。黄宾虹：《中国山水画今昔之变迁》，《国画月刊》第1卷第4期、第7期；《论画宜取所长》，第11、12期合订本。	8月，汉口市美术展览筹备委员会编辑出版《汉口美术展览大会纪念特刊》，刊登优秀参展作品一百余幅，收入美术论文张岳军《中国美术之位与作用到本位作用》，郭子雨《艺术运动》，胡国章《改革艺术教育之商酌》，王霞宙《近年来的中国画在欧洲之盛况》等。商务印书馆出版《从书集成初编》。美国收藏家福开森其将收藏的中国古代书画，甲骨金石、陶瓷、文书典籍全部捐赠给金陵大学，由北平古物陈列厅暂时保存和展览。4月8日—5月5日，"伦敦中国艺术国际展览会上海预展会"举行。10月，上海博物馆落成。1937年1月正式开馆。1935年11月28日—1936年3月7日，中国艺术国际展览会在伦敦举行。徐悲鸿任教于南京中央大学艺术大学科，并任艺术科主任兼美术教授。丰子恺：《艺术丛话》，上海：良友图书印刷公司。南京中央大学艺术大学科、苏州美术专科学校均进行教学改组，将国画和西画二组合并为绘画组，学习期限为4年。	

续表

年份	于安澜大事记	中国画学大事记	中国美术大事记	中外历史大事记
1935		吴湖帆:《对于现代中国画之感想》,《正论》特刊(正社书画会展览专号)。俞剑华:《中国山水画之写生》,《国画月刊》第1卷第4期。贺天健:《绘画之标准论》,《国画月刊》第1卷第9、10期合订本。姜丹书:《学画心得数则》,《国画月刊》第1卷第11、12期合订本。朱剑芒编:《艺林名著丛刊》,上海:世界书局。陈柱:《论学书六首:与黄宾虹教授论画书》,《学术世界》第1卷第4期。傅抱石:《古画的真伪与鉴识》,《南画鉴赏》(日本),陈健中编:《冷月画评》,上海:冷月画室。俞寄凡:《水彩画纲要》,上海:上海艺术图书社。林风眠:《怎样研究绘画》,《学校生活》第107—108期;《生活艺术化》,第102期。	[英]赫伯特·里德著,施蛰存译:《今日之艺术》,上海:商务印书馆。傅抱石:《中华民族美术之展望与建设》,《文化建设》第1卷第8期;《中国国民性与艺术思潮:金原省吾氏之东洋美术论》,《文化建设》第1卷第12期;《日本工艺美术之儿点报告》,《日本评论》第6卷第4期。	

续表

年份	于安澜大事记	中国画学大事记	中国美术大事记	中外历史大事记
1936	5月，代表性学术著作《汉魏六朝韵谱》一函三册由中华书局印行出版。著名语言学家钱玄同、闻宥、刘盼遂等为之作序，在学术界引起很大反响。 7月，所编纂《画论丛刊》一书完稿，交付中华书局校订排版。	潘天寿：《中国绘画史》（大学丛书），上海：商务印书馆。 施翀鹏：《中国名画观摩记》，上海：商务印书馆。 薛天沛：《神州论画录》，成都：薛氏崇礼堂校勘本。 宗白华：《论中西画法之渊源与基础》，《文艺丛刊》第1辑；《中西画法所表现的空间意识》，《中国艺术丛刊》第1期。 傅抱石：《石涛丛考》，《文艺月刊》第9卷第5期。 邓以蛰：《山水画的南北宗》（中国哲学会第二届年会论文摘要）,《哲学评论》第7卷第2期。	李朴园：《近代中国艺术发展史》，上海：良友图书印刷公司。 朱杰勤：《秦汉美术史》，上海：商务印书馆。 李朴园：《中国现代艺术史》，上海：良友图书印刷公司。 [日]关卫著，熊得山译：《西方美术东渐史》，上海：商务印书馆。 冯友兰：《中国美术感言》，《中国美术会季刊》创刊号。 庄尚严：《赴英参加伦敦中国艺术国际展览会筹备委员会编：《国立北平故宫博物院年刊油印本》。 伦敦中国艺术国际展览会出品图说》，上海：商务印书馆。 黄宾虹被聘为故宫古物鉴定委员，负责故宫鉴定案的绘画鉴定。 梁锡鸿创办《新美术》、《新美志》，以宣扬现代美术。	中共组成东北抗日联军。 长征胜利结束（甘肃）。 西安事变和平解决。 苏联颁布新宪法。斯大林模式开始形成。 英国凯恩斯《就业、利息和货币通论》出版。

续表

年份	于安澜大事记	中国画学大事记	中国美术大事记	中外历史大事记
1936		俞剑华：《画论罪言》，《国画》第1、2、3、5、6期；《今日国画家应有的觉醒》，《国画》第6期；《国画的出路》，《艺风》第5—6期。王显诏：《国画创新应取的途径》，《中国美术会季刊》第3期。童书业：《中国山水画南北分宗说辨伪》，《考古》第4期。傅抱石：《基本图案学》，上海：商务印书馆。傅抱石：《石涛年谱稿》，《文艺月刊》第9卷第1期；《论秦汉诸美术与西方之关系》，《文化建设》第2卷第10期；《郎世宁传考略》译文，《国闻周报》第13卷第32—33期（连载）；《论印章源流》，《国立中央大学教育丛刊》第3卷第2期。	6月6—15日，于上海举办全国儿童绘画展览会。8月，南京国立美术陈列馆开馆。1933年，常书鸿同王子云、周圭、吕斯百等组建"中国留法艺术学会"，1936年，集体编辑《现代艺术专号》，由《艺风》杂志社出版。中华美术协会在上海中华学艺社正式成立。同日，上海《新闻报》特出副刊《中华美术协会成立会特刊》。9月24日举行展览，陈列任伯年、吴昌硕等名人作品三百余件。梁启雄：《二十四史传目引得》，上海：中华书局。[英]爱伯著，刘海粟译：《现代绘画论》，上海：商务印书馆。王渔隐：《图画之功用及其教学法之改进》，《教与学》第2卷第5期。吴中望编著，吴梦非校订：《复兴美术教学法》，上海：商务印书馆。刘海粟：《艺术的革命观：给青年画家》，《国画》第2、3期。何勇仁：《中国艺术的前路》，《国画》第2期。	

续表

年份	于安澜大事记	中国画学大事记	中国美术大事记	中外历史大事记
1936		林风眠:《知与感》,《亚波罗》第15期。 王念慈:《国画山水之理论与实际》,《国画》第1、2期。 夏敬观:《明代山水画家之派别》,《国画》第1期。 吴弗之:《国画用笔谈概》,《国画》第1期。 黄若舟:《国画技法四十课》,《国画》第2、3期。 李健:《书画之源流与分合》,《国画》第3期。 章冀:《画派与时代背景》,《国画》第3期;《石涛小论》,《国画》第4期。 施翀鹏:《山水画之气韵与烟云》,《国画》第3期。 倪贻德:《石涛及其画趣》,《国画》第4期。		

续表

年份	于安澜大事记	中国画学大事记	中国美术大事记	中外历史大事记
1936		刘海粟：《石涛与后期印象派》，《国画》第4期。刘狮：《明代之画坛》，《国画》第5、6期。南臣：《论元之画风》，《国画》第6期。		
1937	6月，《画论丛刊》一函六册由中华书局出版印书局出版发行。国画大师齐白石、萧谦中题（惪）为该书题写书名，著名美术史论家余越园（绍末）、郑午昌分别为该书作序。该书出版尚未发布购书预约，七七卢沟桥事变爆发，北平沦陷，平汉铁路中断，滞留北平，暂住同学熊正文家。	[日]中村不折、小鹿青云著，郭虚中译：《中国绘画史》，南京：正中书局，童书业撰《中古绘画史》（1958年后改名为《唐宋绘画谈丛》），北京：中国古典艺术出版社。俞剑华：《中国绘画史》上海：商务印书馆。[清]秦祖永辑：《画学心印》，上海：商务印书馆。金城：《国学讲义》，北平：中华印书局。	1月，[瑞典]蒙德留斯（Oscar Montelius）著，滕固译：《先史考古学方法论》，上海：商务印书馆。傅抱石：《中国美术年表》，上海：商务印书馆。国立美术陈列馆编：《教育部第二次全国美术展览会展品目录》。滕固主编：《教育部第二次全国美术展览会专刊》。南京教育部第二次全国美术展览会筹备委员会。倪贻德：《水彩画之新研究》，长沙（由上海迁至）：商务印书馆。朱应鹏：《抗战与美术》，长沙（由上海迁至）：商务印书馆。丰子恺：《少年美术故事》，上海：开明书店。徐悲鸿：《艺术上的写实主义》，《广播周报》第147期。林风眠：《国防艺术之可能性》，《新时代》第7卷第1期。	卢沟桥事变。中共提出实行全面抗战路线。淞沪会战。第二次国共合作实现。陕甘宁边区政府成立。南京大屠杀。经过两个五年计划，苏联基本实现工业化，工业产量跃居欧洲第一，世界第二。

续表

年份	于安澜大事记	中国画学大事记	中国美术大事记	中外历史大事记
1937		[日]泷精一著,傅抱石译:《中国文人画概论》,《文化建设》第3卷第9期。 李宝泉:《中国当代画家评》,南京:木下书屋。 《晋唐五代宋元明清名家书画集》,上海:商务印书馆。 俞剑华:《中国绘画之起原与动向》,《东方杂志》第34卷第7期。 傅抱石:《民国以来国画之史的观察》,《逸经》第34期。	3月,《美术杂志》创刊于上海,月刊,由美术杂志社发行。 傅抱石:《中国美术年表》,上海:商务印书馆。 4月1—23日,教育部在南京举行"第二次全国美术展览会"。 教育部公布《全国美术展览会举行办法》十二条,规定以后每两年举行一次,先在各省分别举行预展。 《新民晚报》社举办交际夜晚会,特邀"中国美术会"主持"美术座谈",吴作人做"中国新兴艺术之动向"讲座。 教育部令沿海各省公私立学校迁往内地省份。 浙江省立民众教育实验学校编:《民间图画展览会特刊》,青年书店,内收《民间图画短论》(施世珍)、《民间图画展览底意义》(钟敬文),以及展览会目录。	

续表

年份	于安澜大事记	中国画学大事记	中国美术大事记	中外历史大事记
1938	客居北平同学熊正文家一年左右，经燕京大学同学王锡昌介绍，是年秋到北平汇文中学任高中三年级语文教员。任教期间编写《历代文学家传略》《名句辑要》等书稿。	[瑞典]喜龙仁编：《白威廉氏珍藏中国古代绘画集》，伦敦：美第奇出版社。 陈抱一：《人物画研究》，上海：商务印书馆。 陈抱一：《静物画研究》，长沙（由上海迁至）：商务印书馆。 俞剑华：《外师造化中得心源》，《读书通讯》（半月刊）第151期。 俞剑华：《读〈中国山水画南北分宗说新考〉》，《东南日报·文史》第134期。 7月，金绍城：《画学讲义（节选）》，《湖社月刊》第21册。 李长之（署名何逢）：《唐代的伟大批评家张彦远与中国画绘》，《再生》第9、10期。 启功：《山水画南北宗说考》，《辅仁学志》第7卷第1、2期。	春，刘海粟：《海粟丛刊》六卷，分《西画苑》《国画苑》《海粟国画、海粟油画》三部分，上海：中华书局。 滕固主编：《中国艺术论丛》，长沙（由上海迁至）：商务印书馆。 林爰作：《东亚美术史大纲（第一卷）》，（日本）创元社（其他四卷次年出版）。	台儿庄大捷。 毛泽东发表《论持久战》。 武汉会战。 抗战进入相持阶段。

续表

年份	丁安澜大事记	中国画学大事记	中国美术大事记	中外历史大事记
1939	在汇文中学任教至暑假。秋季，闻平汉铁路通车至汲县，旋即由北平返乡，隐居故里。	2月15日，校长滕固考察国立艺专后，向教育部长呈报《改进校务情况及关于发展国画艺术培养中小学艺术师资的意见》。徐悲鸿：《中西画的分野》，《星洲日报》（新加坡）2月12日，4月30日。徐悲鸿：《画范》、《画范（动物）》，昆明：中华书局。俞剑华：《国画枝谈：国画不进步之原因》、《兼明》创刊号；《美术界任那儿去：到西方方去》《怎样才是一张好的古画》、《美术界》创刊号。施翀鹏：《山水画作风之变迁》，《美术界》第1卷第2期。	傅抱石编译：《中国明末民族艺人传》，长沙（由上海迁至）：商务印书馆。老舍等执笔：《抗战与艺术》，重庆：独立出版社。罗思：《论美术上的民族形式与抗日内容》、《文艺战线（延安）》第1卷第5期。陈晓南：《现阶段的美术要充分的发挥战斗性》，《抗战画刊》第26期。延安文艺界首先探讨民族形式问题，《文艺突击》、《新中华报》等报刊发表了周扬、艾思奇、何其芳等人的文章。国立北平、杭州两艺专合并为国立艺专，迁往昆明。岁寒社（中国画）成立于香港，由黄少强发起组织和主持。黄宾虹：《画史编年表》、《古学丛刊》第1期。关良：《美术界任那儿去：三位一体主义》，《美术界》创刊号。	第二次世界大战全面爆发。

续表

年份	于安澜大事记	中国画学大事记	中国美术大事记	中外历史大事记
1940	因战乱及其他原因，家境已败落，返回故里后，遂以清理家业为主。将家中所余财产变卖，为兄之中教授子女读书，闭门习练书法、绘画，研读文史要籍。	王季铨、[德]孔达（Victoria Contag）合编：《明清画家印鉴》，长沙（由上海迁至）：商务印书馆。俞剑华：《国画研究》，长沙：商务印书馆。1941年再版。傅抱石：《晋顾恺之〈画云台山记〉之研究》《时事画报》副刊《学灯》第117、118期（连载）。黄宾虹：《画谈》，《中和月刊》第1卷第1、2期。陆其清：《以透视学的立场来看中国画》，《音乐与美术》第7、8期。尹瘦石：《中国画论摘要》，《音乐与美术》第7、8期。	傅抱石：《从中国美术的精神上来看抗战必胜》，《时事新报》副刊《青光》4月10日重庆版。3月，向林冰：《论"民族形式"的中心源》，《大公报》副刊《战线》。4月，中华全国美术会为加强战时中心工作，在重庆举行临时会员大会。5月30日至6月3日，广西桂林各美术团体举行大规模"战时美展"。6月，《新华日报》在重庆举行"以民族形式问题为中心"的座谈会。广西省立艺术馆美术部编辑《战时美术论丛》。教育部成立美术教育委员会，常书鸿任常委兼秘书。中华全国美术会决议每年的9月9日为全国的美术节。白燕艺术学社成立并举行"白燕艺术学社第一届书画展"，展出中国画、西洋画、木刻画等作品一百余件。	毛泽东发表《新民主主义论》。汪精卫伪国民政府在南京成立。枣宜会战。百团大战。

续表

年份	丁安澜大事记	中国画学大事记	中国美术大事记	中外历史大事记
1940		胡蛮:《关于绘画上的"六法":中国美术史中的一节》,《中国文化》第1卷第3期;《欧化的中国美术之批判》,《中国文化》第1卷第4期。 世瑾:《绘画上的一点商榷》,《音乐与美术》第3期。	中华全国美术界抗敌协会、中国美术会、中华全国美术会三大团体合并重组,名为"中国美术会"。	
1941	仍在家中清修。小女儿丁采夫出生。	黄觉寺:《什么是现代中国画》,《上海艺术月刊》创刊号(上海艺术学会编)。 徐悲鸿:《西洋美术对中国美术之影响》,重庆《时事新报》1月1日。 童书业:《中国山水画南北分宗说新考》,《齐鲁学报》第2期。 傅抱石:《中国绘画思想之进展》,《读书通讯》第25期。	冯贯一:《中国艺术史各论》,南京:中日文化协会。 郭沫若:《中国美术的展望》,《中苏文化杂志》文艺特刊。 上海艺术学会成立,并创办会刊《上海艺术月刊》。 上海儿童私立图书馆成立。 兰州"新西北社"主办的"元旦美术展览会"在兰州举办。 中华全国美术会主办许幸之参与创办苏北解放区鲁艺华中分院"全国美术展"。 陈抱一:《洋画欣赏及美术常识》,上海:世界书局。	豫南会战。 《解放日报》创刊。 珍珠港事件。 香港保卫战。 中华民国政府正式对日本宣战。

续表

年份	于安澜大事记	中国画学大事记	中国美术大事记	中外历史大事记
1941		谢曼萍：《谈国画改革》，《音乐与美术》第 2 卷第 1、2 期。许士骐：《从画史的观察径以探求现代国画的新途径》，《音乐与美术》第 2 卷第 3 期。傅思达：《论形似》，《音乐与美术》第 2 卷第 11 期。	常书鸿：《美术与美术教育》，《教育通讯（汉口）》第 4 卷第 49/50 期。厉道诚：《古典哲学家的艺术观》，《音乐与美术》第 2 卷第 1、2 期。汪子美：《现阶段的美术教育》，《抗战时代》第 3 卷第 2 期。宗白华：《论文艺的空灵与充实》，《文艺月刊》第 11 卷第 5 期。	
1942	河南大学更名为国立河南大学，日军占领开封，学校迁至洛阳嵩县潭头镇（今属栾川县）。文史系主任嵇文甫，副主任段凌辰拟前往聘任教，因战乱段约，终因战乱而未能成行。	黄幻吾：《现代中国画之动向与展望》，《上海艺术月刊》第 3 期。傅抱石：《评〈明清画家印鉴〉》，重庆，《时事新报》副刊 161、162 期。10 月，傅抱石《壬午重庆画展自序》，重庆《时事新报》（连载）。傅思达：《论笔墨》，《音乐与美术》第 3 卷第 4、5、6 期。	陈觉玄：《中国近二十年来之新兴画派》，《学思》第 1 卷第 3 期。林风眠：《关于美术之研究》，《读书通讯》第 46 期。马采：《东西美术之比观》，《青年月刊（南京）》第 14 卷第 3 期。李毅士：《在十字街头的艺术界》，《音乐与美术》第 3 卷第 3 期。5 月，毛泽东发表《在延安文艺座谈会上的讲话》。9 月 20 日—10 月 13 日，第四届东亚美术展览会于中中央公园举办。徐悲鸿：《造型艺术之发展及其出路》，《新民报》12 月 26 日；《美术漫话》，《读书通讯》第 37 期。12 月 25 日至次年 1 月 10 日，第三次全国美展在重庆举办。	《联合国家宣言》签署，第一次使用"联合国"一词。反法西斯同盟正式形成。郭沫若创作历史话剧《屈原》。毛泽东发表《整顿党的作风》演说。斯大林格勒保卫战。

续表

年份	于安澜大事记	中国画学大事记	中国美术大事记	中外历史大事记
1943	仍在家中教授子女，闭门研修文史、书画。	瞿兑之：《齐白石翁画语录》，《古今》第35期。 沈子丞：《历代沧画名著汇编》，上海：世界书局。 11月，傅雷组织宣传"黄宾虹画展"在上海举办，同时刊印《黄宾虹先生山水画册》《黄宾虹书画展特刊》。 宗白华：《中国艺术意境之诞生》，《时与潮文艺》第1卷第1期；《中国艺术的写实精神》，《社会教育季刊》（重庆）第1卷第2期。 傅抱石：《中国古代绘画概论》，《中苏文化》第13卷第9、10期，第14卷第1、2期；《中国绘画山水、写意、水墨之史的考察》，《中苏文化》第11卷第1期。	赵望云：《赵望云西北旅行画记》，成都：东方书社。 1月3—10日，第三次全国美展开展8次美术讲座，包括秦宣夫《何谓西洋画》、傅抱石《中国山水画的发展》、陈之佛《艺术与教育》、刘开渠《雕塑艺术》、刘铁华《中国木刻史》、许士骐《中国人物画衰落的原因》等。 徐悲鸿：《新艺术运动之回顾与前瞻》，重庆《时事新报》3月15日。 教育部筹设国立中央美术馆，聘请张道藩、陈树人、马衡、吕凤子、陈之佛、沈尹默、林风眠、丰子恺：《漫画的描法》，上海：开明书店。 陈烟桥：《美术与修养：罗丹的"美术论"研究》，《青年生活（桂林）》第4卷第4期。 陈抱一：《关于美术进展的问题》，《文协》第1卷第2期。	蒋介石发表《中国之命运》，为积极反共和坚持中国民党一党专政做舆论准备。 毛泽东成为中共的真正领导者。 王稼祥首次提出"毛泽东思想"的概念。 北非战场战事结束。 开罗会议。 德黑兰会议。

附录

277

续表

年份	于安澜大事记	中国画学大事记	中国美术大事记	中外历史大事记
1944	应聘到本县的淇县联中任教。是年,三个年长的子女都进入淇县联中就读。	李长之:《中国画论体系及其批评》,重庆:独立出版社。 沈叔羊:《国画六法新论》,重庆:艺术书店。 徐悲鸿:《故宫书画展巡礼》,重庆《新民报·晚刊》1月8日。 3月,傅抱石:《中国绘画在大时代》,《时事新报》"中华全国美术会纪念美术节特刊";《中国的画学》,《文化先锋》第4卷第10期。 宗白华:《艺术人生》,《北极》第5卷第1期。 陈中凡:《文人画之源流及其评价》,《文史杂志》第4卷第1、2期。	张大千编:《大风堂书画录》,大风堂自刊本。 徐悲鸿:《张大千与敦煌壁画》《当代文艺》第1卷第2期。 徐悲鸿:《张大千对中国艺术的贡献及其趋向》,《当代文艺》第1卷第2期。 国立艺专校长陈之佛辞职,教育部聘请潘天寿为校长,潘天寿未到职前由李超士代理校长。 汪日章:《近代美术与社会》,《国是》第3期。 陈烟桥:《美术盛衰论》,《文艺杂志》(桂林)第3卷第2期;《美术和他的技巧修养》,《中学生》第72、73期。	布雷顿森林体系建立。 豫湘桂会战。 敌后军民局部开始反攻。

续表

年份	于安澜大事记	中国画学大事记	中国美术大事记	中外历史大事记
1945	滑县联中迁至封丘县联中县境内，继续在联中执教。抗战胜利后，随流亡到陕西宝鸡的河南大学迁回原址开封。	宗白华：《略论文艺与象征》，《中国文学》第1卷第5期；《中国艺术三境界：写实·传神·妙悟》，《书报精华》第3期。 王菉：《绘画艺术上的"真"》，《美术家》创刊号。 傅抱石：《画院外的山水画》，《美术家》创刊号。 陈之佛：《清代画苑概观》，《美术家》创刊号。	1月，现代绘画联展在重庆举行，提出"中国绘画艺术与现代世界艺术合流"的主张。 4月，"战时文物保存委员会"改为"清理战时文物损失委员会"，编制《战时文物之文物目录》和《中国甲午以后流入日本之文物目录》。 陈之佛：《战后美术建设特辑·第一辑：如何培养国民艺术的天赋》，《艺新画报》第3期。 吴景桢：《现代欧洲艺术思潮》，《美术家》第3期。 张原人：《交响美术在近代新兴美术理论上的检讨》，《罂风》第1卷第2期。 朱金楼：《关于"抗战美术"诸问题》，《美术家》上海：永祥印书馆。	中国远征军击败侵缅日军。 中共七大确立毛泽东思想的指导地位。 毛泽东发表《论联合政府》。 日本无条件投降，中国人民抗日战争胜利。 第二次世界大战结束。 重庆谈判，签订《双十协定》。 国际货币基金组织（IMF）和国际复兴开发银行（IBRD）成立，以美元为中心的世界货币体系建立。 第三次科技革命兴起。

续表

年份	于安澜大事记	中国画学大事记	中国美术大事记	中外历史大事记
1946	秋，应河南大学再次邀请，由家乡赴开封，任河南大学文学院副教授。	华辛若：《什么是国画的新途径》，《艺浪》第4卷第1期。 俞剑华：《元黄子久〈写山水诀〉商兑》，《东南日报》12月19日。 邓以蛰：《画理探微》，《哲学评论》第10卷第2期。 陈之佛：《略论近世西洋画论与中国美术思想的共通点》，《文化先锋》第6卷第12、13期。	2月，江丰：《绘画上利用旧形式问题》，《晋察冀日报》。 5—10月，张乐平：《三毛从军记》连环漫画在上海《申报》连载。 胡蛮：《中国美术史》，新华书店出版。 9月，沈阳博物院（今沈阳故宫博物院）成立。 8月，徐悲鸿就任北平艺术专科学校校长，同年10月，被推举为北平美术家协会主席。 张乐平：《三毛外传》，11月至次年1月在《申报》连载。 刘思训：《中国美术发达史》，上海：商务印书馆。 温肇桐：《美术课程及其实施方法》，《教师生活》第4期。 陈烟桥：《谈美术的变化》，《月刊》第1卷第4期。 胡根天：《论中国美术的演变》，《青年世纪》（广州）第1卷第2期。 蔡仪：《新美学》《新艺术论》，上海：群益出版社。	美国研制成功第一台电子计算机。 丘吉尔铁幕演说。 东京审判开始。 国民党进攻中原解放区，全面内战爆发。

续表

年份	于安澜大事记	中国画学大事记	中国美术大事记	中外历史大事记
1947	春夏之交，将家眷由河南滑县老家迁至开封，住糖坊口街12号，几个子女均转入开封的中小学读书。随行的还有寡嫂及任其教书之余为师作画，刻印，辅导美术，并与河南省美术界人士如魏紫熙等交往切磋画艺。	俞剑华:《山水松石格之研究》,《雄风月刊》第2卷第1期。徐悲鸿:《造化为师》,《北平日报》3月27日。俞剑华:《七十五年来的国画》,《申报》9月21日;《中国画复兴之路》,《雅华杂志》第7期;《畅神而已》,《美》第7、8期。傅抱石:《国画古今观》,《文潮月刊》第2卷第3期。叶圣陶编:《开明书店二十周年纪念文集》,上海:开明书店。其中收录钱锺书《中国诗与中国画》。傅抱石:《明清之际的中国画》,《京沪周刊》第1卷第16期;《中国绘画之精神》,《京沪周刊》第38期;《石涛上人年谱》(自序及体例言十六则),《京沪周刊》第1卷第39期,后连载于该刊第1卷第41—47期。伍蠡甫:《谈艺录》,上海:商务印书馆。邓以蛰:《六法通铨》,《哲学评论》第10卷第4期。	李桦:《谈文人画》,天津《益世报》。俞剑华:《艺术的本质》,《读书通讯》第137期;《中国艺术与中国人》,《美》第7期。傅抱石:《中国艺术与没落之而已》,上海:商务印书馆。伍蠡甫著:《谈艺录》(重庆)9月4日。徐悲鸿:《世界艺术之没落与中国艺术之发展》,《世界日报》10月,徐承提出严格的素描训练是建立学习国画的基础;《新国画建立之步骤》谈话,再次提出严格的素描训练是建立学习国画建立学习国画的基础;《广播周报》复64、65。陈之佛,徐伯璞:《十年来之美术教育》,《教育通讯》复刊第4卷第2期。吕凤子:《美育与美术》,丹阳:正则艺专出版。汪亚尘:《美术与人生》,《中国新专校刊》第6期。宗白华:《艺术与中国社会生活》,《学识》第1卷第12期。郭沫若:《关于"美术考古一世纪"》,《唯民周刊》第4卷第3期。	杜鲁门主义出台,遏制共产主义,"冷战"开始。内蒙古自治区成立。国民党重点进攻陕北、山东,刘邓大军挺进大别山,战略进攻。马歇尔计划。美国等23个国家签署《关税与贸易总协定》。

续表

年份	于安澜大事记	中国画学大事记	中国美术大事记	中外历史大事记
1948	6月，国民党政府教育部命令河南大学南迁苏州。10月，举家随河南大学最后一批师生迁往苏州。	傅抱石：《中国绘画之理解和欣赏》，《国立中央大学校刊》（连载）复第52、53期。傅抱石：《元四家》，《世界月刊》第2卷第7期。俞剑华：《走向世界绘画之路》，《新艺术》第1期；《清代绘画之特征》，《上海教育》第5卷第4期；《艺术形式定型化的考察》，《上海教育》第6卷第3、4期；《写形不难，写心惟难》，《读书通讯》第157期；《传模移写画家末事》，《读书通讯》第163期。宗白华：《论中西画法之渊源与基础》，《妇女月刊》第7卷第2、3期。陆丹林：《违背历史的画法》，《新艺术》第1期。	6月，梁锡鸿：《中国的洋画运动》，广州《大光报》。7月，无名氏：《沉思试验——习作小辑之四》，善美图书出版公司，收录《复兴的先驱者》《林风眠——中国油画界一颗悲星》《赵无极——东方文艺复兴的先驱者》两篇文章。8月，黄宾虹在杭州美术学会发表讲话《国画之民学》，提出绘画将无中西之别。10月，《中华民国三十六年中国美术年鉴》，上海中国图书杂志公司出版，是中国有史以来第一部美术年鉴。李桦：《从历史看艺术的发展》，《国画周刊·艺术周刊》。林风眠在杭州国立艺专专做《关于毕加索与现代绘画》学术报告。温肇桐：《美术与美术教育》，上海：世界书局。李朴园：《我们的艺术任何处去》，《新艺术》第1期。汪日章：《十年来美术运动之检讨与前瞻》，《新艺术》第2期。刘开渠：《创造新的都市美术》，《工程报导》第32期。颜文梁：《艺术作品国际交流刍见》，《美术汇报》第1期。张汀：《关于美术上几个一般的问题》，《知识（哈尔滨）》第9卷第5期。	朝鲜半岛分裂。辽沈、淮海、平津三大战役。

282

续表

年份	于安澜大事记	中国画学大事记	中国美术大事记	中外历史大事记
1949	春，与王仲嘉教授同游杭州，南京等地，后又携次子于蕴山步行至苏州灵岩山，光福镇游览，作《邓蔚探梅记》一文。 5月，苏州解放。 7月中旬，随同南大学师生返汴。 9月，参加研究班，进行为期半年的政治学习。	宗白华：《中国诗画中所表现的空间意识》，《新中华》第12卷第10期。 9月，傅抱石：《中国古代绘画概论》、《国际文学》（苏联）"中国艺术简史专号"。	2月，北平天安门城楼开始悬挂毛泽东画像。 3月，黎锦熙、胡适、邓广铭编：《齐白石年谱》，上海：商务印书馆。 7月，中华全国文学艺术界联合会和中华全国美术工作者协会相继在北京成立，徐悲鸿为中华全国美术工作者协会主席。 7月，艾青在中华全国文学艺术工作者代表大会上做《解放区的美术教育》发言；江丰做《国统区的进步美术运动》发言；叶浅予做《解放区的美术工作》发言。全国文代会美术作品展览会在北平艺专举行。 8月，老舍倡议的北平新国画研究会成立，叶浅子任主席。 8月，傅抱石任南京大学（原中央大学）艺术系教授。 11月，中央人民政府文化部发出《关于开展新年画工作的指示》。 12月，徐悲鸿被任命为中央美术学院院长。 王益论：《人体在造型美术上的表现》，《时代艺术》第1期。 温肇桐：《目前中小学的美术教育问题》，《中华教育界》复刊3第10期。	中共七届二中全会召开。 北平和平解放。 人民解放军攻占南京，国民政府覆灭。 毛泽东发表《论人民民主专政》。 中国人民政治协商会议第一届全体会议通过《中国人民政治协商会议共同纲领》。 新民主主义革命取得胜利。 "经济互助委员会"成立。 北约成立。 德国分裂。 中苏建交。

续表

年份	于安澜大事记	中国画学大事记	中国美术大事记	中外历史大事记
1950	夏,举家搬迁至开封市花井街3号。9月,前往武昌教育学院任教,主讲历代散文和历代韵文。	李可染:《谈中国画的改造》,《人民美术》第1期(创刊号)。王朝闻:论文集《新艺术创作论》,新华书店。徐悲鸿:《漫谈中国画》,《新建设》2月。7月,《人民画报》(月刊)在北京创刊。王琦:《走向腐朽死亡的资产阶级绘画艺术》,《人民美术》第6期。	2月,中华全国美术工作者协会主办《人民美术》创刊,王朝闻、李桦任执行编辑。刊物发表蔡若虹《关于连环图画的改造问题》。4月,中央美术学院在北京成立,院长徐悲鸿,教务主任吴作人,副教务主任王朝闻。8月,"中国艺术展览会"在北京故宫博物院举行预展。9月,傅抱石在南京大学做《民族形式的研究》专题报告。李鲸夫再度回到广州,担任华南文艺学院名誉教授,华南文学艺术界联合会副主席。倪焕之:《战后苏联美术动向》,《人民美术》第6期;王朝闻:《为提高思想性艺术性创作态度而努力——中央美术学院同学红五月创作运动总结报告》,《人民美术》第4期;《端正我们的创作作风》,《人民美术》第5期。	《中苏友好同盟互助条约》签订。朝鲜战争爆发。中国土地改革运动开始。
1951	9月,应聘到平原师范学院(今河南师范大学)任教。12月,前往江西抚州专区(今抚州市)乐安县搞土改,历时三个半月。		各地组织美术家下乡参加土地改革运动。中央美术学院试验素描教学改革,强调素描的民族化。文化部文物局主办的"抗美援朝保家卫国展览会"在故宫博物院开幕。	欧洲煤钢共同体成立。西藏和平解放。

续表

年份	于安澜大事记	中国画学大事记	中国美术大事记	中外历史大事记
1952	4月,土改工作结束,返回平原师范学院,教授实用文字学。		2月,江丰在《文艺报》发表《坚决进行思想改造,彻底肃清美术教育中的资产阶级影响——我对中央美术学院存在的问题的一个理解》。 3月,《文艺报》发表社论《对资产阶级展开斗争是革命的迫切任务》。 5月,傅抱石在南京大学做专题报告《伟大的中国艺术传统》。7月,《初论中国绘画问题》撰成,手稿藏南京博物院。 6月,李铁夫于香港逝世。 7月,《文艺报》报道各地文艺整风情况。 9月,沈雁冰作《三年来的文化艺术工作总结》,表彰新年画的创作和出版。 11月,《人民美术》停刊,《文艺报》成为综合刊物。 12月,田自秉:《关于工艺美术教学的一些问题》,《文艺报》。 江丰:《美国反动文艺状况》,《文艺报》。 郑振铎:《伟大的艺术传统图录》,上海出版公司分册出版（原作图文在《文艺报》连载）。	土地改革运动基本结束,彻底废除封建土地地主剥削制度。

续表

年份	于安澜大事记	中国画学大事记	中国美术大事记	中外历史大事记
1953	为疏通青年人阅读古书的障碍，编写了文字训诂学专著《古书文字类编》，并自备钢板、蜡纸，自为学生刻印，作为教学参考书。8月，河南大学与平原师范学院合并，两校统称为河南师范学院。	艾青：《谈中国画》，《文艺报》，提出新国画不但要内容新，也要形式新。	6月，中国绘画研究所在北京成立。9月，王朝闻《面向生活》发表于《人民日报》提出生活是一切艺术的基础。9月，徐悲鸿因病去世。10月，中华全国美术工作者协会改称中国美术家协会（简称"中国美协"）。江丰任中央美术学院院长。	"一五"计划开始实行。社会主义三大改造开始。周恩来首次提出和平共处五项原则。斯大林逝世。苏联赫鲁夫改革开始，重农业。
1954	天津、济南等地院校邀请前去任教，未能成行，仍在河南师范学院（新乡分部）教授古典文字、古文字学等课程。	蔡若虹：《开辟美术创作的广阔道路》，《美术》第1期。莫朴：《谈学习中国绘画传统的问题》，《美术》第7期。王迹：《对目前国画创作的几点意见》，《美术》第8期。部宇：《为提高美术创作的思想、艺术水平而斗争》，《美术》第9期。12月，傅抱石：《中国的人物画和山水画》，上海：四联出版社。	1月，《美术》杂志（中国美术家协会主办）创刊。江丰：《四年来美术工作的状况和全国美术协会今后的任务》，《美术》第1期。2月，中国美协应当积极参加人民的斗争"。美术出版社公布《中国美术家协会章程》，指出"王朝闻：《面向生活》，北京：艺术出版社。江丰，美术工作的重大发展》，《美术》第10期。10月，北京故宫博物院绘画馆开馆。12月，中国绘画研究所更名为民族美术研究所，改属于中央美术学院。全国高等美术院校普遍推行苏联美术院校素描教学办法。	日内瓦会议。第一届全国人大通过《中华人民共和国宪法》。美国制成世界第一台彩色电视机。

续表

年份	于安澜大事记	中国画学大事记	中国美术大事记	中外历史大事记
1955	人民美术出版社来约，请求再版《画论丛刊》一书。	秦仲文：《国画创作问题的商讨》，《美术》第3期。王朝闻：《再论多样统一》，《美术》第8期。徐森玉：《画苑掇英》，上海人民美术出版社。	3月，第二届全国美术展览会在北京举行。谢稚柳：《敦煌艺术叙录》，上海：上海出版公司。常任侠：《中印艺术因缘》，上海：上海出版公司。文化部召开全国美术院校素描会议，推广苏联美术院校素描教学经验。	万隆会议召开。华约成立。
1956	教育部进行院系调整，11月原河南师范学院本部更名为开封师范学院，原新乡院部文科并入开封师范学院。仍在新乡师范学院中文系任教。修订《画论丛刊》一书，编撰其他学术著作。	蒋兆和：《从国画展览会中所得到的启示》，《美术》第8期。10月30日，《人民日报》社论：《发展国画艺术》。张伯驹：《谈文人画》，《文艺报》6月第12期。	5月，中央工艺美术学院在北京成立。7月，张大千临摹敦煌壁画展览在巴黎举行。11月，中央美术学院华东分院改为杭州美术学院。俞剑华画展在故宫神武门展出。裴毓宗：《正确对待文化遗产》，《美术》第12期。	毛泽东做《论十大关系》讲话。"百花齐放，百家争鸣"提出。中共八大召开。三大改造完成。

续表

年份	于安澜大事记	中国画学大事记	中国美术大事记	中外历史大事记
1957	重回开封师范学院中文系工作。《画论丛刊》重校后再版，由人民美术出版社出版，两卷本。	王益论：《从〈传神写照〉谈起》，《美术》第2期。邓以蛰：《画法与书法的关系》，《美术》第5期。史怡公：《略谈传统的写真》，《美术》第7期。王朝闻：《再读齐白石的画》，《美术》第12期。[日]高岛北海著、傅抱石编译：《写山要法》，上海人民美术出版社。傅抱石：《山水人物技法》，上海人民美术出版社。	1月，《美术研究》（中央美术学院华东分院）创刊，上海人民美术出版社。3月，刘海粟个展在上海美术馆举行。4月，在江苏省政协发言时提出"说真话，画真画"。5月，北京中国画院成立，齐白石任名誉院长。李浴：《中国美术史纲》，北京：人民美术出版社。香港艺术家协会成立。各地美术工作者响应党的号召，下乡下厂，长期落户。	毛泽东做《关于正确处理人民内部矛盾的问题》讲话。"一五"计划完成。
1958	在开封师范学院中文系资料室工作，并着手收集整理资料，开始编纂《画史丛书》。	1月，《美术》杂志发表专论：《与工农结合——革命美术家的必由之路》。郭味蕖：《宋元明清书画家年表》，北京：中国古典艺术出版社。傅抱石：《白石老人的艺术渊源初探》发表于《文汇报》及《中国画》第2期，次年，《齐白石研究》收录。后被《齐白石研究》由人民美术出版社出版。	吴作人任中央美术学院院长。8月至12月，故宫博物院举行"近百年来中国绘画展览"，次年1月，文物出版社编辑出版《中国近百年绘画展览选集》。各地美术院校开展"红"与"专"大讨论。	广西壮族自治区、宁夏回族自治区建立。欧洲经济共同体成立。欧洲原子能共同体正式成立。北京电视台（后改名"中央电视台"，CCTV）试播。中共八大二次会议制定社会主义建设总路线。"大跃进"运动、人民公社化运动开始。

288

续表

年份	于安澜大事记	中国画学大事记	中国美术大事记	中外历史大事记
1958		文俊：《政治挂了帅，笔墨就不同》，《美术》第7期。张仃：《学习齐白石——试论齐、黄》，《美术》第2期。	石鲁：《为什么要继承与发展民族优秀传统》，《美术研究》第12期。	法兰西第五共和国成立，总统由选举团间接选出。
1959	继续编纂《画史丛书》书稿。	何溶：《山水、花鸟与百花齐放》，《美术》第2期。潘絜兹：《也来谈谈"文人画"》，《美术》第4期。张光宇：《需要新，也需要耐看》，《美术》第4期。贺天健：《练眼练手练心的经验谈》，《美术》第4期；《关于意境》，《美术》第5期。邓以蛰：《"艺术家的难关"的回顾》，《美术》第5期。俞剑华：《花鸟画有没有阶级性？》，《美术》第8期。葛路：《再谈创造性地再现自然美——关于花鸟画创作问题》，《美术》第8期。	2月，中宣部批评"大跃进"运动中文艺工作存在的过热、浮夸和偏向问题。中国美协江苏分会举办"文人画"问题学术研讨会。《中国妇女美术作品选集》，北京：人民美术出版社。吴作人：《对油画"民族化"的认识》，《美术》第7期。	赫鲁晓夫访美，举行"戴维营会谈"。

续表

年份	于安澜大事记	中国画学大事记	中国美术大事记	中外历史大事记
1960	人民美术出版社再版《画论丛刊》,两卷本,上下两册。之后海内外出版该书,均以此版本为底本。是年为"三年困难时期"的第一年,生活困难,仍然致力于编撰《画史丛书》等学术著作。	夏农:《还是应该有主次之分》,《美术》第1期。卢平:《略谈山水花鸟画》,《美术》第4期。傅抱石:《中国古代山水画史的研究》,上海:上海人民美术出版社。王伯敏:《黄宾虹画论研讨》,《美术研究》第1期。	年初,全国各地美术工作者掀起学习毛泽东著作的热潮。张仃:《工艺美术事业不容资产阶级思想侵蚀》,《美术》第3期。王朝闻:《必须坚持政治标准第一》,《美术》第3期。3月,江苏省国画院成立,傅抱石任院长。夏,全国各地美术工作者响应号召,到农村第一线参加劳动。	"八字方针"提出,国民经济转入调整轨道。
1961	完成《画史丛书》初稿。	贺天健:《提高中国画创作水平的我见》,《美术》第3期。1月23日,任惠颖:《傅抱石故居——"思想变了,笔墨就不能不变"》,《人民日报》。宗白华:《关于山水诗画的点滴感想》,《文学评论》第1期。	1月,中共中央宣传部召开全国文艺工作座谈会,次年,中央正式批转中央宣传部改定的《关于当前文学艺术工作若干问题的意见(草案)》(简称"文艺八条")罗工柳:《关于油画的几个问题》,《美术》第1期。5月23日,王朝闻:《在延安文艺座谈会上的讲话》发表二十周年》,《人民日报》。9月,武汉市文联主办"近代山水画大师黄宾虹画展",理论家座谈。9月,蔡若虹:《关于美术教学中基本训练课程的改进问题》,《美术》第5期。	柏林墙修建。不结盟运动正式形成。美国对越南发动侵略战争。

续表

年份	于安澜大事记	中国画学大事记	中国美术大事记	中外历史大事记
1962	作为中原地区唯一代表，到杭州参加教育部组织的审定浙江美术学院王伯敏教授所编《中国绘画史》会议。会后到黄山游览，留下大量写生、画稿。回汴后创作《黄山人字瀑》《从狮子林望黄山宾馆》等山水画作。	贺天健：《中国山水画的美学问题》，《美术》第1期。俞剑华：《以形写神——画论随笔》，《美术》第2期。贺天健：《我对今后山水画任务之意见》，《美术》第4期。	艾中信：《油画风采谈》，《美术》第2期。叶浅予：《掌握全面和专攻一门》，《人民日报》11月22日。丰子恺任中国美协上海分会主席，上海市文联副主席。贺天健：《学画山水过程自述》，北京：人民美术出版社。	中国国民经济在恢复中逐渐好转。古巴导弹危机。
1963	10月，所编纂的《画史丛书》由上海人民美术出版社出版发行。全书两函十册，是继1937年《画论丛刊》之后又一部重要美术史论文献。	《关于中国画的创新与笔墨问题——来稿综述》，《美术》第1期。周韶华、刘纲纪：《略论中国画的笔墨与推陈出新》，《美术》第2、3期。简丽川：《论"野、怪、乱、黑"——兼谈艺术评论问题》，《美术》第4期。	3月，中国美协广西分会出版《美术创作讨论文集》。12月，中国美协召开分会工作会议，要求各地加强理论工作，发展马克思主义美术理论。各地美术工作者到基层参加社会主义教育运动。[法]丹纳著，傅雷译：《艺术哲学》，北京：人民文学出版社。	

续表

年份	于安澜大事记	中国画学大事记	中国美术大事记	中外历史大事记
1964	开始搜集资料，着手编写计划中的另一部画学文献《画品丛书》。闲暇之时，从事书画创作。	左海：《中国山水画创新的道路》，《前线》第7期。	王靖宪：《喜爱钱松嵒的新山水》，《美术》第3期。 中国美协书记处给美术工作者的信：《歌颂社会主义劳动者的伟大精神》。 刘纲纪：《马克思主义美学与资产阶级形式主义美学的根本对立——评工农对马克思主义美学的看法》，《美术》第5期。 8月，文化部发出《关于废除美术部门使用模特儿的通知》。 张启成：《评价古代美术应有批判精神——对〈中国国家丛书〉的儿点意见》，《美术》第3期。	中国中近程导弹发射成功。 中国第一颗原子弹爆炸成功。 赫鲁晓夫下台。 苏联勃列日涅夫改革开始，重工业、军事增长。
1965	继续编撰《画品丛书》。	郑为：《论清初绘画的摹古与创新》，《文物》第8期。	吴凡：《要深刻反映阶级斗争》《美术》第4期。 《美术》杂志编辑部发表《为五亿农民服务》《全国美展后的回顾与前瞻》，第5、6期。 各美术院校强调学生要积极参加阶级斗争、生产斗争、科学实验三大革命运动。	西藏自治区成立。 中国首次人工合成结晶牛胰岛素。
1966	"文化大革命"开始，因此受到批斗。		《高举毛泽东思想红旗，画出我们时代最新最美的图画》，《美术》第1期。 2月，《美术》杂志停刊。 8月，北京故宫博物院停止对外开放。	6月，中国导弹原子弹结合飞行试验成功。

续表

年份	于安澜大事记	中国画学大事记	中国美术大事记	中外历史大事记
1967	接受"劳动改造"。		4月，中央美术学院红卫兵主办《美术战报》，11月改为《新美术》杂志。 7月，"毛主席是我们心中最红最红的红太阳"摄影展在中国美术馆举行。 10月，"毛泽东思想光辉照亮了'安源工人运动展'"在北京中国革命博物馆展出。 中国美术馆停止开放。	中国第一颗氢弹空爆试验成功。 欧洲共同体正式成立。 [哥伦比亚]马尔克斯发表《百年孤独》。
1968	继续在农村接受"劳动改造"。		北京革命美术工作队改称北京工农兵画院。 考古工作者在河北满城发掘西汉中山靖王刘胜墓，出土"金缕玉衣""长信宫灯"等大批精美文物。 张大千在巴西完成《长江万里图》，并在台北历史博物馆举行特展。	
1969	下放至河南蔚氏县永兴学校农场劳动改造。		陈半丁画《梅花》以庆贺中国共产党第九次全国代表大会召开，署名"工农兵画院"。 香港博物美术馆举办首届"香港当代艺术展"。	尼克松就任美国总统。 美国阿波罗11号飞船登月。 美国建成阿帕网。

续表

年份	于安澜大事记	中国画学大事记	中国美术大事记	中外历史大事记
1970	仍在尉氏县永兴学校农场劳动改造。台湾翻印出版其《画史丛书》。日本影印出版其《画论丛刊》《画史丛书》。日本汲古书院翻印出版其《汉魏六朝韵谱》。其学术著作在海外的影响越来越大。		3月，台湾《雄狮美术》创刊。7月初，故宫博物院恢复开放。7月，国务院文化组成立。上海《解放日报》组织"黄河创作组"。陕西省革命委员会组成美术创作组，创作革命历史画，拟定以毛主席在延安13年的重大事件为创作主题。	中国"东方红1号"卫星发射成功。
1971	夏，劳动改造结束，从尉氏农场回到开封。受冲击和不公平待遇的程度稍缓，继续从事学术研究，编写学术专著。开始参加开封市书法界的活动，其书法作品开始参加各种展览。			乒乓外交。基辛格秘密访问中国。中国恢复在联合国的合法席位。

续表

年份	于安澜大事记	中国画学大事记	中国美术大事记	中外历史大事记
1972	为开封市书学研究会整理、编写《书学名著选》和《历代书法源流表》。		4月，国务院文化组建立"全国美展办公室"，并调集部分油画家组成"改画组"，靳尚谊任改画组组长。 5月，国务院文化组主办"纪念毛泽东《在延安文艺座谈会上的讲话》发表30周年美展"。 张大千在美国旧金山举办"张大千四十年作品回顾展"。 考古工作者发掘湖南长沙马王堆一号西汉墓，出土帛画多幅。 内蒙古年伦旗发现辽代墓室壁画。	尼克松访华。 田中角荣访华，中日建交。
1973	创作了大量书法作品，并应邀为国内许多书展提供展品。		10月，中央直属的六所艺术学院合并改称为"中央五七艺术大学"；主办"全国连环画中国画展""全国"户县（今西安市鄠邑区）农民画展"；举办"全国美术创作经验交流会"。 浙江余姚河姆渡村发掘原始社会遗址，发现距今7000年的原始文化遗迹；在湖南长沙子弹库楚墓发现战国时期人物御龙帛画；青海大通县孙家寨发现新石器时代舞蹈纹彩陶盆。 丰子恺《护生画集》出版。	袁隆平育成中国第一个强势杂交组合"南优2号"。 美军开始逐步撤出越南。 布雷顿森林体系瓦解。 第四次中东战争。

续表

年份	于安澜大事记	中国画学大事记	中国美术大事记	中外历史大事记
1974	整理编撰学术著作文稿。		《江苏画刊》创刊。 国家文物局和陕西省组织紧备考察队发掘秦始皇陵兵马俑一号坑。 国务院文化组主办"全国美术作品展览及上海、阳泉、旅大（今大连市）三市工人画展"，在北京中国美术馆举行。 香港视觉艺术协会成立。	毛泽东提出"三个世界"重要论断。 联合国大会通过"拒绝南非代表参加大会工作"的裁决，联合国反对殖民主义的发展中国日益成为发展中国反对殖民主义的舞台。
1975	夏，携外孙女前往广州，看望在广州工作的次子于蕴山一家，并拜访老朋友中山大学容庚、刘节教授等。返州去桂林游览。返途中遭遇河南驻马店专区（今驻马店市）大洪水，京广铁路中断，几经周折，绕道回到开封。 继续编著《画品丛书》，潜心于书法研究。		1月，国务院文化组改称文化部，原国务院文化组美术组隶属于文化部。 6月，台湾《艺术家》月刊创刊。 10月，全国年画、少儿儿童美术作品展览在北京中国美术馆举行。	邓小平开始主持中央日常工作。 苏联经济陷入停滞。

续表

年份	于安澜大事记	中国画画学大事记	中国美术大事记	中外历史大事记
1976	春，开封市书法协会与杭州市书法协会举行第一次书法创作交流展，作为代表团成员赴杭州、上海、苏州、南京等地与江、浙书法家和篆刻家进行学术交流。在杭州拜访丁辅之著名书家沙孟海；在上海拜访复旦大学教授王鸣岐；在苏州拜访著名书法家费新我，两人当场挥毫，互赠书法作品。又至无锡，游览太湖鼋头渚、蠡园等风景名胜；后至镇江游览金山、焦山。后到南京，拜访画界老友魏紫熙、李剑晨。		3月，《美术》杂志以"创刊"名义恢复出版，主编华君武。考古工作者在河南安阳小屯村发现商代妇好墓。	周恩来、朱德、毛泽东相继逝世。四五运动。粉碎"四人帮"，"文化大革命"结束。

续表

年份	于安澜大事记	中国画学大事记	中国美术大事记	中外历史大事记
1977	夏，与本校艺术系主任丁折桂结伴前往西安、游览西安各处名胜；后到成都，赴峨眉山、都江堰等地游览写生；复到重庆，坐船游览长江三峡，下江陵至武汉，由武汉返汴。修订多年前所著《古书文字类编》一书，并更名为《古书文字易解》。		文化部召开全国美术工作座谈会，愤怒声讨"四人帮"在美术界的滔天罪行。9月，文化部撤销"中央五七艺术大学"建制，恢复中央美术学院。全国美术院校开始招生考试。	邓小平复出。恢复高考。

续表

年份	于安澜大事记	中国画学大事记	中国美术大事记	中外历史大事记
1978	香港中华书局翻印《画论丛刊》一书，传播至东南亚各国，成为海外美术工作者和从事美术理论研究的重要参考书，在海外美术界产生重大影响。		2月，"全国工艺美术展"在中国美术馆举行。 5月，南京艺术学院学报《南艺学报（美术与设计版）》创刊。 宗白华：《忆悲鸿》，《南艺学报（美术与设计版）》第2期。 "法国19世纪农村风景画作品展"在中国美术馆举行。 广州美术学院复校，胡一川任院长。 广东画院恢复工作，关山月兼任院长。 文化部文学艺术研究院、中央美术学院、浙江美术学院招收首批研究生。 香港大学开设艺术学系，并设有硕士、博士学位。 发现战国早期曾侯乙墓，出土大批精美青铜器。	关于真理标准问题的大讨论。 安徽凤阳小岗村"包产到户"。 《中美建交联合公报》发表。 十一届三中全会召开。

续表

年份	于安澜大事记	中国画学大事记	中国美术大事记	中外历史大事记
1979	年初，夫人赵心清因衰老、无疾而终，终年78岁。化清人袁枚诗句为念："当喜时多别是衰年，不多时别是衰年。"秋，重登讲台，为恢复高考后第一届（77级）中文系学生授课。开封师范学院更名为河南师范大学。庆祝建国三十周年其书法作品《文化部戏曲局纪念写社工部戏》为六绝》入选全国第一届书法篆刻展，并收入人民美术出版社1981年版《全国第一届书法篆刻展作品集》。	俞剑华：《传神记》注译，《南艺学报》（美术与设计版），第1期。薛永年：《荆浩〈笔法记〉的理论成就》，《美术研究》第2期。钱绍武：《新人·新意·新笔墨——读艺随想》，《文艺研究》第4期。	1月，《人民日报》创办《讽刺与幽默》漫画增刊。2月，全国艺术教育工作会议在北京召开，对30年艺术教育做出总结，推倒艺术教育是"文艺黑线、教育黑线专政"的结论。4月，"吴冠中绘画作品展"在中国美术馆举行。6月，谢稚柳：《鉴余杂稿》，上海：上海人民美术出版社。7月，江苏省任命刘海粟为南京艺术学院院长。10月，北京首都机场候机楼壁画工程完成。壁画由华君武、张仃负责，袁运甫、祝大年、范曾等人参加绘制。中央美术学院学报《美术研究》复刊，《世界美术》杂志创刊。《美术研究》第1期刊登邵大箴《关于人体模特儿》、钱绍武《为什么要画裸体模特儿》。	中美正式建交。全国人大常委会发表《告台湾同胞书》。

续表

年份	于安澜大事记	中国画学大事记	中国美术大事记	中外历史大事记
1980	夏，河南大学新建教授住宅楼竣工，遂携大女儿及外孙外孙女由开封市花井街3号迁至校南宿舍区教授楼三排七号。	张平杰、王炯、王向明：《"主题性"创作可以借鉴"现代派"》，《美术》第1期。 薛永年：《〈画筌〉浅析》，《美术研究》第1期。 郎绍君：《绘画语言与艺术个性》，《美术》第3期。 邓福星：《绘画语言中的形式美问题》，《美术》第3期。 潘絜兹：《打破传统偏见，复兴工笔重彩》，《美术研究》第3期。 叶朗：《〈石涛"画语录·尊受章"的解释问题〉》，《美术研究》第4期。 叶浅予：《谈人物画创作的几个问题》，《美术》第5期。 侗廔：《对中国画几个问题的我见——与江丰同志商榷》，《美术》第6期。	1月，刘海粟绘画展览在上海美术展览馆举行。 浙江美术学院主办的《新美术》创刊。该院主办《国外美术资料》由内部发行改为公开发行的《美术译丛》。 "关山月画展""北京油画研究会第三次画展"在中国美术馆举行。 中国画研究院筹备组成立。 天津人民美术出版社出版《画廊》丛刊。 吴冠中：《关于抽象美》，《美术》第10期。 王琦：《创社会主义之新，创人民所喜之新》，《美术》第10期。 "全国高等美术院校学生作品巡回展"在各地美术学院先后展出。 文化部举行"文化大革命"结束后的首次公派留学生考试。 李桦：《谈谈当前美术创作问题》，《湘江文艺》第10期。 夏培跃、王国伟、徐君萱、金一德：《对改革现行素描教学的一些意见》，《新美术》第1期。	中国成功发射第一枚远程运载火箭。 设立四个经济特区。 邓小平提出"三个面向"。 秦始皇铜车马出土。 日本成为世界第一经济大国，提出谋求政治大国的目标。

续表

年份	于安澜大事记	中国画学大事记	中国美术大事记	中外历史大事记
1981	拨乱反正之后，全身精神矍铄，全身心投入旧时文稿的整理和学术研究中。《画品丛书》（第一册）完稿。	宗白华：《美学散步》，上海：上海人民出版社。石鲁：《学画录》，《文艺研究》第1期。张品操：《关于中国人物画的素描教学问题》，《新美术》第1期。陆俨少：《山水画六论初探》，《美术》第5期。杨成寅：《潘天寿画论中的几个美学问题》，《新美术》第1期。吴冠中：《内容决定形式？》，《美术》第3期。孙津：《民族性 民族化》，《美术》第9期。朱振庚：《浅谈中国画用笔》，《美术研究》第3期。	"陈半丁遗作展"在北京民族文化宫举行。11月，北京故宫博物院举办"历代梅花展"。邵荣德：《创作·欣赏·评论——读〈父亲〉并与有关评论者商榷》，《美术》第9期。12月，江丰向浙江美术学院全体师生做报告，提出批判西方现代派艺术和批判"形式决定内容"等问题。江丰：《继承和发展美术的革命传统》，《文艺报》第13期。"全国高等美术院校学生作品巡回展"在浙江美术学院展出。西安首届现代艺术展开幕。	"叶九条"发表，提出和平统一台湾的九条方针政策。里根上台。

续表

年份	于安澜大事记	中国画画学大事记	中国美术大事记	中外历史大事记
1982	《画品丛书》（第一册）由著名国画大师刘海粟题笺，上海人民美术出版社出版。至此，有关中国美术史论和美术理论方面的三部文献性巨著已告完成，其跨越近半个世纪。11月，中国训诂学会在苏州召开成立大会，作为学会发起人之一，应邀赴会，并和王力教授等一起当选为中国训诂学会顾问。会上倡议筹备召开全国性纪念许慎学术研讨会，得到与会者响应。	宗白华：《关于美学研究的几点意见》，《文艺研究》第2期。陆俨少：《山水画中的云水画法》，《新美术》第3期；《略论山水画中的笔墨运用》，《中国画》第1期。邵洛羊：《无瑕胜玉美至洁过冰清——略论黄宾虹先生的画中之品》，《新美术》第4期。张安治：《中国画的"变"》，《美术》第6期。刘继潮："以神写形"试析，《美术》第7期。江文湛：《浅谈笔墨的抽象美》，《美术》第7期。薛永年：《石涛"蒙养生活"解》，《美术研究》第1期。	6月，"叶浅予画展""黄胄画展"在中国美术馆举行。9月，江丰在中国美协第三届理事会第二次会议上批判美术界的自由化倾向。11月，《中华人民共和国文物保护法》正式颁布施行。考古工作者发现小型陶制裸体女性像，在甘肃秦安大地湾仰韶遗址发现黑色彩绘地画，为中国首次发现史前室内绘画。彭德：《审美作用是美术的唯一功能》，《美术》第5期。	邓小平明确提出"一国两制"构想。中共十二大召开。修订《中华人民共和国宪法》。

续表

年份	于安澜大事记	中国画学大事记	中国美术大事记	中外历史大事记
1982	向省文化厅建议，访查省内历代名家故里，了解其传逸后裔及流传逸事；建议重印清代名石学家武亿（字虚谷）《授堂文钞》	伍蠡甫：《文人画艺术风格初探》，《文艺理论研究》第2期。		
1983	河南师范大学中文系汉语史硕士点正式通过国务院学位委员会评审，开始招生。1月，召开纪念许慎学术会议的建议为省内有关部门所采纳，河南省文物局专门为此事下发文件，通知漯河地区及郾城县文化局做好研讨会准备工作。4月，亲赴郾城许慎故里考察。	俞剑华：《岱庙壁画的内容及它的价值》，《南艺学报》（美术与设计版）第2期。陈传席：《"山水之变，始于吴，成于二李"——澄清唐代山水画史上一个问题》，《新美术》第3期。陆俨少：《中国山水画章法的管见》，《美术》第6期。	2月，文化部、中国美协发出《关于创作革命题材美术作品的通知》。3月，中国社会科学院在桂林召开全国文学艺术、外国文学学科会议，确定文学艺术方面重点科研项目12个。7月，周韶华"大河寻源"画展在中国美术馆举行，《大河寻源记》论文发表在《美术》第3、8期。8月，古元任中央美术学院院长。10月，由文化部、中国美协主办的"首届全国农民画展"在中国美术馆举行。王朝闻：《中国美术史》，济南：齐鲁书社。江丰：《江丰美术论集》，北京：人民美术出版社。	美国提出"星球大战计划"，于1985年正式公布。撤销人民公社、建乡、镇政府。"银河"巨型计算机研制成功。

续表

年份	于安澜大事记	中国画学大事记	中国美术大事记	中外历史大事记
1983	2月，赴河南信阳出席河南省语言学会活动；赴扬州参加全国训诂学会暨纪念清代乾嘉经学大师王念孙学术研讨会；赴高邮参观。	邓福星：《中国绘画中的抽象因素——谈中国绘画中的笔墨情趣和离形得似》，《文艺研究》第3期。		
1984	5月，恢复"河南大学"校名。出任河南大学古籍整理研究所所长，制订古籍整理规划。8月，作万余字《自传》。作为主持人，申报了省教育厅"历代典范语言类编"课题，并获准立项。	水天中：《关于乡土写实绘画的思考》，《美术》12期。刘曦林：《谈陈师曾的文人画观》，《美术史论丛刊》第3期。吕世荣："重感受，搞出画味来"，《新美术》1期。	4月，黄秋园书画遗作展在江西省文联展厅举行。为庆祝陶冷月九十寿辰，上海文史馆及苏州博物馆分别举办"陶冷月画展"。周韶华在《江苏画刊》上发表文章，提出中国画创作的"全方位观照"说。8月，纪念吴昌硕诞辰140周年作品展和学术讨论会在上海举行。10月，第六届全国美展分画种在9个城市同时开幕。12月，邵大箴任《美术》杂志主编。	中国第一颗试验通信卫星发射成功。开放14个沿海港口城市。中国实现奥运奖牌零的突破。《中华人民共和国民族区域自治法》施行。中英签署关于香港问题的联合声明。

续表

年份	于安澜大事记	中国画学大事记	中国美术大事记	中外历史大事记
1985	4月12日，倡议发起的"全国首届纪念许慎国际学术研讨会"在河南大学隆重召开，并取得圆满成功，在国内外引起较大反响。会前，亲临河南洛阳、郾城等地为许慎纪念馆、许慎塑像、许慎写生祠题匾和撰写塞碑题碑文。	邓乔彬：《文人画写意性理论的发展》，《美术史论丛刊》第2期。林木：《论文人画的本质与特征》，《美的研究与欣赏》第3期。李小山：《当代中国画之我见》，《江苏画刊》。潘公凯："绿色绘画"的略想》，《美术》第11期。卢辅圣：《论中国画创新》，《美术》第12期。陈传席译解：《画山水序叙画》，北京：人民美术出版社。陈传席：《六朝画论研究》，南京：江苏美术出版社。	周韶华任香港中文大学做《横向移植与隔代遗传》学术报告，主张当代中国画应中西互补，今古相接。3月，吴作人获法国艺术文学最高勋章。4月，中国美协油画艺术委员会举办全国油画艺术研讨会，水天中做《中国油画历程》、高名潞做《青年美术思潮》、朱青生做《西方当代美术》的学术报告。郑逸梅：《陶冷月与新中国画》，香港《大成》第150期。6月，中国美术报成立大会在北京民族文化宫举行，由中国艺术研究院美术研究所主办，社长张薔。8月，"石鲁书画遗作展"及座谈会在西安举行。"岭南画派研究室"成立，杨之光任广州美术学院"岭南画派研究室"主任。傅雷：《世界美术名作二十讲》，上海：三联书店。	中国开辟沿海经济开放区。苏联支尔巴乔夫改革开始。中国加入《保护世界文化和自然遗产公约》。

续表

年份	于安澜大事记	中国画学大事记	中国美术大事记	中外历史大事记
1986	以84岁高龄离休，研究生培养工作继续。夏，携孙子、孙女到北京等地游览，看望在京工作的小女儿一家。开始着手规划纪念唐代"画圣"吴道子事宜，并于年底与河南省委宣传部子友先副部长商谈，略具轮廓。	蔡若虹：《创造力的觉醒——回忆延安鲁艺的教学生活》，《美术》第6期。陈传席：《论北宋中、后期山水画"保守"和"复古"的总趋势》，《新美术》第2期。陈传席：《谈清初山水画论的"返祖"》，《艺苑（美术版）》第4期。崔振宽：《中国传统笔墨的现代价值》，《美术》第9期。	《南艺学报》改名为《艺苑》，分"美术版"与"音乐版"，双月刊。1月，中国画研究院、北京画院《中国画》编辑部约请在京老画家，举行中国画讨论会。《伍蠡甫艺术美学文集》，上海：复旦大学出版社。丁悚：《上海早期的西洋画美术教育》，收入《上海地方史资料（五）》，上海：上海社会科学院出版社。11月，中华人民共和国文化部颁发《美术馆工作暂行条例》。	"八六三计划"出台。九年制义务教育开始实行。中国正式提出关于恢复在关贸总协定缔约方地位的申请。这一年被联合国定为国际和平年。

续表

年份	于安澜大事记	中国画学大事记	中国美术大事记	中外历史大事记
1987	与课题组成员经过三年努力，完成《历代典范语言类编》一书的编写。由外孙女范语同前往山西大学陪夏，参加山西大学举办的唐代张彦远学术研讨会，拜访了老友何锡吾教授。向河南省有关领导和部门提出为画圣吴道子建纪念馆的建议，并亲赴禹州市吴道子故里事略碑文及友魏紫念馆命名、碑铭，又向画界老友魏紫熙、郭绍纲等写信，请他们捐资、捐画，支持吴道子纪念馆筹建。	闻立鹏：《多元化趋势和现实主义的生命力》，《美术》第1期。李小山：《"文人画"与"南北宗"》，《艺苑》第4期。	6月，中国美协儿童美术艺术委员会成立，主任杨永青。北京国际艺苑"第一届水墨画展"在中国美术馆举行。11月，中国画研究院举办人物画创作研讨会。高平叔：《蔡元培美育论集》，长沙：湖南教育出版社。王伯敏主编，华夏、葛路、陈少丰副主编：《中国美术通史》，济南：山东教育出版社。沈柔坚主编：《中国美术辞典》，上海：上海辞书出版社。	中共十三大召开。台湾当局允许台湾居民赴大陆探亲。中葡签署关于澳门问题的联合声明。日本经济一度跃居资本主义大国之首。美苏签署《中导条约》。

续表

年份	于安澜大事记	中国画学大事记	中国美术大事记	中外历史大事记
1988	夏,在大女儿和孙子陪同下参加学校老干部处组织的泰山游览活动,以86岁高龄登临泰山。仍坚持学术研究,对《汉魏六朝韵谱》韵部归属做了勘订,并由同乡桑抚群校抄全书。	陈传席:《清代中国画坛三大重镇及其形成》,《东南文化》第2期。陈传席:《中国山水画史》,南京:江苏美术出版社。郎绍君:《四家的"融合"——谈徐悲鸿、林风眠、张大千、李可染对中国画的改造》,《朵云》(上海)第4期。李卷:《中国写意画的笔墨》,《艺圃》(长春)第2期。	3月,中国美协理论委员会成立。邵大箴为主任。9月,"刘海粟十上黄山画展"在上海美术馆举办。中国画研究院、中国美协联合举办"北京国际水墨画展"。郎绍君:《论中国现代美术》,南京:江苏美术出版社。江苏美术出版社与《中国美术报》联合举办"当代中国美术发展趋势"学术研讨会在南京举行。11月,中国美协理论委员会主办的"美术理论的建设与教学研讨会"在杭州举行。中国工艺美术协会成立。"油画人体艺术大展"在中国美术馆举行。	海南经济特区成立。中国组织实施火炬计划。邓小平第一次明确提出科学技术是第一生产力。

续表

年份	于安澜大事记	中国画学大事记	中国美术大事记	中外历史大事记
1989	5月,《汉魏六朝韵谱》由河南人民出版社影印再版。	邓福星:《新文人画略说》,《美术》第4期。张道一:"新文人画"之我见,《江苏画刊》第6期。邵洛羊:"随时代"而不忘"笔墨",《美术》第8期。卢辅圣:《新文人画与传统文人画》,《江苏画刊》第9期。郎绍君:《中国当代美术批评笔谈 批评与自觉》,《美术》第10期。	中国美术全集编辑委员会编:《中国美术全集》,北京:人民美术出版社。郎绍君:《重建中国的精英艺术》,《美术研究》第2期。7月,蔡若虹《艺术不能脱离人民》,发表在《光明日报》。12月,朱伯雄、陈瑞林:《中国西画五十年1898—1949》,北京:人民美术出版社。	"亚太经济合作组织"(APEC)成立。波兰巨变。
1990	与同校诗词爱好者共同发起成立"梁苑诗社",创作了大量诗词。	陈传席:《六朝画家史料》,北京:文物出版社。周积寅:《刘海粟与张大千》,《美术》第1期。潘鲁生:《乡土性与现代感——现代民间绘画概说》,《美术》第1期。陈绶祥:《文人画新论》,《美术研究》第1期。冯远:《文人画艺术对未来中国画发展的影响及其价值》,《美术》第10期。	7月,中国美协、中国书法家协会和中国摄影家协会联合召集"创作思想座谈会"在北京顺义举行,就如何进一步清理整顿资产阶级自由化的影响,端正文艺方向等问题展开讨论。沈柔坚:《柔坚画谭》,上海:上海书店。10月,"第二届敦煌学国际学术研讨会暨藏经洞发现90周年纪念"在敦煌莫高窟举行。10月,中国画研究院主办的"中国画学术研讨会"在北京昌平举行。陕西咸阳汉景帝阳陵出土大量彩绘陶俑。卢辅圣:《天人论——一个关于历史发展的假说》,三联书店上海分店。	中国开始参加联合国维和行动。中国上海浦东开发和开放,海峡交流基金会成立。10月,民主德国加入联邦德国,德国统一。

续表

年份	于安澜大事记	中国画学大事记	中国美术大事记	中外历史大事记
1991	所著《古书文字易解》由河南大学出版社正式出版。	杨成寅:"纯粹美术"论评析》,《美术》第3期。陈传席:《庆阪辽画制绘画初探》,《故宫博物院院刊》第2期。[俄]B.H.彼得洛夫著,原学惠译:《中国画是哲学,是诗,是寓意夫峰》,《美术》第5期。	1月,《美术》编辑部举办"社会主义美术发展同题座谈会",讨论应突出社会主义主旋律和加强美术理论建设问题。钱海源:《与〈85美术新潮〉的若干论点》;曾景初:《重建中国的精英艺术》,作者商榷》,《美术》第2期。蔡若虹:《分歧在于不同的立场:对杨成寅,同志两篇文章的意见》,《文艺报》4月27日。雷正民:《关于中国现代艺术展的初步思考》,《美术》第5期。孙克:《尊重历史 严肃学风——关于〈重建中国的精英艺术〉一文致郎绍君同志的公开信》,《美术》第5期。5月,《美术》编辑部举办"发展有中国特色的社会主义美术"研讨会。熊蕾:《新潮美术是一种不可避免的历史现象吗?——与杜健同志商榷》,《美术》第10期。12月,中共中央宣传部文艺局、中国文联和中国艺术研究院联合举办的"优秀文艺评论报刊表彰大会"在北京举行。郑明:《〈综述〉的某些论断是实事求是的吗?》;李琦:《应当实事求是》;唐绍云:《看潮涨潮落》,《美术》第12期。	中国加入APEC。海峡两岸关系协会成立。苏联互解散。欧盟政治经济一体化加快。

续表

年份	于安澜大事记	中国画学大事记	中国美术大事记	中外历史大事记
1992	所著《诗学辑要》由四川人民出版社出版。9月26日，河南大学召开"于安澜先生学术研讨会"，旨在庆祝先生九十华诞和河南大学建校八十周年。	陈传席：《明末怪杰——陈洪绶的生涯及艺术》，杭州：浙江人民美术出版社。汤麟：《关于美术创作中的三个问题的思考》，《美术》第11期。[英]杨希雪：《关于传统笔墨功夫观念和艺术语言的我见》，《岭南文史》第3期。刘曦林：《历史地看待历史——关于文人画研究的通信》，《美术》第8期。	1月，中央美术学院举办"20世纪·中国"展览及学术研讨会。蔡若虹：《战斗正未有穷期》，《美术》第5期。8月，赵望云绘画艺术座谈会在炎黄艺术馆举行。9月，中国美术馆、中国画研究院等主办"李可染艺术展"及李可染学术研讨会。10月，上海书画出版社举办"四王"绘画国际学术研讨会。	邓小平南方谈话。《北美自由贸易协定》签订。中国开始实施载人航天工程。中共十四大提出建立社会主义市场经济体制。欧洲共同体成员国签订《欧洲联盟条约》。
1993	夏，因病住院两月余，出院后在家养病。	杨成寅：《意象与美术》，《美术》第1、2期。王克文：《山水画谈》，上海：上海人民美术出版社。冯慧芬：《中国文人画与日本南画》，《艺苑》第4期。陈奕纯：《北宋文人画论中的一个二律背反的史论》，《美术》第1期。	6月，美术批评家年度提名展（1993·水墨）在中国美术馆举行。"无限江山——李可染的艺术世界"展览在台北历史博物馆举行。9月，全国中国画展在中国美术馆举行。卢辅圣主编：《中国书画全书》，上海：上海书画出版社。首届中国艺术博览会在广州举行。	汪辜会谈。中共十四届三中全会，对建立社会主义市场经济体制做出总体规划。欧洲联盟成立。

续表

年份	于安澜大事记	中国画学大事记	中国美术大事记	中外历史大事记
1994	夏,病后身体状况基本恢复,在家读书、看报静养。	宗白华:《张彦远及其〈历代名画记〉》,《学术月刊》第1期。 李达:《论黄宾虹的遗墨法》,《美术》第9期。 王南溟:《中国画创新的"逸格",陈子庄比较研究》,《朵云》(上海)第3期。 天寿、陈子庄比较研究》,《朵云》(上海)第3期。 江宏:《笔墨与构图与画》第4期。 邵彦:《明清文人画与琴乐的几点比较》,《新美术》第2期。	3月,上海成立徐悲鸿艺术研究协会。 浙江美术学院更名为中国美术学院。 熊月之:《西学东渐与晚清上海》,上海:上海人民出版社。 11月,中国美协党组委托《美术》杂志主办的"90年代中国美术创作理论研讨会"在广州龙山举行。 文化部颁布《美术品经营管理办法》。	北美自由贸易区成立。 颁布《中华人民共和国台湾同胞投资保护法》。 中国接入互联网。 布达拉宫被联合国教科文组织列为世界文化遗产。

续表

年份	于安澜大事记	中国画学大事记	中国美术大事记	中外历史大事记
1995	体力稍有恢复，积极向有关领导和部门写信，为纪念先哲，弘扬中华优秀传统文化奔走呼吁。其中包括在家乡滑县牛屯镇南暴庄建清代廉吏暴方子纪念园。该园于1998年建成竣工。	钱海源、赵荣：《也谈"美术与国际接轨"》，《美术》第1期。关山月：《有关中国画创作实践的点滴体会》，《美术》第3期。袁宝林：《潜变中的中国绘画》，《美术》第4期。部洛丰：《上海人民美术出版社·创新》，《笔墨·程式》，《美术》第2期。张道兴：《笔墨》，《美术》第2期。丁汉平：《中国画笔墨的肌理特征》，《出版与印刷》第1期。洪瑞：《文人画和新文人画》，《古今谈》第4期。	中国艺术研究院美术研究所主办的《美术观察》月刊，季刊改版为《美术观察》月刊，主编邓福星。王伯敏主编：《中国少数民族美术史》，福州：福建美术出版社。10月，香港艺术馆举办20世纪中国画学术研讨会，同时举办"传统与创新——20世纪中国画展"、"澄怀古道——黄宾虹画展"、"叛逆的师承——吴冠中画展"。李超：《上海油画史》，上海：上海人民美术出版社。程十发画展及艺术研讨会在上海美术馆举行。陈传席：《现代艺术论》，南京：江苏美术出版社。	中国提出"科教兴国"战略。
1996	因年事已高，体力下降，在家中颐养天年。	蒋正鸿：《黄宾虹墨法谈》，《美术》第1期。万青力：《文人画与文人画传统——对20世纪中国画史研究中一个概念的界定》，《文艺研究》第1期。蔡若虹：《美术作品一定要美》，《人民日报》11月28日。郎绍君：《现代中国画论集》，南宁：广西美术出版社。	12月，上海美术馆举办"世纪回眸——新中国现实主义油画经典作品展"。山东青州龙兴寺出土400余件石雕佛教造像。德国收藏家彼得·路德维希夫妇向中国捐赠作品117件。	上海五国机制建立。

314

续表

年份	于安澜大事记	中国画学大事记	中国美术大事记	中外历史大事记
1997	因肺部感染,数次住校医院治疗。	7月,李苑:《擦亮眼睛——在中国美协召开的学习六中全会精神座谈会上的发言》,《美术家通讯》。 吴冠中:《笔墨等于零》,《中国文化报》11月13日。 线智:《浑天地之窈冥:谈黄宾虹中晚期山水画的笔墨精神》,《美苑》第3期。 阮荣春:《中国画的跌落与"文人画"的误导》,《艺苑》第2期。 江宏:《心灵的自由和笔墨的自由》,《书与画》第4期;《从铺陈习性中说笔墨的个性化》,《美术观察》第5期。 陈绶祥:《字骨诗魂:新文人的画理义》,《美术观察》第11期。	1月,《中华人民共和国拍卖法》开始实施。 7月,中国艺术大展"历史画和主题性创作研讨会"在北京召开。 8月,全国13家美术出版社与新华书店联合发行《中国现代美术全集》48卷本。	邓小平逝世。 香港回归。 亚洲金融危机爆发。 中共十五大确立邓小平理论为党的指导思想,进一步完善社会主义市场经济理论。 平遥古城与同边的双林寺、镇国寺共同被联合国教科文组织列为世界文化遗产。

续表

年份	于安澜大事记	中国画学大事记	中国美术大事记	中外历史大事记
1998	因咳嗽、感冒数次住院。	《现代中国绘画中的自然——中外比较艺术学研讨会论文集》，南宁：广西美术出版社。陈传席、刘庆华：《精神的折射——中国山水画与隐逸文化》，济南：山东美术出版社。郎绍君：《论中国现代美术》，南京：江苏美术出版社。郭绵宗：《山水画创作技法》，《美术向导》连载。尚可：《立意着眼点：对中国画创作观察与思考》，《艺苑》第3期。牛克诚：《"笔彩"与"笔墨"》，《美术观察》第7期。邵大箴：《多元的审美观与多元的价值观：中国文人画》，《美术观察》第7期。刘曦林：关于中国画语言的通信，《美术观察》第7期。商勇："新文人画"现象产生发展的原因》，《艺苑》第4期。	3月，"世纪·女性"艺术展在中国美术馆举行。展览期同举办"女性艺术学论坛"。4月，海外中国艺术家组成"中国现代艺术学会"，在北京怀柔雁栖湖宾馆举办中国现代艺术发展趋势学术研讨会。9月，中国美协第五次全国代表大会在北京召开，选举靳尚谊为中国美协主席。海外藏中国历代名画编委会编：《海外藏中国历代名画》，长沙：湖南美术出版社。陈池瑜：《重视对中国美学史的研究》，《艺苑》第4期。陈一鸣、邵大箴：《关于当前美术创作问题的通信》，《美术研究》第2期。	颐和园被联合国教科文组织列为世界文化遗产。

316

续表

年份	于安澜大事记	中国画学大事记	中国美术大事记	中外历史大事记
1999	5月，因心衰住校医院治疗。6月，转入淮河医院诊治。8月16日12时40分，因医治无效在河南开封逝世，享年98岁。	陈传席：《笔墨已能等于零——驳吴冠中先生〈笔墨等于零〉之说》，《美苑》第1期。王克文：《山水画意境创造与笔墨理法》，上海：上海人民美术出版社。鲍弘达：《黄宾虹晚年画学思想窥微》，《美术》第9期。邵洛羊：《摒弃"笔墨"，异损灭"中国画"！——在黄宾虹研究会第七届年会上的发言》，《美术》第11期。王树春：《文人画特征浅论》，《美术向导》第6期。林木：《知其然，知其所以然：笔墨变革议议》，《美苑》第1期。	赵无极画展、北京工艺美术学校建校40周年美术作品展、纪念中国人民解放军海军建军50周年"万里海疆画展""刘国松""能秉明作品展""丁绍光等5人画展""关山月山水画展""李苦禅百年诞辰纪念展""黄永玉画展""李伯安画展""潘絜兹从艺70周年画展""苗重安《黄河颂》山水画展""东伯安既白—李可染艺术展"、吴冠中艺术展、李伯安画展在中国美术馆举行。《20世纪中国美术：中国美术馆藏品选》，浙江人民美术出版社。蔡若虹：《宏观世界的开辟——关于〈在延安文艺座谈会上的讲话〉的回忆及观感》，《美术》第10期。《林风眠与二十世纪中国美术国际学术研讨会论文集》，中国美术学院出版社。	"依法治国"被写入宪法。无人飞船"神州一号"成功发射。澳门回归。欧元问世。科索沃战争爆发。北约袭炸南联盟。柬埔寨加入东盟，至此东南亚十个国家全加入东盟。

说明：该表主要参考了王蕴智著《于安澜先生传略》（载《字学论集》，河南美术出版社2004年版）、水天中编著《20世纪中国美术纪年》（人民出版社2012年版）、邹跃进、邹建林著《百年中国美术史（1900—2000）》（湖南美术出版社2014年版）、斯舜威著《百年画坛钩沉》（东方出版中心2008年版）等书，并其然，知其所以然，一并致谢。

二、参考文献

黄宾虹,邓实.美术丛书(全三册)[M].南京:江苏古籍出版社,1997.

余绍宋.书画书录解题[M].杭州:浙江人民出版社,1982.

于海晏.画论丛刊[M].北平:中华印书局,1937.

于安澜.画论丛刊[M].北京:人民美术出版社,1960.

于安澜.画史丛书[M].上海:上海人民美术出版社,1963.

于安澜.画品丛书[M].上海:上海人民美术出版社,1982.

于安澜.书学名著选[M].孟云飞,校订.郑州:河南大学出版社,2015.

俞剑华.中国画论类编[M].北京:人民美术出版社,1957.

谢巍.中国画学著作考录[M].上海:上海书画出版社,1998.

邹跃进,邹建林.百年中国美术史(1900—2000)[M].长沙:湖南美术出版社,2014.

郑昶.中国画学全史[M].上海:上海书店,1989.

虞复.历代中国画学著述录目[M].北京:朝华美术出版社,1958.

刘勃舒.中国画研究[M].北京:中华书局,2000.

曾堉.中国画学书目表[M].台北:南天书局有限公司,1980.

诸宗元.中国画学浅说[M].上海:商务印书馆,1933.

〔清〕孙岳颁等.佩文斋书画谱[M](全五册).杭州:浙江人民美术出版社,2014.

〔清〕彭蕴灿,吴心谷.历代画史汇传及补编[M].扬州:广陵书社,2015.

吕鹏.湖社研究[M].北京:文化艺术出版社,2010.

陈师曾,诸宗元.中国绘画史[M].南昌:江西教育出版社,2014.

容庚,曾宪通.容庚杂著集[M].上海:中西书局,2014.

姚渔湘.中国画讨论集[M].北平:立达书局,1932.

阮璞.画学丛证[M].上海:上海书画出版社,1998.

阮璞.中国画史论辨[M].西安:陕西人民美术出版社,1993.

刘曦林.二十世纪中国画史[M].上海:上海人民美术出版社,2012.

徐建融.从古典到现代——中国画学文献讲义［M］.上海：上海书店出版社，2008.

朱发建.中国近代史学"科学化"进程研究（1902—1949）［M］.长沙：湖南师范大学出版社，2005.

［日］金原省吾.唐宋之绘画［M］.傅抱石，译.上海：商务印书馆，1935.

［日］鹤田武良.近百年中国绘画史研究［M］.陈莺，蔡涛，译.北京：商务印书馆，2020.

陈兆复.中国画研究［M］.昆明：云南人民出版社，1980.

许志浩.中国美术社团漫录［M］.上海：上海书画出版社，1994.

许志浩.中国美术期刊过眼录（1911年—1949年）［M］.上海：上海书画出版社，1992.

黄可.上海美术史札记［M］.上海：上海人民美术出版社，2000.

林木.二十世纪中国画研究［M］.南宁：广西美术出版社，2000.

胡蛮.中国美术史［M］.上海：新文艺出版社，1951.

陈师曾.中国文人画之研究［M］.天津：天津市古籍书店，1992.

傅抱石.中国古代山水画史的研究［M］.上海：上海人民美术出版社，1960.

沈子丞.历代论画名著汇编［M］.北京：文物出版社，1982.

余绍宋.画法要录［M］.北京：中国书店，1990.

斯舜威.百年画坛钩沉［M］.上海：东方出版中心，2008.

陈履生.二十世纪书画名家年龄、干支、年号、公元速查表［M］.北京：人民美术出版社，1996.

李之禹.李嘉言纪念文集［G］.郑州：河南大学出版社，2015.

方广强.玉篆楼藏信札集［M］.上海：上海书画出版社，2015.

王冰.于安澜先生致海岑札［M］.香港：香港天马图书有限公司，2002.

李伟昉，张润泳.雅什清歌蕴无穷——河南大学文学院学人往事［G］.郑州：河南大学出版社，2012.

张生汉.于安澜先生纪念集［G］.郑州：河南大学出版社，2009.

河南大学校史修订组.河南大学校史［M］.郑州：河南大学出版社，2012.

中国许慎研究学会.说文解字研究[C].郑州：河南大学出版社，1991.

马俊华，苏丽湘.木兰文献大观[M].郑州：河南人民出版社，1993.

王蕴智.字学论集[C].郑州：河南美术出版社，2004.

惠蓝.中国画现代转型两大途径的形成——20世纪上半叶中国画论争研究[D].北京：中国美术学院，2004.

樊维艳.中国哲学视野下的中国画学研究[D].济南：山东大学，2011.

曹贵.20世纪上半叶中国美术史学理论与方法研究[D].北京：清华大学，2013.

黎晟，20世纪上半叶中国画社会化进程述评[J].民族艺术，2021（04）.

殷晓蕾.20世纪上半叶中国画学文献的辑佚、整理及研究[J].中国美术研究，2019（03）.

陈池瑜.俞剑华中国绘画史论研究的成就与特点[J].南京艺术学院学报（美术与设计版），2009（03）.

万青力.南风北渐——民国初年南方国画家主导的北京画坛[J].美术研究，2000（04）.

马鸿增.中国近代绘画史论著述概说[J].美术研究，1989（01）.

邵宏.中国画学域外传播考略[J].新美术，2009（01）.

郭因.中国画学的来路与走向[J].美术，2014（09）.

杜克鲁.文艺载道——黄宾虹画学思想简论[J].丝绸之路，2017（12）.

黄一迁，20世纪前叶商务印书馆的美术大众化推广[J].美术，2019（01）.

彭励志.从目录学史看《书画书录解题》在书画专科目录方面的成就[J].古籍整理研究学刊，2007（05）.

闫红发."中国画"概念的梳理[J].美术教育研究，2018（13）.

三、于安澜画学文献的发行与传播

于安澜的中国画学文献著作主要包括《画论丛刊》《画史丛书》和《画品丛书》，是一个首尾相连的完整系列。《画论丛刊》出版于 1937 年 5 月，出版社为中华印书局。此前该书局出版了于安澜的《汉魏六朝韵谱》一书，销售状况极好，尽管印刷费用由作者承担，经过一年的销售，于安澜并未感到有经济压力。因为出版《汉魏六朝韵谱》，中华印书局感觉到了于安澜的学术实力，有意继续合作，索求其他书稿。恰巧，于安澜积年编纂的《画论丛刊》基本成形。有鉴于前述经验，于安澜仍然认为《画论丛刊》自费出版应该更好，因为他有充分的自信，了解美术界对画学文献的所求所需，以及自己在这方面所做的努力。为此，于安澜多方筹措资金用于出版，依照他的估算，发行后三年即可收回成本。

没有想到的是，该书甫一出版，尚未完成签售，七七卢沟桥事变爆发，国内学术活动被严重冲击，几乎全部中断，抗日救亡成了民族的重中之重。因此，《画论丛刊》一书的发行和销售处于停滞状态。于安澜本人亦无暇顾及，北平形势紧张，无以安身，他打算返回河南老家躲避战火，但由于平汉铁路中断，无以回家，只能留寓北平，继续在北平汇文中学教书存身。由此，该书发行销售的糟糕状况可想而知。1939 年秋平汉铁路恢复通车后，于安澜旋即从北平返回河南老家，退居乡下，直至 1945 年抗战胜利。接下来的解放战争又是战火纷飞，与中华印书局的联系仍然处于中断状态。新中国成立以后，出版界大整顿、大改组，中华印书局局面大变，既往的一切出版、销售事宜都无从谈起。因此，于安澜因出版所负债务只能靠自己慢慢偿还。

然而这毕竟是一套有需求、有学术分量的专业丛书，是金子总会发光。新中国成立以后，出版事业百废俱兴，经过若干年的恢复调整，出版界逐步走向正轨，向专业化、学术化开拓。20 世纪 60 年代前后，作为美术专业出版界的龙头，人民美术出版社响应国家号召，开始着手整理出版美术国故。画论文献自然在出版规划之列。当时中国画学方面的著述多为单行本。单行本相对独立，但散乱，不成系统，不成规模，学术性不高。相比而言，《画论丛刊》的学术优势很快显现出来，并引起相关出版单位的重视。从 50 年代中期起，人民美术出版社着手与于安澜本人联系，恳求重新修订并出版《画论丛刊》。于安澜也确实感觉到有修订再版的必要，因此，他在1937年版的基础上进行了新的编排与校订。1957年出版了新中国成立之后的第一版《画论丛刊》，由于印数有限，该版已很罕见。1960年，为了普及与方便阅读，于安澜建议将装帧形式由初版时的一函六册变为精装上、下两卷，降低成本，调低书价。封面题签、序言一如既往，保持原书原貌。是年，《画论丛刊》再版，社会反响极好，又于1962年、1963年连续再版、重印，仍然供不应求。随着发行量的日渐扩大，不到10年，该书在国内外美术界的影响越来越大，销售越来越好，国内美术专业教师、学者及美术创作者几乎人手一册，知名度很高。1964年，台湾鼎文书局购得版权，依照人民美术出版社1960年版原版在台湾地区出版发行。1972年，台湾华正书局亦不甘落后，未征得发行许可，同样依据人民美术出版社1960年版，原版付梓。① 由于需求旺盛，该社又于1984年重印。1982年，香港中华书局也以同版式样印行，由于香港这一时期与海外交流的广泛性，该社出版的《画论丛刊》一书很快风行东南亚诸国，并传播至欧美地区。日本社会同样十分渴求中国有影响的美术专业学术著作。日本汲古书院在20世纪60年代即与于安澜接洽，商议在日本出版《画论丛刊》，同时出版他的另外一部语言学著作《汉魏六朝韵谱》。1970年秋，《画论丛刊》《汉魏六朝韵谱》在日本首次出版发行。

由于社会需求量大，人民美术出版社不断重印《画论丛刊》，每次重印，其封面、序言、体例都没有变化，而版权页内容稍有改动。目前能见到的除了上述年份之外，还有1979年版、1984年版的《画论丛刊》，发行数量难以统计。台湾地区还出现了盗版印刷该书的情况，有些出版社因各种原因出版该书并不署于安澜姓名。上述各出版社出版的《画论丛刊》，尽管装帧样式多样，或精装，或平装，或线装，或函装，但是印刷版式基本保留着原版竖排、有断句无标点的统一格式，大多分上、下两册，这其中不包括在其他国家的出版发行。1999年于安澜去世，2009年值其逝世十周年之际，他生前所在高校河南大学为纪念这位世纪学人，决定将《画论丛刊》重新点校，作为"于安澜书画学四种"丛书之一，简体标点线装函册，由河南大学出版社出版，同时还印行了简装四册本，一改过去之传

---

① 此一说法依于安澜后人所述，是否属实尚待考证。

统样式。①

1963年，于安澜的另一部画学文献丛书《画史丛书》出版。《画史丛书》是于安澜画论文献编纂的又一力作，也是《画论丛刊》的姊妹篇之一。《画论丛刊》选择篇目的角度主要是画理、画法类，而《画史丛书》主要从画史名著中加以选择，因此这部书的规模远远超过了《画论丛刊》。发行最多的1960年版《画论丛刊》只有上下两册，而《画品丛书》则多达五册，其主要原因还是在于画史类文献相对丰富，有些著作篇幅较长，如第一册仅收录《历代名画记》等三部文献。

图1 于安澜书画学四种，河南大学出版社出版，2009年

《画史丛书》的出版弥补了《画论丛刊》当中缺少史论类著作的缺憾。在中国绘画史上，有时候史论不分，又有"论从史出"的说法，都证明了画史类著作的重要性，可以说画史文献是画理画法类文献的重要补充，其学术价值不言而喻。因此《画史丛书》的出版成了美术界的又一盛事，加上人们之前已经从热销的《画论丛刊》一书中充分感受到了作者的实力和学术严谨度，所以，受益于于安澜《画论丛刊》的读者几乎都想再得到这一部姊妹篇。在此背景下，《画史丛书》的出版立刻引来了大量的读者和

---

① 2009年河南大学出版社出版的点校本为多册、竖排、繁体、标点。

购买者。1963年，该书由上海人民美术出版社出版，竖排繁体，有断句无标点，其版式一如之前出版的《画论丛刊》。该套丛书出版之后需求量极高，与《画论丛刊》一样不断重印。在重印过程中，虽然内容版式没有改变，而封面设计、封面题签不尽相同，以此我们可以判断该丛书出版的丰富性以及社会需求的迫切性。《画史丛书》首次出版即分为精装与简装两种，精装两函十册，特别精美；简装版一套五册，非常便于阅读。据不完全统计，该书首次出版以来，共有大规模再版、重印六次。2009年于安澜去世10周年之际，河南大学出版社将这部书列入"于安澜书画学四种"丛书予以出版，重新点校，标点简体竖排，以适应当代读者的需要。

《画史丛书》的发行同样引起了中国港台地区及海外美术界的关注，台湾地区于1974年即将该套丛书出版发行，但是在出版信息中并未署作者名，而是署为"中国书画研究资料社"。由于社会需求旺盛，发行后供不应求，该社又于1994年再版重印，这次将编者的名字署为于安澜。与《画论丛刊》一样，该套丛书从中国台湾地区流传到东南亚各国，东南亚汉文化丰富的地区几乎都有该书的身影。与大陆出版不同的是，台湾文史哲出版社出版是以四卷本的形式出现，而内容版式略无二致。

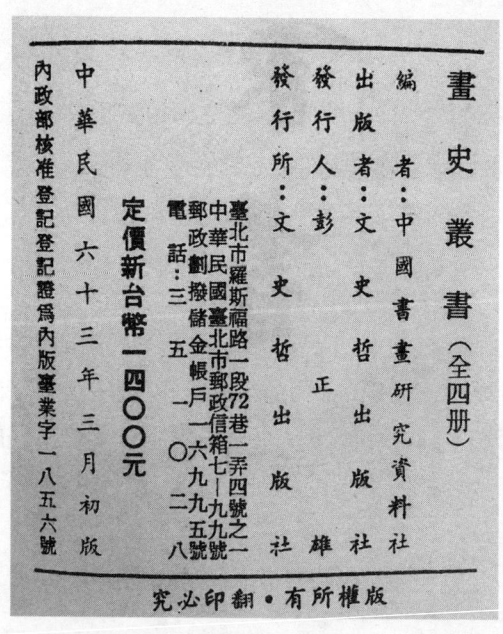

图2　1974年台湾文史哲出版社出版的《画史丛书》之版权页，未署作者姓名

《画史丛书》在中国香港出版以后，又通过香港传播到英美等西方国家，引起西方汉学界对该书的重视。有一位叫皮克的英国青年美术爱好者，获睹是书后对于安澜特别仰慕，于1974年从英国取道香港辗转来到开封，找到于安澜家中，要当面讨教。① 《画史丛书》在国内出版后，同样引来了日本业内的不少读者，在日本同样获得好评，日本著名大学的图书馆均有收藏，只是由于版权并未在日本出版。

图3 1963年版函装《画史丛书》

1982年，于安澜的第三部画学文献著作《画品丛书》出版，书名分别由刘海粟、顾廷龙题签。《画品丛书》的出版，可以认为是于安澜中国画学学科构想的最完美一笔，也为于安澜的画学文献研究画上了句号。《画品丛书》仍由上海人民美术出版社出版。计划中的《画品丛书》同样规模宏大，择本范围从古代以至清末或近代，与《画史丛书》一样至少在五册

---

① 由于当时国内外交流极少，英国青年的来访引起于安澜极大不安。因为接待外国人当时有一套程序，至少要通过学校的外事办。1974年还在"文化大革命"期间，于安澜心情复杂可想而知。在今天这就是一次因为有影响而致的学术交流，正说明了于安澜学术著作的影响力之大。

以上。然而，作者出版这部书时年事已高，自觉力不从心，所以殷切期望该丛书的第一册出版之后，能够起到抛砖引玉的作用，盼望有人接替此项工作，继续完成出版任务。遗憾的是，于安澜的这一期望至今没有实现，第一册出版后再无续编。也许是因为后来的学人再也没有于安澜那种学术实力与涵养，无法与之相匹配，无法胜任这项工作；也许是因为时至20世纪八九十年代，画论文献的出版已然饱和，画学文献热潮已然褪去，新的出版形式，尤其是网络、电子文献的丰富、便捷，对其冲击过甚。

不可否认的是，《画品丛书》的出版，与《画论丛刊》《画史丛书》首尾相照，形成了一个完整的画学文献序列，同时构成了我们今天所讲的艺术学建构中的史、论、评三大部分。如此结构，堪称最早、最初的画学学科形态体系，尽管由于它的庞大与丰富，作者历时近半个世纪才最终完成、呈现。

《画品丛书》主要选取历史上画品、画评、画鉴类画论著作，已出版的第一册共收录了从南北朝时期谢赫《古画品录》到元代汤垕《画鉴》共13部画论文献，可想而知之后尚有明清更多、更大数量的画品类著作需要整理。这13部画评类著作性质基本准确，只有唐代朱景玄的《唐朝名画录》具有画史性质，略有异议。历史上多将该书划归为画史类，尽管其中有一些绘画品评的内容。于安澜将它纳入画品系列，多少有些令人不解。

《画品丛书》的出版与《画论丛刊》相距46年，与《画史丛书》相距20年，跨度将近半个世纪。该书出版后，当年的震撼和轰动没有了，出版业的发展繁荣、画学资源的丰富、信息传播方式的改变，都使得这部文献的出版相对平静。在此背景下，该著作一版即止，没有再版与重印。然而其学术架构之意义远远大于发行量本身。

可以认为，于安澜系列画学文献的出版，是我国20世纪画学研究的累累硕果，也是美术界、出版界的大事件，其影响力非同寻常，其价值、意义同样不可估量。

附 《画论丛刊》《画史丛书》《画品丛书》出版、重印一览表

书名	署名	出版社	出版日期	装帧
画论丛刊	于海晏编著	中华印书局	1937年7月	线装一函六册
画论丛刊	于安澜编著	人民美术出版社	1957年8月	上下二册
画论丛刊	于安澜编	人民美术出版社	1960年8月	精装上下二册
画论丛刊	于安澜编	人民美术出版社	1962年8月	平装上下二册
画论丛刊	于安澜编	人民美术出版社	1963年8月	精装上下二册
画论丛刊	于安澜编著	汲古书院（日本）	1970年5月	上下二册
画论丛刊五十一种	杨家骆主编无著者署名	鼎文书局（台北）	1972年9月	精装上下二册
画论丛刊	于安澜编	中华书局香港分局	1977年8月	平装上下二册
画论丛刊	于安澜编	人民美术出版社	1979年6月	上下二册
画论丛刊	于安澜编撰	华正书局（台北）	1984年1月	精装上下二册
画论丛刊	于安澜编	人民美术出版社	1984年7月	精装上下二册
画论丛刊	于安澜编	人民美术出版社	1989年3月	精装上下二册
画论丛刊	于安澜编	华正书局（台北）	2009年2月	上下二册
画论丛刊（"于安澜书画学"四种）	于安澜撰张自然校订	河南大学出版社	2009年4月	线装一函九册平装四册
画论丛刊（"于安澜书画学"四种）	于安澜编著张自然校订	河南大学出版社	2010年7月	平装四册
画论丛刊（"于安澜书画学"四种）	于安澜编著张自然校订	河南大学出版社	2015年7月	平装四册
画史丛书	于安澜编	上海人民美术出版社	1963年1月	线装两函十册平装全五册
画史丛书	中国书画研究资料社	文史哲出版社（台北）	1974年3月	精装全四册
画史丛书	于安澜编	上海人民美术出版社	1982年3月	平装全五册
画史丛书（"于安澜书画学"四种）	于安澜撰，张自然校订	河南大学出版社	2009年5月	三函装十五册

续表

书名	署名	出版社	出版日期	装帧
画史丛书	于安澜撰,张自然校订	河南大学出版社	2015年7月	平装全九册
画品丛书	于安澜编	上海人民美术出版社	1982年3月	平装一册
画品丛书("于安澜书画学"四种)	于安澜撰,张自然校订	河南大学出版社	2009年4月	线装一函三册
画品丛书("于安澜书画学"四种)	于安澜编著,张自然校订	河南大学出版社	2015年7月	平装全二册
书学名著选(含《历代书法源流表》)	于安澜编著,孟云飞校订	河南大学出版社	2015年7月	简装全二册

跋

历时数年，几经寒暑，此稿终于收笔。其间，新冠肆虐，三春裹足；小女临世，嗷嘈不平；诸事杂陈，欲理仍乱。然则使命当前，不敢稍稍懈怠。始则并无头绪，继而方得线索，于是东奔西走，南寻北找，尽管皆有所凭，仍难免疏脱，挂一漏万。所幸于安澜先生乃学界大家，卓尔不群，所履既富，所去非远，其手迹著述时见，其逸闻旧事常闻，虽谋面无多（仅大学毕业照相时一次），而资情之丰富，形象之丰满，认识之深刻，宛然目前。加之其亲友尚在，记忆准确，资料富存，决疑补差，尚为便利。尤其草稿初定，众人把览，或亲或故，或近或疏，皆倾心勘误，不遗巨细；或一字之争，则电话数通；或一事不明，而多方求证——均意在不谬，务求精准，大师之议，岂可粗率！虽不揣冒昧，或稍可心安矣。

研究暂时告一段落，能及时付梓，亦为善处。掩卷之余，其形象之清晰，其学术之伟岸，其处事之坦荡，其为艺之高蹈，其人生之丰富，难免感喟唏嘘。彼所行者，勤勉，好学，中正，真诚，乐游，利他，钟一，丰满，艺术。学问既富，年寿义高，是为人生赢家，令人钦敬，不可多得，不可复制，吾辈不可不肃然起敬，不得不引为师范。

凡其未尽之处、不确之论，还请方家、知情者不吝赐教，以为校正。

2024年8月于河南大学塔云路